河南省教育厅人文社会科学研究项目资助“伦理
道德认知发展水平对项目群管理者伦理决策的影响研

犹豫模糊语言多准则决策方法及项目群管理应用研究

韩二东　著

新 华 出 版 社

图书在版编目（CIP）数据

犹豫模糊语言多准则决策方法及项目群管理应用研究/韩二东著

北京：新华出版社, 2021.4

ISBN 978-7-5166-5768-3

Ⅰ.①犹… Ⅱ.①韩… Ⅲ.①模糊语言－决策方法－

应用－项目管理－研究 Ⅳ.①F27

中国版本图书馆CIP数据核字(2021)第065895号

犹豫模糊语言多准则决策方法及项目群管理应用研究

作　　者： 韩二东

责任编辑： 唐波勇　　**封面设计：** 优盛文化

出版发行： 新华出版社

地　　址： 北京石景山区京原路8号　　**邮　　编：** 100040

网　　址： http://www.xinhuapub.com

经　　销： 新华书店、新华出版社天猫旗舰店、京东旗舰店及各大网店

购书热线： 010-63077122　　**中国新闻书店购书热线：** 010-63072012

照　　排： 优盛文化

印　　刷： 定州启航印刷有限公司

成品尺寸： 170mm×240mm

印　　张： 13.75　　**字　　数：** 246千字

版　　次： 2021年4月第一版　　**印　　次：** 2021年4月第一次印刷

书　　号： ISBN 978-7-5166-5768-3

定　　价： 69.00元

前　言

当今世界，数据信息爆炸式增长，实时更新的数据信息为大数据科学与技术的发展提供了不竭动力，同时对犹豫模糊语言多准则决策理论与方法及其应用提出更高的要求。在实际中，多准则决策使用到更多类型、更多来源的数据信息，且数据更新愈发快速，多准则决策模型的实际应用面临极大的挑战。当前，决策理论与方法的研究需要对标现实决策需求，所构建模型亟须能够处理适时更新的数据，且根据时间序列数据的处理及对比分析为企业管理者的决策行为提供切实有效的决策参考及咨询。

由于客观事物的复杂性、不确定性以及人类思维的模糊性，准则评价值更多以不同形式的模糊信息给出，一系列不确定语言及犹豫模糊多准则决策问题被提出。为更加全面地体现决策的科学性与民主性，决策群体需要参与其中，这使犹豫模糊多准则群决策成为重要的研究领域，相关的理论与方法在社会、经济、管理等方面的应用也越来越广泛。为进一步丰富犹豫模糊多准则决策理论与方法，本书针对不确定语言及几类直觉模糊信息的模糊多准则决策问题展开研究：首先，提出一系列群决策方法并通过算例分析验证方法的有效性与可行性；其次，将犹豫模糊多准则群决策方法应用到大中型工程项目群管理中，探讨项目群的冲突博弈对项目群管理者伦理决策的影响；最后，针对当前概率语言术语集这一性质优良、实际表达价值较高的信息类型，探索拓展的概率语言术语集（即概率不确定语言术语集）多准则群决策方法，为后续该领域的研究提供参考依据。本书的主要内容概括如下。

第 1 章首先介绍全书的研究背景、研究意义及研究对象，针对犹豫模糊语言多准则群决策理论与方法展开文献综述，进而提出本书的研究内容及研究架构。

第 2 章针对准则权重完全未知的多粒度不确定语言群决策方法展开研

究。首先，利用ITC-OWH算子将多粒度不确定语言转化为二元语义，基于投影法构建目标规划模型确定准则权重，在每个决策者之下计算两两方案之间关于每个准则相互比较的优势度，进而得到方案之间比较的综合准则优势度，根据每个方案的总优先次数对方案排序。其次，开展区间灰色不确定语言多准则群决策方法研究，基于区间灰色不确定语言表达模糊性与灰色性的优势，在定义该变量及其运算规则的基础上给出三种几何加权集结算子，在准则权重已知或未知两种不同的情形下，基于此类变量大小比较的方法得到方案排序结果。

第3章对直觉模糊数、区间直觉模糊数及区间直觉梯形模糊数三类模糊评价信息的群决策方法进行研究。首先，提出一种基于相似性测度及直觉模糊熵的群决策方法，根据直觉模糊相似性测度计算两两决策者之间各方案在单个准则下的相似度，得到各方案在单个准则下的决策者权重；其次，提出一种基于相关系数及改进TOPSIS的区间直觉模糊群决策方法，根据每个准则的区间直觉模糊评价值与其均值的相关系数获取在单个准则下的决策者权重，根据各方案与正理想解的加权相关系数总和最大化的目标规划模型确定各准则权重，依据改进TOPSIS法计算各方案与正、负理想方案的相对相关系数；最后，提出一种基于灰色关联投影的区间直觉梯形模糊群决策方法，根据各决策矩阵、负极端决策矩阵及平均决策矩阵的距离大小确定决策者权重，根据各方案的加权相对贴近度最小化确定各准则权重，根据各方案到正理想方案的灰色关联投影值获取方案排序结果。

第4章主要对考虑交叉影响的直觉不确定语言多准则群决策方法进行研究。考虑到直觉不确定语言数的隶属度与非隶属度之间可能存在的交叉影响，定义新的加法、数乘、乘法及幂乘运算，在此基础上给出直觉不确定语言加权交叉算术平均算子、有序算术平均算子及混合算术平均算子。根据算子本身的特点给出群决策方法，并通过算例分析所给决策方法的有效性与可行性。

第5章对混合多种类型评价信息的多准则群决策方法进行研究。将不同类型的主观评价信息统一转化为直觉模糊数，基于新的得分函数及单个决策者与决策群体的评价偏差确定决策者权重，根据直觉模糊交叉熵度量直觉模糊数之间的距离，采用灰关联法对备选供应商排序择优，提出一种基于直觉模糊交叉熵及灰色关联的群决策方法。通过计算两两决策者之间关于同一备选方案在各种不同类型主观评价信息下的相互支持度，得到各决策者在单个准则值下的总支持度，根据单个准则评价值与其均值的平均距离及标准距离确定各准则权重，提出一种基于距离测度及支持度的群决策方法。

第 6 章将犹豫模糊语言多准则群决策方法应用到大中型工程项目群管理中，主要涉及道德强度和个体道德认知发展水平对项目群管理者伦理决策的影响；提出基于改进 TOPSIS 法和扩展 VIKOR 法的工程项目群优选决策方法，并由所有备选项目群优劣排序结果的对比分析，确定大中型工程类企业选择项目群的优先次序，为项目群优选工作的实施提供参考依据；对大中型工程项目群运作的冲突博弈对项目群管理者伦理决策的影响进行展望。

第 7 章分析当前概率语言术语集多准则群决策理论与方法的研究进展，针对拓展的概率语言术语集，也即概率不确定语言术语集，提出基于概率不确定语言术语集的多准则群决策方法的研究方向及思路，为后续研究做好充分的准备。

第 8 章给出结论与展望，对本书所得结论进行综述并提出研究欠缺之处以及值得进一步研究的决策问题。

本书的研究工作受到河南省教育厅人文社会科学研究项目“伦理气氛下道德强度、个体道德认知发展水平对项目群管理者伦理决策的影响研究”(2018-ZZJH-361) 的资助，在此深表感谢。本书的研究内容存在一些不足之处，也有很多值得进一步研究的内容，不足之处敬请读者不吝赐教。

目 录

第1章 绪论

1.1 研究背景与研究意义

1.1.1 研究背景

多准则群决策（multi-criteria group decision making）是将群体中各决策者对有限方案的多个准则评价信息按照某种规则集结为一致或妥协的群体偏好排序[1]。其是多准则决策和群决策交叉产生的研究方向，主要研究决策群体按照某种偏好结构对含有多个准则的不同方案进行选优、评价或排序的问题，它主要由三部分组成：①获取决策信息，包括准则值、准则权重及决策者权重等决策要素；②根据某种准则合理地集结个体决策者的偏好信息以形成一致或妥协的群体决策偏好信息；③通过一定的方式对群体决策矩阵中各方案的准则评价信息进行集结并对方案排序择优。多准则群决策问题一经产生即受到普遍关注，长期以来一直是决策科学领域的研究前沿。

确定环境下的多准则群决策方法的研究日臻完善，不确定环境下的多准则群决策方法的研究也逐步展开，主要包括模糊、随机、粗糙及多重不确定性多准则群决策理论与方法。其中，模糊多准则群决策以 Zadeh 模糊集为基础，主要挖掘决策对象内部的不确定性，基于语言评价信息的多准则群决策与基于各种类型模糊数的多准则群决策是模糊多准则决策的两个最为重要的组成部分。

在实际多准则群决策过程中，由于客观事物的复杂性、不确定性及人类认知的局限性和思维的模糊性，决策专家对诸如干部的考核与选拔、风险投资公司投资方案遴选、住宅小区建筑设计方案选择及信息安全风险评估等决策对象进行评价判断时，很难采用定量、精确的信息描述决策对象，而更倾向于采用“非常好”“很好”“较差”“很差”等自然语言表达偏好信息，提出多种具有语言评价信息的多准则群决策问题[2-3]。这些问题本质上属于模糊多准则决策问题，对此类决策问题的研究具有重要的理论意义及广阔的应用空间。语言短语评价信息本身具有一定的模糊性和不确定性，在一定程度上反映出对决策对象认知的模糊性和不确定性，针对此类多准则群决策问题的多个决策方案主要由定性准则构成，决策者给出的准则值由语言评价集中的语言短语表示，通过某种方式对决策个体的偏好信息进行有效集结，消除决策中存在的不合理因素，最终实现对方案的排序择优。

语言多准则群决策方法比较符合人类思维的模糊性和不确定性，可以充分利用专家群体的经验、智慧及专业知识，能够解决现实中存在的一些复杂决策问题。随着网络信息技术与电子商务的快速发展，随时随地进行群体决策成为一种必然的需求，为进一步提高群决策支持系统的实用性和灵活性，也需要进一步发展和完善具有语言评价信息的多准则群决策理论与方法。

采用语言短语表达偏好信息，暗含准则值隶属于语言短语的程度为 1，即对给出的语言评价信息完全信任，不存在否定或犹豫的程度，这对实际决策对象模糊性的刻画不够精细。而 Zadeh 模糊集也只能根据隶属度描述事物的不确定性，无法较为全面地刻画事物的模糊性，从而引发对多种类型模糊数评价信息的多准则群决策问题的研究。起初主要研究区间数、三角模糊数、梯形模糊数等模糊多准则决策或群决策问题，模糊数的隶属函数均为单一的数值，与语言评价类似，无法表达决策者对准则值的否定及犹豫程度。后续，Atanassov 扩展了 Zadeh 模糊集，提出了直觉模糊集的概念，采用隶属度函数、非隶属度函数及犹豫度函数三个方面的评价信息表示模糊集，体现出决策者对决策对象认知的肯定程度、否定程度及犹豫程度，对模糊评价信息的表达更具有灵活性及实用性。基于直觉模糊集表达模糊评价信息的优势，对直觉模糊多准则群决策问题的研究迅速发展，研究成果在现代决策的各个领域也得到了广泛的应用。

随着模糊多准则群决策理论与方法研究的深入，将语言短语评价信息拓展到不确定语言变量或灰色模糊语言信息，将直觉模糊评价信息也拓展到区间直觉模糊数、直觉三角模糊数、直觉梯形模糊数、区间直觉梯形模糊数及直觉语言数等，模糊多准则群决策方法在实际决策问题中的应用领域将越来越广泛。

本研究在已有模糊多准则群决策方法研究的基础上，针对准则值为不确定语言评价信息及犹豫模糊信息的多准则群决策问题展开研究，提出一系列多准则群决策方法，并将上述方法应用到风险投资公司可再生能源项目遴选、移动银行网站服务质量、市政图书馆空调系统评估及制造类企业供应商选择决策中，为科学决策提供理论依据，并促进群体决策质量的提高。此外，本研究还将犹豫模糊多准则群决策方法应用到项目群管理者伦理决策过程中，在有限理性驱动下分析多主体冲突的产生、分类辨识及冲突网络结构生成；在考虑决策主体柔性思维、项目间公平性的情境下，构建项目群多层级冲突的网络博弈模型，刻画项目群多层级冲突在“软约束”条件下的演化博弈过程；分析道德强度、个体道德认知发展水平影响项目群管理者伦理决策的运行机理，探讨不同类型伦理气氛所发挥的调节效应，并对所做多种类型假设进行实证检验。

1.1.2 研究目的及意义

本研究针对准则值为多粒度不确定语言变量、区间灰色不确定语言变量、直觉模糊数、区间直觉模糊数、区间直觉梯形模糊数及混合多类型模糊评价信息的多准则群决策问题展开研究，综合运用信息集结算子、改进 TOPSIS 法、VIKOR 法、离差最大化法、直觉模糊熵及交叉熵、灰色关联投影法、相似性测度及距离测度等理论方法，提出决策者权重及准则权重完全未知或不完全确定的模糊多准则群决策方法，并给出相应的算例分析，为决策群体处理实际决策问题提供决策模型与方法。

从现有研究来看，不确定语言评价及直觉模糊信息多准则群决策问题受到广泛关注，采用此类评价信息表达模糊偏好，能够较为精细地刻画多准则群决策问题的不确定性，同时体现出决策者对评价值的信任水平及犹豫程度。对该类多准则群决策问题展开系统研究，具有重要的理论意义和实际价值，为实际多准则群决策问题提供决策依据。

本研究在理论上借鉴已有的模糊多准则决策及群决策相关研究，综合运用运筹学、管理科学、决策学、模糊数学、灰色系统理论等相关理论或方法，提出一系列具有不确定语言及直觉模糊信息的多准则群决策方法，探讨了道德强度与个体道德认知发展水平对项目群管理者伦理决策的影响，并给出后续大中型工程项目群运作的冲突博弈及对伦理决策影响的研究展望。针对当前犹豫模糊语言多准则群决策理论与方法的发展状况，本研究提出基于概率语言术语集的多准则群决策方法研究进展，为后续概率语言术语集多准则群决策方法及其应用研究奠定基础。

本研究充分考虑到决策的科学性与民主性，丰富了决策理论与方法的研究成果，为进一步研究提供有益的参考和借鉴。在实践中，所给出的群决策方法能够有效地处理复杂群决策环境下的混合信息和未知信息，更符合实际的决策需要，能够应用到管理、经济、工程规划评估等诸多领域中，为相关管理人员的决策提供技术支撑，这对提高决策质量、降低决策风险具有非常重要的实际意义。可将该研究应用到大中型工程项目群运作管理过程中，论证项目群运作的多层级冲突博弈，为高层管理者提供决策依据并向利益相关者充分合理地解释决策行为，以保障项目群系统的高效运转；增强管理者的伦理敏感性，并提高伦理决策技能，保证工程项目群最终目标的协调一致性。

1.2 不确定语言及犹豫模糊多准则群决策理论与方法文献综述

下面对具有不确定语言评价及犹豫模糊信息的多准则群决策理论与方法的国内外研究现状进行文献综述。

1.2.1 不确定语言多准则群决策方法研究

1. 语言短语评价信息多准则群决策方法

早期的语言评价信息群决策研究主要采用 F. Herrera[4-7] 提出的语言群决策分析法，其三个步骤如下：①选择合适的自然语言短语评价集，对备选方案的各准则进行评价；②选择合适的集结算子，对每个决策者的评价信息进行有效集结，得到群体决策矩阵；③利用 Max-Min 法对决策方案排序选优。该方法简单、实用，具有广泛的代表性，但在实际决策过程中，该方法的决策结果不够精确，会导致评价信息的丢失与扭曲。

现有的处理语言评价信息群决策问题的分析方法主要有三类。第一类基于扩展原理，将语言短语评价集中的标准语言短语与不确定模糊数相对应，采用不确定模糊数的隶属函数集结评价信息，得到备选方案的排序结果[8]。文献[9-10]将语言短语评价信息的准则值、准则权重用三角模糊数表示，运用排序指标模型集结偏好信息；陈晓红[11]基于三角模糊数构造了集结决策者权威性和意见一致性的组合一致性指标，在此基础上提出模糊多准则群决策方法，并通过企业信用状态评估实例说明该方法的有效性与可行性；吕翔昊[12]将定性目标和权系数的语言变量用梯形模糊数表示，将决策者对单一目标的评价指标集成为多个目标的评价模糊数；吴叶科[13]将梯形模糊数应用到信息安全风险评估中，提出一种基于梯形模糊数的信息安全风险群决策方法。该类群决策方法所采用的模糊数运算往往使集结运算结果仍然是模糊数，模糊性较强，在一定程度上会造成信息的损失与扭曲，使不同的模糊集结方法得到的方案优劣排序结果存在一定的差异。

第二类基于符号转移的方法，根据语言评价集自身的顺序和性质，通过集结算子对语言短语进行运算或处理，根据每个方案的群体评价值得到各方案的排序结果[14-15]。张洪美[16]基于信息集成算子加权向量的对称性提出了多种信息集结算子，并证明在加权向量满足对称性的条件下，运用算子集结语言判断矩阵（或互补判断矩阵、互反判断矩阵）得到的群体判断矩阵仍为语言判断矩阵（或互补判断矩阵、互反判断矩阵）。徐泽水[17]利用有序加权平均（OWA）算子对语言偏好信息进行集结，给出一种基于模糊语言评估及 OWA 算子的多准则群决策方法。文献[18]给出了一种比较方案的模糊语言标度及相应的区间数表示形式，利用导出的有序加权平均（IOWA）算子集结偏好信息，提出了一种基于 IOWA 算子的模糊语言偏好矩阵排序方法。文献[19]采用广义的导出有序加权平均（GIOWA）算子集结各决策者给出的各准则语言评价信息，提出一种基于模糊语言评估及 GIOWA 算子的多准则群决策方法。文献[20-22]针对准则值、准则权重及决策者权重均为语言信息的纯语言多准则群决策问题，给出了多种基于语言评估标度及其运算法则的新算子，充分利用已有的语言决策信息给出多种纯语言多准则群决策方法。王欣荣[23]基于 LWD 算子及 LOWA 算子集结语言评价信息，通过计算每个方案与正、负理想方案之间的距离，根据各方案与正理想方案贴近度的大小确定最优方案；文献[24]基于同样的算子，通过语言评价集自身的顺序对方案排序择优。由于第二类方法利用语言评价集自身所含语言短语的顺序对语言符号进行运算，其运算结果很难精确地对应到初始的语言评价集中，而只能取与结果最为接近的语言短语，显然这样做将会产生信息的损失和扭曲。

第三类是 F. Herrera 提出的二元语义分析方法，基于二元语义表示模型将语言短语评价信息转化为二元语义形式，基于二元语义集结算子或将二元语义与已有的多准则群决策方法结合，集结决策者给出的评价信息得到各方案排列的优先序[25-27]。与前两类方法相比，第三类方法能有效避免语言评价信息集结和运算中出现的信息失真与扭曲，在计算精度与可靠性方面明显占优。魏峰

[28]研究了一种基于二元语义混合加权平均（T-HWA）算子的群决策方法。廖貅武[29]在使用二元语义处理评价信息的基础上，提出一个估计正理想点及准则权重的线性规划模型，通过计算每个方案与正理想解的距离确定最优方案，所举算例表明了方法的有效性与合理性。巩在武[30-31]在研究二元语义判断矩阵性质的基础上，根据三角（区间）模糊数互补判断矩阵与二元语义判断矩阵之间的内在联系，将模糊数互补判断矩阵转化为二元语义判断矩阵，并证明转化方法的满意一致性，给出一种基于不同模糊偏好形式判断矩阵的信息集结方法。卫贵武[32]采用扩展的二元语义加权几何（ET-WG）算子及有序加权几何（ET-OWG）算子集结评价信息，得到各方案的群体综合评价值。文献[33]研究一种基于二元语义信息处理的灰色关联群决策方法，根据传统理想点法通过计算各方案与正、负理想方案的灰色关联度确定最优方案；与文献[33]不同，文献[34]采用二元语义加权算术平均（T-WAA）算子获得各方案与正、负理想点之间的群体距离，通过计算方案贴近度对方案排序择优。张震[35]在二元语义处理评价信息的基础上，通过最大化群效用值、最小化个体遗憾值及折中评价值获得决策者满意的折中方案。

在二元语义多准则群决策问题中，如何确定准则权重是集结评价信息的关键，尤其对于那些准则权重信息不完全或完全未知的群决策问题。第一种是基于决策者主观偏好的主观赋权法，可准确反映决策专家的意愿，评价结果的主观随意性较强。第二种是基于评价矩阵的客观赋权法[36]，可充分利用决策者给出的语言评价信息，使所赋准则权重在集结评价信息后，尽可能达成群体评价意见的一致性。卫贵武[37]研究一种基于最大偏差和二元语义信息处理的多准则群决策方法，将语言评价信息转化为二元语义形式，针对准则权重信息不完全或完全未知，通过构造偏差最大化的目标规划模型获得准则权重，利用T-WAA算子集结各准则评价信息。第三种是主、客观集成赋权方法，它是一种将决策者的主观偏好信息与客观的决策矩阵进行集成的方法，使确定的权重同时反映主观程度和客观程度。司艳杰[38]集成各决策者给出的准则先验权重及后验权重将评价矩阵集结为群体评价矩阵，将综合评价值转化为区间数，采用区间数排序算法进行排序。丁勇[39]针对准则值、准则权重均为语言评价信息的纯语言多准则群决策问题，采用二元语义集成算子计算主观权重，基于主、客观评价的最小偏差求解准则客观权重，集结主、客观权重得到准则的综合权重，最后利用T-WAA算子得到方案的排序结果。陈俊良[40]从混合语言决策矩阵中提取决策者权重信息，给出了个体评价信息量权值、群体一致性权值及区分作用权值的计算方法，在三种权值的基础上确定专家总体权重。在实际决策问题中，各准则之间往往会存在某种相互作用或关联性，基于此，许永平[41]考虑一种准则关联的 TOPSIS 群决策问题，在传统 TOPSIS 法的基础上，引入λ模糊测度，根据准则间的关联作用确定准则权重，由相对贴近度得到方案排序结果。

随着云模型理论的发展，王洪利[42]研究了基于云模型的决策专家、个体偏好表示、偏好集结及方案选优方法。文献[43]提出了基于自然语言的模糊多准则云模型决策方法，通过设计等级描述云与等级评价云，将多个准则值集结为方案总体评价，比较后获得最佳方案。

一般而言，决策者对事物的认识遵循由浅入深的规律，而事物也处于不断发展变化当中，为提高决策质量，在评价过程中，多个决策者往往需要在多个相互联系的阶段对方案进行反复分析与评估，我们将这种多人多阶段的多准则决策问题称为时序多准则群决策问题，该问题实际上构成了具有时间、指标及方案三维结构的评价排序问题，研究内容涉及时间权重确定[44]、语言情境下的多阶段评价模型[45]、多阶段不确定信息集结[46]、基于数据分布特征的评价[47]、基于多阶段判断偏好信息的集结[48]等。王翯华[49]对多阶段决策过程中的评价信息进行质量分析，提出了各评价阶段方案量变和质变的判定指标及评价者判断质量的测度指标，建立了多阶段语言评价的时间权重确定模型和决策者定权模型，算例分析表明了决策方法的有效性。相辉[50]研究了一类语言型时序多准则群决策问题，构建了一种能同时兼顾线性算子与非线性算子特点的二元语义组合加权平均（T-CWA）算子，针对综合评价结果对集结路径的依赖性，以“多路径偏差压缩”集成评价信息，最后把决策方法应用到服务创新方案选择问题中。刘勇[51]提出一种基于区间二元语义的动态灰色关联群决策模型，利用灰色系统理论的思想和方法，分别构建与正理想解灰色关联度偏差最小的规划模型和方案优属度优化模型，确定指标权重和方案优属度，并通过案例验证了模型的有效性和可行性，该问题在语言信息质量的挖掘分析及多阶段评价信息下的决策者权重确定模型方面值得进一步研究。

2. 不确定语言变量多准则群决策方法

在语言型多准则群决策问题的研究过程中，由于待决策问题的复杂性、不确定性以及不同决策专家知识水平、经验和对事物认知能力的差异，决策专家给出的评价信息为区间语言短语，即准则值及准则权重均为不确定语言变量。在不确定语言评价信息下定义新的集结算子，如不确定语言加权最大最小（ULWM）算子或不确定语言混合集结（ULHA）算子，通过算子集结得到决策方案的群体综合评价值，利用可能度公式比较所有方案得到可能度矩阵，进而获取各方案的排序信息。徐泽水[52-60]给出了不确定语言有序加权平均（ULOWA）算子、不确定语言混合集结（ULHA）算子、导出的不确定语言有序加权平均（IULOWA）算子、不确定语言加权平均（ULWA）算子、不确定语言有序加权几何（ULOWG）算子及导出的不确定语言有序加权几何（IULOWG）算子等，分别给出群决策方法。卫贵武[61-62]研究了准则权重完全未知且准则值以不确定语言形式给出的多准则群决策问题，基于群体评价信息的一致性原则，给出求解准则权重的组合公式，采用不确定语言加权平均（ULWA）算子集结不确定语言决策信息，通过构造可能度矩阵得到方案排序结果。G. W. Wei[63-64]给出了依赖型不确定语言有序加权几何（DULOWG）算子、不确定语言混合几何平均（ULHGM）算子，与算子相关联的权重向量由所集结的不确定语言变量决定，提出了基于该算子的不确定语言多准则群决策方法。文献[65]将该方法应用到选聘管理人员的决策问题中。文献[66]将具有ULWM算子及ULHA算子的不确定多准则群决策模型应用到信用担保产品的风险评判中。文献[67]将不确定语言多准则群决策方法应用到虚拟物流中心伙伴选择问题中，分别采用不确定拓展加权算术平均（UEWAA）算子、不确定拓展有序加权平均（UEOWA）算子对各准则及各专家的不确定语言评价信息进行集结，得到各候选伙伴的群体综合评价信息，基于可能度矩阵对候选伙伴排序择优。索玮岚[68]根据二元语义表示模型集结不确定语言评价信息，由准则的效益型与成本型特征定义其正、负理想点，由扩展VIKOR法获取方案的折中排序结果。

在不确定语言群决策问题中同样存在着如何确定准则权重的问题，王坚强[69]把云模型理论应用到不确定语言多准则决策中，将不确定语言转化为综合云，采用浮动云进行偏好集结，通过计算不确定度及决策者偏差度求得决策者权重，最后根据贴近度得到各方案的排序结果。陈孝新[70]根据决策者的偏好给出定量准则的白化值和定性准则的信用结构，确定了每个决策者和群体的等级信用结构矩阵，提出了求解群体集成权重的新方法，利用证据推理算法求出各方案在各等级下的信任度，最后利用期望效用和区间数排序法对方案进行排序。

3. 多粒度语言多准则群决策方法

由于不同决策者在经历、背景、知识水平和偏好等方面存在差异，不同的考察对象有不同的不确定性程度，有可能采用不同的语言评价集给出各自的评价信息，客观上要求考虑具有不同粒度语言评价的多准则群决策问题，这些评价集在语言短语数目及短语语义对应的隶属函数上存在差异，此类群决策问题的研究主要包括群体偏好信息的集结及群体一致性分析两个方面。在评价信息处理的过程中，需要将多粒度的语言偏好信息进行一致化处理，一致化融合方法主要有基于扩展原理的一致化融合方法、基于有序语言的一致化融合方法及基于二元语义的一致化融合方法。

基于扩展原理的一致化融合方法是将语言评价信息转化为模糊数，并依据扩展原理进行模糊数的运算，运算和分析会增加结果的模糊性，可能在一定程度上会造成信息的损失或扭曲。E. Herrera-Viedma[71] 基于模糊集理论的扩展原理，采用最小最大隶属度原则，将各决策者给出的不同粒度语言评价信息转化为基本语言评价集表示的模糊信息，并进行群体一致性分析。文献 [72-76] 将多粒度语言评价信息一致化为三角模糊数，在此基础上给出群集结与方案选优的群决策方法，但此类方法需要假设模糊集的隶属函数，在实际处理过程中有一定的难度，而且在信息一致化的过程中会造成信息损失，V. N. Huynh[77]，S. L.Chang[78]，D. Ben-Arieh [79] 的研究也存在类似的问题。

基于有序语言的一致化融合方法是根据语言术语集的顺序结构直接对语言符号进行转化运算，其结果很难精确地对应到初始的语言术语集中，需要寻找一个最接近的语言短语进行近似，会产生信息的损失。基于二元语义的一致化融合方法采用二元语义信息处理，可有效避免语言评价信息集结和运算中出现的信息损失与扭曲，在计算精度和可靠度等方面均优于前面两种语言信息处理方法。戚筱雯 [80] 基于二元语义和基本语言评价集给出了具有不同粒度语言决策矩阵的群决策方法，并将该方法应用到 IRS 系统中。E. Herrera-Viedma[81] 在一致化处理多粒度语言评价信息的基础上，将 IOWA 算子集结各决策者给出的偏好信息作为群体偏好，同时进行方案的选优，并将方法应用到 ERP 选型问题中。文献 [82-83] 将不同粒度偏好信息转化为二元语义形式，利用二元语义集结算子集结偏好信息，基于总体偏差指标给出群体一致性的判断及改进方法。姜艳萍 [84] 提出一种新的群体一致性分析方法，避免了不同粒度评价信息的转化，通过定义决策者个体与群体偏好的偏差矩阵及各决策者的总体偏差指标，给出专家群体一致性判别方法及群体不一致性的改进方法。Z. F. Chen[85-86]将语言判断矩阵转化为互补判断矩阵，实现了对多粒度语言信息的量化，但该方法对语言判断矩阵的次序一致性要求过高，不利于推广应用。文献[87]给出了多粒度语言判断矩阵完全一致性及满意一致性的充要条件。许叶军[88]利用虚拟指标不会丢失信息的特点，给出了不同粒度语言信息之间的相互转换准则及一致化处理函数，提出不同粒度语言判断矩阵的多准则群决策方法。

针对准则权重完全未知的情况，文献[89]通过引入标准差及平均差极大化方法确定准则权重，由混合HA算子集结各决策者给出的决策矩阵；梁昌勇[90]把不同粒度的语言评价矩阵一致化为基本语言评价集表示的二元语义信息形式，引入TOPSIS法并结合二元语义计算规则确定准则客观权重，由T-OWA算子得到群体评价矩阵，从而得到方案排序结果；王晓[91]针对准则权重完全未知的多粒度区间二元语义多准则群决策问题，通过建立基于离差最大化的目标规划模型得到准则权重；郭凯红[92]提出一种基于证据理论及模糊熵权变换的多准则群决策方法，其中准则权重、决策者权重完全未知，仅通过决策矩阵客观地确定决策者权重及指标权重。

针对准则权重信息不完全的情况，刘兮[93]研究准则权重不完全确定的多粒度区间语言评价信息多准则群决策方法，利用一致化后的区间二元语义信息给出一种确定准则权重的客观赋权法，用TOPSIS法对方案排序择优。将熵权理论应用到多粒度群决策准则权重确定当中；文献[94]建立了基于相对熵的多目标规划模型以获得相应的准则权重；张震[95]则通过建立使备选方案对正理想点相对熵最小、到负理想点相对熵最大的目标规划模型来确定准则权重；文献[96]针对多粒度语言判断矩阵的群决策问题，提出基于相对熵的最优化模型的排序方法。

同时，考虑到具有多粒度与不确定语言短语的多准则群决策问题，刘洋[97]运用不确定语言变量运算法则集结各个决策者给出的不同粒度不确定评价信息，根据不确定语言信息优势可能度及OWA算子计算各方案的排序值，但在某些情况下运算结果会超出语言短语集的范围。文献[98-100]同样基于不确定语言变量的优势度、准则权重向量及决策者权重向量，运用加权法构建群体综合优势度矩阵，给出一种基于使用次数的方案排序方法。

4. 残缺语言多准则群决策方法

由于决策者自身知识、经验的缺乏而不能确定某方案或无法针对某方案给出确切的语言评价等级时，决策者给出的评价信息不完全，会出现“空值”的现象，这种情况在实际决策过程普遍存在。文献[101-104]直接用最大化语言区间或最高等级语言短语补全残缺信息，从而得到完整的语言决策矩阵，简单的数据补全方式将无法避免主观因素对原系统的影响，而且在空值过多的情况下，简单的补全数据显然是不可行的。张尧[103]基于残缺语言判断矩阵的完全一致性补全缺失的评价信息，采用扩展的二元语义有序加权平均（ETOWA）算子集结所有方案的偏好信息，通过计算每个方案优于其他方案的总体偏好程度得到所有方案的排序结果。R. R. Yager[106]和 G. W. Wei[107]定义了不确定语言变量算子，并对决策者权重和准则权重是实数且准则值为语言区间的多准则群决策问题，提出了基于不确定语言算子的群决策方法。在此基础上，王坚强[108]针对准则权系数不完全确定且准则值缺失的群决策问题，提出基于 WC-OWA 和 OWA 算子的群决策方法。文献[109]提出了一种残缺语言判断矩阵的可能值推断方法。Z. P. Fan[110]研究了基于残缺互反判断矩阵、残缺互补判断矩阵和残缺语言判断矩阵的群决策问题。

运用 D-S 证据理论可以较好地解决信息不完全下基于语言评价信息的多准则群决策问题，它并不需要补全残缺评价信息，而是直接对信息不完全的决策矩阵进行处理，可避免一些主观因素对决策结果的影响和评价过程中所需要的效用假设。基于此，王坚强[111]针对评价信息及决策者权重信息不完全的情形，提出一种基于证据推理和二元语义处理信息的群决策方法，根据证据推理算法得到各方案在各语言等级下的信任度，根据决策者权重的不完全确定信息及二元语义距离构建非线性规划模型，模型求解得到方案集的一个排序。与文献[111]不同，文献[112-113]除了残缺语言评价信息以外，还考虑到方案的准则值可能介于两个标准语言评价等级之间或是确定语言评价信息的情形。龚本刚[114]基于证据理论得到不同准则下各焦元的基本概率分配函数值，通过 D-S 合成法则对其值进行合成，根据所有决策方案的信度函数和似真函数值对方案排序。梁昌勇[115]针对一类评价信息不完全且准则值由精确数、语言评价值等定量、定性形式构成的混合型不完全信息多准则群决策问题，提出了一种基于直觉模糊集和证据理论的决策方法。梁海明[116]针对准则权重为语言变量、评价信息为残缺语言区间信息的多准则群决策问题，提出了基于改进的模糊区间证据推理的分析方法。姜艳萍[117]针对准则权重未知的情形，提出了残缺语言区间信息的多准则群决策方法，基于粗糙集理论，去除冗余数据对决策结果的影响，使群集结和群体方案优选结果更精细。文献[118]从改善群体一致性的角度，建立群体一致性偏差最小的目标优化模型，求解模型得到群体方案排序值。张尧[119]用最大语言区间代替矩阵中的缺失值，通过具有风险态度因子的不确定语言映射函数得到一定风险态度下的二元语义决策矩阵，利用 ETOWA 算子得到方案的综合评价值。

1.2.2 犹豫模糊多准则群决策理论与方法研究

1986 年，Atanassov[120] 提出了直觉模糊集的概念，扩充和发展了 Zadeh 模糊集，由于直觉模糊集同时考虑了隶属度、非隶属度及犹豫度三方面的模糊信息，具有较强的处理模糊信息的能力，直觉模糊理论被迅速应用到多准则决策问题中。徐泽水和 Yager[121] 基于直觉模糊集构建了直觉模糊加权几何（IFWG）算子、直觉模糊有序加权几何（IFOWG）算子及直觉模糊混合几何（IFHG）算子，并基于几类信息集成算子给出群决策方法。Atanassov[122] 进一步提出了区间直觉模糊集的概念，即用区间数表示直觉模糊集中的隶属和非隶属度信息，并定义了区间直觉模糊数的一些基本运算。徐泽水[123-125] 研究了区间直觉模糊信息的集成算子，提出了区间直觉模糊算术平均（HAA）算子、区间直觉模糊加权平均（IIFWA）算子、区间直觉模糊几何平均（IIGA）算子、区间直觉模糊加权几何（IIFWG）算子、区间直觉模糊有序加权平均（IIFOWA）算子及区间直觉模糊混合集结（IIFHA）算子，并应用于群决策问题中。刘锋[126] 定义了模糊数直觉模糊集的概念，用三角模糊数表示直觉模糊集中的隶属度和非隶属度信息，并介绍了其相关性质。X. Zhang[127] 定义了三角直觉模糊数的加权算术平均算子及加权几何平均算子，并应用于多准则群决策中。Wang[128] 针对模糊数直觉模糊信息的集成问题，定义了模糊数直觉模糊加权算术（FIFWA）算子、模糊数直觉模糊有序加权算术（FIFOWA）算子及模糊数直觉模糊混合算术（FIFHA）算子，在此基础上，提出了一种准则权重已知且准则值以直觉模糊数形式给出的多准则群决策方法。

然而，直觉模糊集、区间直觉模糊集、模糊数直觉模糊集及模糊集都只能粗略地表示准则隶属或非隶属于某一个特定模糊概念的“好”“坏”程度，局限性较大。同时，在决策过程中，很难对区间直觉模糊集、模糊数直觉模糊集的用隶属度和非隶属度表示的准则值给出数字度量，而利用不确定语言评价能够满足评价需要。此外，语言评价或不确定语言评价暗含了准则隶属于不确定语言值的程度为 1，不能刻画非隶属度和决策者的犹豫程度。王坚强[129]在直觉模糊集和语言评价集的基础上定义直觉语言集、直觉语言数、直觉二元语义以及直觉二元语义的 Hamming 距离，通过计算各方案相对正、负理想解的综合隶属度得到方案排序。文献[130]在定义了直觉语言数运算法则、期望值、得分函数和精确函数的基础上，提出了直觉语言加权算术平均算子和加权几何平均算子，并应用于多准则决策问题中。在文献[129-130]的基础上，刘培德[131]把直觉语言集扩展为直觉不确定语言集，定义了直觉不确定语言变量的运算法则、大小比较方法，给出了直觉不确定语言加权算术平均（IULWAA）算子、直觉不确定语言的有序加权平均（IULOWA ）算子以及直觉不确定语言的混合加权平均（IULHA）算子等相关算子的性质，并将这些算子应用于准则权重已知且准则值以直觉不确定语言形式给出的不确定多准则群决策中。H. Zhao[132]基于融合直觉模糊数、区间直觉模糊数、语言短语三种评价信息的混合型决策矩阵，提出了一种 TOPSIS 决策方法，将语言评价信息转化为三角模糊数后集结得到决策结果。Z. S. Xu[133-134]，L. Lin[135]，D. F. Li[136]分别研究了准则权重不完全已知的区间直觉模糊决策方法。考虑到区间直觉模糊数在处理模糊性和不确定性方面更具灵活性和实用性，而且它所包含的犹豫度也更适合表示定性的语言信息，戚筱雯[137]提出了基于支持度的准则权重确定方法及基于熵值的专家权重确定方法，研究了一类具有语言值、直觉模糊数及区间直觉模糊数三种评价信息的混合型多准则群决策问题。梁昌勇[137]针对具有语言型和直觉模糊数两种评价信息的混合型多准则群决策问题，提出了一种基于 TOPSIS 的决策方法。

综上所述，随着对具有语言评价信息及直觉模糊信息的多准则群决策方法的研究的逐步加深，该方法在实际决策领域中的应用范围正逐步扩大。此类群决策方法研究的一个核心问题是如何确定决策者权重及准则权重，以及通过何种方式对各方案的每个准则评价信息进行集结，得到各方案的综合评价结果，基于某种方法实现对所有方案的排序择优。这方面的研究需要继续加强，以方便模糊多准则群决策方法在实际决策问题中的推广应用。因此，本书继续系统深入地研究具有不确定语言评价及直觉模糊信息的多准则群决策问题是很有必要的。

1.2.3 犹豫模糊多准则群决策方法在大中型工程项目群运作中的应用研究

随着我国对基础设施建设项目投资力度的不断加大，一大批投资规模大、跨度时间长、社会影响广泛的“集群式”项目不断涌现，如“南水北调工程”“西气东输工程”“西成高铁工程”等。这些大中型工程项目可分为多个具有交互耦合关联的子项目，子项目之间在资源状况、技术条件、市场需求、运作成本与收益等方面存在争夺和冲突，此外，在共享信息状态、认知偏好上的合作与博弈等方面对管理者的决策行为造成影响。伴随着项目管理决策由集中化向分散化发展的趋势，项目群系统在分散化决策模式下反映出多任务、多目标及多层级决策主体的特征，其复杂不确定性导致多主体的冲突博弈，使多层级主体冲突博弈及其对管理者伦理决策行为的影响成为关注的焦点。

大中型工程项目群的多层级运作模式达到预期的综合水平，成为利益相关方及管理者关注的核心议题，大中型工程项目群的运作效益成为中外持续关注的重要理论命题和现实问题。

1.关于大中型工程项目群管理的研究

项目群显现出较高的不确定性及模糊性，而参与多项目整体决策的既有各个决策参与者，又有从各项目中取得既得利益的相关者或决策支持者等非决策者，项目群反映出多层次的组织结构、多元化的决策参与主体、多角度构成的决策目标等特征（Lycett M.，2004）。为了保证对大中型工程项目群的总体规划、控制与协调，实现对项目群的高质量管理，需要在合理分配各种资源的前提下，既要兼顾到项目群体中单个项目各自的投入收益比及其利益诉求，也要考虑到各项目之间的交互耦合关联所造成的群体利益导向，达到项目群整体上的均衡协调，从而实现项目群整体战略利益的最大化。

根据工程项目群的整体运作过程，各个项目对不同类别资源的需求状况不同，各自运作的过程体系存在差异；多个项目彼此之间虽存在交互耦合关系，但面临的市场环境及依赖的技术支持条件存在不小的差距（Hu J.，2011）。这些都导致项目群管理中多层级决策主体所能采集到的原始决策信息的广泛性、信息内容与反映形式上的多变性，当原始信息在不同项目间不断传递时，在群体层面也反映出高度复杂性及冲突性（Yue K，2011；Zheng Z.，2014；Zheng X.，2017）。此外，由于参与决策过程的多层级决策主体的认知偏好及对所获各种类别决策信息的处理能力不同，整个决策过程在不同的时空阶段表现出模糊性及不确定性，从而导致无法准确获取所有可能的备选方案（Bo X.，2013；Peng Y.，2017）。以上两个方面都直接导致多层级的决策主体难以对备选方案进行排序择优，即参与项目群管理的决策群体反映出“有限理性”的决策特征。项目群管理既是多阶段条件下多层级决策主体的复杂决策过程，也是基于多决策主体间交互关联的复杂博弈过程。

研究评述如下：①已有的对项目群管理的研究重点关注多项目之间的集成与协同，以交互关联项目之间在资源、技术、市场等多个角度的限制为出发点，多采用运筹优化理论及群决策理论与方法对多项目进行选择分配、优质资源划分及群体决策目标的一致性协同等。②在项目管理领域，考虑到多层级决策主体冲突对单个项目的影响，已有研究探讨了冲突对单个项目资源需求的整合与调度、管理流程的优化与再造等的影响（Taillan dier F.，2018），但在项目群管理领域对多层级决策主体冲突问题的关注度明显不足，尤其是涉及多决策主体所获信息的多寡及结构特征、项目群整体目标的缺失、行为认知偏好的合作与博弈等方面，而这些方面在项目群管理系统中占有举足轻重的地位。③已有研究往往建立在有限理性决策模型的基础上，考虑到决策主体的心理行为因素，对实际决策问题进行合理解释；之后有学者从决策者所处的有限理性情形出发，兼顾所获决策信息的局限性及不完备性，对整个决策过程的各个方面进行阐述；有限理性情形下的多层级主体决策研究为项目群多层级冲突的网络博弈提供理论支撑。

2. 关于工程项目群领域伦理决策的研究

将社会伦理因素纳入项目群管理决策过程中，注重经济效益、社会效益、利润水平及道德水准的协调统一，从多层级决策主体的整体视角进行伦理决策分析，并建立科学合理的伦理决策理论模型，研究道德强度、个体道德认知发展水平对管理者伦理决策的影响，为优化项目群管理决策提供理论依据。早期的研究主要通过个体变量及组织变量探讨伦理决策行为，“道德强度”概念的提出推动了伦理决策领域的研究，学者逐步建立伦理决策关系模型，并采用实证研究方法对伦理决策的过程及其影响因素展开积极探索（吴红梅，2006；刘彧彧，2013），依托决策者的复杂心理活动构建伦理决策过程模型（Ferrell-Gresham 模型、Trevino 模型、Rest 模型等），基于各自视角对伦理决策的不同层面展开阐述及分解（Ferrell O. C.，2015；Heyler S. G.，2016）。截至目前，西方伦理决策已经建立起较为完善的理论体系及研究方法，趋向于从具体行业背景出发探讨伦理决策行为的影响因素，主要内容包括伦理决策的界定及过程、伦理决策影响因素的实证研究、跨文化比较及伦理决策的理论模型构建等，验证了个体、组织与情景变量对伦理决策行为的影响效果。

为应对屡屡出现的企业伦理决策问题，稳步提升企业伦理，中国本土化伦理决策研究逐步展开，已有的西方伦理决策研究为我国本土情境伦理决策的实证研究、伦理决策的实践机制及心理机制、寻求更多的伦理决策解释变量等提供了参考依据（Casali G. L.，2011；季浩，2013；刘英为，2014；刘彧彧，2015；Bazerman M. H.，2016）。

研究评述如下：①近年来，伦理决策的影响因素研究往往将规范研究与实证研究相结合，重点关注道德强度、个人因素、组织因素及领导者风格对伦理决策的影响，并对各个因素进行细分，指出细分的各个因素对伦理决策产生正向或负向的影响以及影响水平是否显著。这些影响因素凸显出个人价值观与组织价值观的冲突与协调，道德要求与组织利益最大化的平衡博弈涉及个人与他人或组织群体关系的处理。②已提出的多种伦理决策理论模型尚未在不同文化背景或情境下进行验证，理论模型的有效性不得而知。此外，更多的是通过理论上的逻辑推理构建伦理决策模型，以及对各种影响因素进行辨析，缺少针对伦理决策实践问题中翔实参考资料，这可能导致对组织内个体行为因素的忽略，而这些因素会对伦理决策有举足轻重的影响。③决策个体搜寻过滤和解释信息、伦理意识及伦理意图、中国本土化的伦理决策研究等成为后续研究的主要趋向，主要将权威观点、组织伦理风气作为影响个人伦理决策的变量，重点关注个人道德发展阶段与组织特征的关系。

研究犹豫模糊语言多准则群决策方法在大中型工程项目群管理中的应用的学术价值主要体现在以下两个方面：①与传统项目管理相比，本课题对项目群的管理依托企业整体的效率和效益，再加上项目群多层级冲突所带来的多重复杂影响，能够明辨决策主体之间的信息沟通状况以及项目群整体目标的一致性缺失、行为认知偏好差异等制约因素。②项目群多层级决策主体往往是有限理性的，可导致多层级冲突的产生、传递及其不断演化。将伦理决策行为过程纳入研究框架，探讨不同类型伦理气氛下道德强度、个体道德认知发展水平对项目群管理者伦理决策的影响，根据假设检验结果给出有效防范非伦理行为的治理体系。其应用研究价值主要体现在以下两个方面：①可应用到大中型工程项目群运作管理过程中，论证项目群运作的多层级冲突博弈，为高层管理者提供决策依据，并向利益相关者充分合理地解释决策行为，以保障项目群系统的高效运转。②增强管理者的伦理敏感性，并提高伦理决策技能，保证工程项目群最终目标的协调一致性。

1.3 研究内容与本书架构

首先，基于以上分析，本书针对具有不确定语言评价及几类犹豫模糊信息的多准则群决策问题展开深入研究，主要采用离差最大化法、改进 TOPSIS 法、VIKOR 法、信息熵法、直觉模糊相似性测度、灰色关联分析、灰色关联投影法等相关理论或方法，提出决策群体中决策者权重及准则权重的确定方法，根据准则的具体数据类型，采用合理的信息集结方法得到各方案的综合评价值，最终实现对各方案的排序择优，算例分析说明所给群决策方法的有效性与可行性。其次，将犹豫模糊多准则群决策方法应用到大中型工程项目群伦理决策管理当中，主要涉及道德强度与个体道德认知发展水平对项目群管理者伦理决策的影响，并展望后续群决策方法在大中型工程项目群运作的冲突博弈及对伦理决策的影响研究中的应用。最后，针对当前不确定语言及犹豫模糊语言多准则群决策理论与方法的研究状况，给出拓展的概率语言术语集多准则决策方法的研究进展，为后续概率语言术语集领域决策方法研究奠定基础。

全书共分 8 章，各章具体内容如下。

第 1 章为绪论，主要介绍全书的研究背景与研究意义，从语言评价信息多准则群决策研究及直觉模糊多准则群决策研究两个方面对模糊多准则群决策的研究现状进行综述，简要说明本书的研究内容及各章节之间的逻辑关系。

第 2 章研究不确定语言评价多准则群决策方法，主要包括多粒度不确定语言群决策方法和区间灰色不确定语言评价群决策方法。

针对一类准则权重完全未知的多粒度不确定语言多准则群决策问题，采用基本语言评价集对不同粒度的评价矩阵进行一致化处理，采用准则评价偏差最大化的目标规划模型确定各准则权重。根据区间二元语义加权算术平均（IT-WAA）算子及已知的决策者权重得到群体决策矩阵，由准则评价类型获取正、负理想解。基于扩展多准则协调优化解（VIKOR）方法集结区间二元语义评价信息，通过群效用值、个体遗憾值及折中评价值对各方案排序，得到三种方案排序结果，最终根据折中原则得到各方案的优先序。风险投资公司的可再生能源项目遴选算例表明了该群决策方法的有效性与合理性。

针对准则权重不完全已知的多粒度不确定语言多准则群决策问题，提出一种基于投影及优势度的群决策方法。该方法采用连续区间二元语义的有序加权调和平均（ITC-OWH）算子，将多粒度不确定语言评价矩阵转化为二元语义决策矩阵，基于投影法构建目标规划模型，确定单个决策者的准则权重向量。在每个决策者之下，计算两两方案之间每个准则的优势度，从而得到任意两个方案的综合准则优势度。根据综合优势度矩阵及决策者权重获得群体综合优势度矩阵，由优于次数矩阵计算每个方案的总优先次数，从而获取各方案的优先序。最后将该群决策方法应用到潜艇研制方案遴选问题中，验证了该方法的可行性与有效性。

针对准则值为区间灰色不确定语言变量的多准则群决策问题，在定义区间灰色不确定语言变量及其运算规则的基础上，给出三种几何加权集结算子，由区间灰色不确定语言几何加权（IGULWGA）算子集结各决策者给出的决策矩阵得到群体决策矩阵。在准则权重已知的情形下，基于 IGULWGA 算子集结单个决策者给出的准则权重向量得到群体准则权重向量；在准则权重完全未知的情形下，采用信息熵法确定准则权重。采用区间灰色不确定语言混合几何加权（IGULHWGA）算子集结各准则评价信息得到各方案的综合评价值，基于区间灰色不确定语言变量大小比较的方法得到方案排序结果。移动银行服务质量评优算例表明了该方法的有效性与可行性。

第 3 章研究几类直觉模糊评价多准则群决策方法，主要包括直觉模糊数、区间直觉模糊数及区间直觉梯形模糊数评价的多准则群决策方法。

针对决策者权重与准则权重完全未知的直觉模糊多准则群决策问题，提出一种基于相似性测度及直觉模糊熵的群决策方法。由定义的直觉模糊相似性测度计算两两决策者之间关于各方案在单个准则下的相似度，从而得到决策个体与决策群体之间关于单个准则的平均相似度，将平均相似度归一化处理，得到各决策者在各方案下关于单个准则所体现出的决策者权重。在获得的群体直觉模糊决策矩阵中，按准则对直觉模糊评估信息求直觉模糊熵，进而求得各准则权重，由直觉模糊加权算术平均算子得到各方案的综合直觉模糊评价值，通过得分函数得到各方案的优劣次序。投资公司的投资项目选择算例说明了该方法的有效性和可行性。

针对决策者权重与准则权重完全未知的区间直觉模糊多准则群决策问题，给出一种基于相关系数及改进 TOPSIS 法的多准则群决策方法。将各决策者同等对待，得到各方案关于每个准则的评价均值，由各决策者在每个方案下关于单个准则的区间直觉模糊评价值与其评价均值的相关系数获取在单个准则下体现出的各决策者权重。基于各决策者权重得到群体区间直觉模糊决策矩阵，构建各方案与正理想方案的加权相关系数总和最大化（或与负理性方案加权相关系数总和最小化）的目标规划模型，确定各准则权重。根据两组准则权重向量分别得到各方案与正、负理想方案的加权相关系数，依据改进的TOPSIS法计算各方案与正、负理想方案的相对相关系数，并以此得到各方案的优先序。投资项目选择算例说明了该群决策方法的有效性与合理性。

针对准则评价信息为区间直觉梯形模糊数的多准则群决策问题，给出一种基于灰色关联投影的群决策方法。在规范化处理各决策矩阵的基础上，定义负极端决策矩阵及平均决策矩阵，根据各决策矩阵与这两类矩阵的距离大小确定决策者权重，由区间直觉梯形模糊数加权算术平均算子及决策者权重得到群体决策矩阵。由各方案与正、负理想方案的加权相对贴近度最小化确定各准则权重。以正理想方案为参考，计算各方案与参考序列关于每个准则的灰色关联系数，并计算各方案到正理想方案的灰色关联投影值，根据各方案投影值大小对方案进行排序择优。将所给群决策方法应用到市政图书馆空调系统选择决策问题中，算例分析的过程体现了该群决策方法的有效性与可行性。

第4章考虑直觉不确定语言数的隶属度与非隶属度之间可能存在的交叉影响，定义新的加法、数乘、乘法及幂乘运算，在此基础上给出直觉不确定语言加权交叉算术平均算子、有序算术平均算子及混合算术平均算子，同时给出直觉不确定语言加权交叉几何平均算子、有序几何平均算子及混合几何平均算子。根据算子本身的特点给出考虑交叉影响的直觉不确定语言多准则群决策方法，并通过算例分析体现所给决策方法的有效性与可行性。

第5章研究混合多种评价信息的多准则群决策方法，考虑到的评价信息主要有精确数、区间数、语言短语、不确定语言变量及直觉模糊数，针对制造业企业的供应商选择问题给出两种决策方法。

针对主客观混合评价信息的供应商选择决策问题，提出一种基于直觉模糊交叉熵及灰色关联的群决策方法。在确定供应商选择决策指标体系的基础上，将不同类型的主观评价信息统一转化为直觉模糊数，基于新的得分函数及单个决策者与决策群体的评价偏差确定决策者权重。把转化为直觉模糊数的规范化客观评价信息与群体直觉模糊主观评价信息合并，并采用直觉模糊熵确定各准则权重。根据直觉模糊交叉熵度量直觉模糊数之间的距离，采用灰关联法对备选供应商排序择优。制造类企业供应商选择算例表明了所给方法的合理有效性。

针对主客观混合评价信息下的供应商选择问题，提出一种基于距离测度及支持度的群决策方法。在确定供应商选择决策指标体系的基础上，对客观评价信息规范化处理，通过定义不同类型评价信息的距离测度，计算两两决策者之间关于同一备选供应商在各种不同类型主观评价信息下的相互支持度，得到各决策者在单个准则值下的总支持度，总支持度反映了决策者给出的单个准则评价信息受决策群体的支持程度，从而得到每个供应商关于各准则的群体评价值。将群体主观评价信息与规范化的客观评价信息融合，基于单个准则评价值与其均值的平均距离及标准距离确定各准则权重，采用灰关联法实现对备选供应商的排序择优。制造类企业供应商选择算例表明了所给方法的合理有效性，通过灰关联法与 VIKOR 法、TOPSIS 法的比较分析，指出决策者可根据自身需求采取合理的决策机制。

将混合多种数据类型评价信息的多准则群决策方法应用到风险投资公司投资项目选择问题中，在构建风险投资项目评估指标体系的基础上，给出待投资的节能环保项目投资的优先次序。首先介绍风险投资的概念及在中国的发展现状，分析了风险投资的构成要素、特点及运作流程，指出高新技术产业以其较强的技术创新能力及巨大的发展潜力，逐渐成为风险投资机构的主要投资对象。接着给出风险投资决策的概念、内容及意义，从高新技术项目的特点出发，构建风险投资项目选择决策的指标体系，针对待评估的四项节能环保项目，采用混合多准则群决策步骤给出待投资项目的投资优先序，为联想投资公司的投资决策提供理论依据。

第 6 章将犹豫模糊语言多准则群决策方法应用到大中型工程项目群管理当中，主要涉及道德强度和个体道德认知发展水平对项目群管理者伦理决策的影响，以及大中型工程项目群运作的冲突博弈对项目群管理者伦理决策的影响。

第 7 章分析当前概率语言术语集多准则群决策理论与方法的研究进展，针对拓展的概率语言术语集，也即概率不确定语言术语集，提出基于概率不确定语言术语集的多准则群决策方法的研究方向及思路，为后续研究做好充分的准备。

第 8 章是结论与展望，对全书的研究工作进行总结，并提出研究欠缺以及值得进一步研究的科学问题。

1.4　本书数学符号及用语的说明

需要说明的是，由于本书各章节的群决策问题所使用的变量、参数及符号较多，在各章节对参数和变量均给出了明确的定义，不同章节对符号的使用略有差异，但在同一章节内部的定义具有一致性。同时，不同章节不同研究问题之间的数学符号没有关联性。

第 2 章　不确定语言多准则群决策方法

2.1　基于偏差及扩展 VIKOR 的多粒度不确定语言群决策方法

针对具有语言评价信息的多准则群决策问题，早期的研究主要采用扩展原理或符号转移方法处理语言评价信息，所得评价结果往往不能用预先定义好的单个标准语言短语表示，难免会造成信息的丢失与扭曲，甚至出现与实际情形相悖的决策结论。为解决这一问题，Herrera 提出了二元语义分析法，将语言短语评价信息转化为二元语义形式（集结运算结果也可转化为二元语义），基于二元语义集结算子或将二元语义与已有的多准则群决策方法相结合，集结决策者给出的针对各方案关于每个准则的评价信息，最终实现方案的排序择优。

由于所处领域不同，不同决策者会依据个人偏好采用不同粒度的语言评价集给出各自的语言评价信息，为对不同粒度语言评价信息进行统一处理，可在群集结过程中将语言评价信息转化为三角模糊数或由基本语言评价集表示的二元语义，从而实现对不同粒度语言评价信息的一致化。此外，在实际决策过程中，由于待决策问题的复杂性、不确定性以及不同决策专家知识水平、经验和对事物认知能力的差异，不同决策专家给出的评价信息为不同粒度下的不确定语言变量，此类评价信息充分考虑到决策者对事物认知的现实情况，并考虑到事物的不确定性与决策者的自身情况。针对不确定语言变量评价信息，文献[139-140]提出了多种不确定语言评价信息集成算子，并基于信息集成算子给出多准则群决策方法。文献[97]通过计算各决策者关于所有方案的优势可能度，并由 OWA 算子得到群体优势可能度矩阵，在模糊多数意义下获得每个方案的总体优势程度并对方案排序择优。

对于准则权重完全未知或不完全已知的情形，如何确定准则权重是集结评价信息的关键，Z. P. Fan[141] 将不确定语言评价信息统一转化为梯形模糊数，基于传统 TOPSIS 法确定准则权重，给出一类多准则群决策方法。文献[93]在一致化多粒度不确定语言评价信息的基础上，通过构建所有方案与正理想方案的总贴近度最大化的目标规划模型确定准则权重，根据各方案与正理想解的贴近度大小得到排序结果；文献[35]基于相对熵确定准则权重，即所确定的准则权重应当使所有方案与正理想解的相对熵的和达到最小，同时与负理想解的相对熵的和达到最大，由不确定二元语义加权平均（UTWA）算子及有序加权平均（UTOWA）算子集结评价信息，得到所有方案的综合评价值；文献[91]构建基于离差最大化的目标规划模型确定准则权重，采用 IT-WAA 算子得到群体评价矩阵，根据两两方案之间比较的可能度矩阵及其排序向量获得方案排序结果。以上几个文献主要通过基本语言评价集对多粒度不确定语言评价信息进行一致化处理，分别采用 TOPSIS 法、离差最大化法、相对熵法等客观赋权法确定各准则权重，通过各种类型的信息集结算子、可能度矩阵或相对贴近度获得方案的优先序。

不同群决策方法的差异主要体现在信息集结及方案排序择优的方法上，这是决策方法的关键步骤，也是不同决策方法的创新性所在。由各方案的综合评价值构建的可能度矩阵会造成信息损失，而通过可能度矩阵的排序向量所确定的方案排序结果未考虑准则特征（效益型、成本型、折中型等）的差异，也会造成评价结果的偏差。TOPSIS 法不能有效度量各方案与正、负理想方案的相对接近程度，对各方案优劣刻画不够精细，距离正理想解最近的方案未必距离负理想解最远，设方案A_1到正理想解的距离小于到负理想解的距离，即$d_1^+ < d_1^-$，其贴近度大于 0.5，若另一方案A_2到正、负理想解的距离相等，即$d_2^+ = d_2^-$，其贴近度为 0.5，由 TOPSIS 法可知方案A_1优于方案A_2，而不用考虑d_1^+，d_2^+之间的大小关系，即使$d_1^+ > d_2^+$，也就是说方案A_1到正理想解的距离大于方案A_2到正理想解的距离，但是会得到A_1优于方案A_2的结论，这显然是不合理的，这一点可看作 TOPSIS 法不够精细的一个层面。

与 TOPSIS 法不同，基于折中优化的扩展多准则协调解（VIKOR）方法[142-143]能避免出现这一情况，在计算群效用值与个体遗憾值的基础上获得折中排序结果。目前，VIKOR 法在不确定模糊评价信息的群决策问题中应用较多[144-146]，为多准则群决策问题中方案排序择优提供了新的思路。

鉴于以上分析，本节将扩展 VIKOR 法，引入准则权重完全未知的多粒度不确定语言多准则群决策问题，根据基本语言评价集将多粒度不确定语言变量转化为同一粒度，根据已知的决策者权重对各决策矩阵加权，得到群体决策矩阵，采用偏差最大化法确定各准则权重，由各方案的群效用值、个体遗憾值及综合评价值得到三种方案排序结果，根据折中原则得到各方案的最终排序结果。所给算例体现出该群决策方法的有效性和可行性。

2.1.1 多粒度语言评价集及区间二元语义

在考虑的多准则群决策问题中，设p个不同粒度的语言评价集为$S^{T_1},S^{T_2},\cdots,S^{T_p}$，其中$S^{T_k}=\left\{s_i^{T_k}\middle|i=0,1,\cdots,T_k-1\right\}$表示第$k$个语言评价集，其粒度为$T_k$，且$T_k$为奇数。关于语言评价集的有序性、存在逆算子、极大化运算、极小化运算等性质具体见文献[35]，这里不再赘述。在语言评价集的基础上，基于符号转移方法采用二元语义表示模型表达语言短语及其集结运算结果，主要采用一个二元组(s_i,α_i)表示语言评价信息，其中s_i表示事先定义好的语言评价集中的语言短语，α_i表示计算所得语言信息与最接近语言短语之间的偏差，该偏差是区间$[-0.5,0.5)$内的一个数值。与语言评价集中离散的语言短语不同，二元语义在其定义域内是连续的，在语言信息集结过程中对偏好信息的表示是较为完整的，能够避免偏好信息不必要的损失，直观上更容易理解与接受。与二元语义运算算子相关的θ函数（把标准语言短语转化为二元语义）、Δ函数（把集结运算结果转化为二元语义）、Δ^{-1}函数（把二元语义转化为其代表数值）的定义及转化关系，任意两个二元语义之间大小比较及二元语义逆算子的定义与性质具体见文献[39]。

定义 1[91] 设$(\underline{s}_k,\underline{\alpha}_k)$，$(\overline{s}_k,\overline{\alpha}_k)$为两个二元语义评价信息，$\underline{s}_k,\overline{s}_k\in S^{T_k}$，$\underline{\alpha}_k,\overline{\alpha}_k\in[-0.5,0.5)$，且$(\underline{s}_k,\underline{\alpha}_k)\leqslant(\overline{s}_k,\overline{\alpha}_k)$，则称$(s_k,\ \alpha_k\tilde{)}=\left[(\underline{s}_k,\underline{\alpha}_k),(\overline{s}_k,\overline{\alpha}_k)\right]$为区间二元语义。

设$s_a^{T_k},s_b^{T_k}$为语言评价集S^{T_k}中的语言短语，且$0\leqslant a\leqslant b\leqslant T_k$，则$\left[s_a^{T_k},s_b^{T_k}\right]$为$T_k$粒度下的不确定语言变量，区间的两端点分别为不确定语言变量的下限和上限，当$a=b$时，不确定语言变量退化为标准的语言短语。由区间二元语义的定义，可将不确定语言变量转化为区间二元语义。

定义 2[91] 设$(s_k,\alpha_k\tilde{)}$, $(s_t,\alpha_t\tilde{)}$为任意的两个区间二元语义，两者之间的距离定义为

$$d\left((s_k,\alpha_k\tilde{)},(s_t,\alpha_t\tilde{)}\right)=\Delta\left(\frac{\left|\Delta^{-1}(\underline{s}_k,\underline{\alpha}_k)-\Delta^{-1}(\underline{s}_t,\underline{\alpha}_t)\right|+\left|\Delta^{-1}(\overline{s}_k,\overline{\alpha}_k)-\Delta^{-1}(\overline{s}_t,\overline{\alpha}_t)\right|}{2}\right) \quad (2\text{-}1)$$

2.1.2　决策问题描述及群决策方法具体步骤

首先给出多粒度不确定语言变量多准则群决策问题的描述。设备选方案集为 $C=\left\{c_i \middle| i=1,2,\cdots,m\right\}(m\geqslant 2)$，准则集为 $U=\left\{u_j \middle| j=1,2,\cdots,n\right\}(n\geqslant 2)$，决策群体集为 $E=\{e_k | k=1,2,\cdots,p\}(k\geqslant 2)$，事先确定的决策者权重向量为 $\boldsymbol{W}^e=(\omega_1^e,\omega_2^e,\cdots,\omega_p^e)$；决策者 e_k 根据其评价偏好，选择粒度为 T_k 的语言评价集对决策方案 c_i 关于准则 u_j 进行评价，得到多粒度的不确定语言评价矩阵 $\boldsymbol{R}^k=(r_{ij}^k)_{m\times n}=\left([\underline{r}_{ij}^k,\overline{r}_{ij}^k]\right)_{m\times n}$，$k=1,2,\cdots,p$，其中 $\underline{r}_{ij}^k,\overline{r}_{ij}^k\in S^{T_k}$。

由基本语言评价集的确定原则，设 $S^T=\left\{s_i^T \middle| i=0,1,\cdots,T-1\right\}$ 为基本语言评价集，其粒度为 T，该粒度大小一般与粒度最大的那个语言评价集持平。

采用转换函数 ζ 将评价矩阵 $\boldsymbol{R}^k$ 转化为区间二元语义矩阵形式

$$\tilde{\boldsymbol{R}}^k=\left((r_{ij}^k,\alpha_{ij}^k\tilde{)}\right)_{m\times n}=\left(\left[(\underline{r}_{ij}^{*k},\underline{\alpha}_{ij}^k),(\overline{r}_{ij}^{*k},\overline{\alpha}_{ij}^k)\right]\right)_{m\times n},\ k=1,2,\cdots,p$$

其中

$$\left[(\underline{r}_{ij}^{*k},\underline{\alpha}_{ij}^k),(\overline{r}_{ij}^{*k},\overline{\alpha}_{ij}^k)\right]=\zeta\left(\left[\underline{r}_{ij}^k,\overline{r}_{ij}^k\right]\right)=\left[\Delta\left(\frac{\Delta^{-1}\left(\theta(\underline{r}_{ij}^k)\right)(T-1)}{T_k-1}\right),\Delta\left(\frac{\Delta^{-1}\left(\theta(\overline{r}_{ij}^k)\right)(T-1)}{T_k-1}\right)\right] \quad (2\text{-}2)$$

转换后的同一粒度语言评价信息之间的优劣关系保持不变，即决策矩阵 $\boldsymbol{R}^k$ 与区间二元语义矩阵 $\tilde{\boldsymbol{R}}^k$ 的对应信息保持一致，这种转换在理论上是完全合理的。

根据已知的决策者权重向量 $\boldsymbol{W}^e$，由区间二元语义加权平均（IT-WAA）算子将转化后的区间二元语义决策矩阵 $\tilde{\boldsymbol{R}}^k(k=1,2,\cdots p)$ 集结为群体决策矩阵 $\tilde{\boldsymbol{R}}=\left((r_{ij},\alpha_{ij}\tilde{)}\right)_{m\times n}$，其中

$$(r_{ij},\alpha_{ij}\tilde{)}=\left[(\underline{r}_{ij},\underline{\alpha}_{ij}),(\overline{r}_{ij},\overline{\alpha}_{ij})\right]=\left\{\Delta\left[\sum_{k=1}^{p}\omega_k^e\Delta^{-1}(\underline{r}_{ij}^{*k},\underline{\alpha}_{ij}^k)\right],\Delta\left[\sum_{k=1}^{p}\omega_k^e(\overline{r}_{ij}^{*k},\overline{\alpha}_{ij}^k)\right]\right\} \quad (2\text{-}3)$$

接下来采用偏差最大化法确定各准则权重。若所有方案对某准则的评价偏差越大，则该准则对各方案排序择优所起的作用就越大，应当赋予越大的权

重；反之，若所有方案关于某准则的评价偏差越小，则该准则对方案排序所起的作用就越小，应当赋予越小的权重。根据所有方案对某准则的评价偏差大小与该准则权重大小的一致性原则确定准则权重，即偏差越大的准则应赋予越大的权重。特别地，若所有方案关于某准则的评价值完全一致，毫无差异，则该准则对方案排序择优不起任何作用，其权重应当为零，此时可以在准则评价集中剔除该无效准则。

首先计算决策方案x_i与其他所有方案关于准则u_j的评价值的偏差，如下所示。

$$Y_{ij}=\Delta\left\{\sum_{l=1}^{m}\omega_j\Delta^{-1}d\left[(r_{ij},\alpha_{ij}\tilde{)},(r_{lj},\alpha_{lj}\tilde{)}\right]\right\},\ i=1,2,\cdots,m;j=1,2,\cdots,n$$

从而得到所有方案与其他方案关于准则u_j评价值的总偏差为

$$Y_j=\Delta\left[\sum_{i=1}^{m}\Delta^{-1}(Y_{ij}^k)\right]=\Delta\left\{\sum_{i=1}^{m}\sum_{l=1}^{m}\omega_j\Delta^{-1}d\left[(r_{ij},\alpha_{ij}\tilde{)},(r_{lj},\alpha_{lj}\tilde{)}\right]\right\},j=1,2,\cdots,n$$

对每个准则的总偏差求和，得到所有方案对所有准则评价的总偏差，为使所有准则尽量发挥应有的作用，准则权重的选取应当使所有方案对所有准则的总评价偏差达到最大，这样可降低决策群体的分歧程度，使评价结果合理有效，从而得到总偏差最大化的目标函数，如下所示。

$$\max\quad Y=\Delta\left[\sum_{j=1}^{n}\Delta^{-1}(Y_j)\right]=\Delta\left\{\sum_{j=1}^{n}\sum_{i=1}^{m}\sum_{l=1}^{m}\omega_j\Delta^{-1}d\left[(r_{ij},\alpha_{ij}\tilde{)},(r_{lj},\alpha_{lj}\tilde{)}\right]\right\}$$

该目标函数等价于求解如下目标规划模型的最优解：

$$\max\ \Delta^{-1}(Y)=\sum_{j=1}^{n}\sum_{i=1}^{m}\sum_{l=1}^{m}\omega_j\Delta^{-1}d\left[(r_{ij},\alpha_{ij}\tilde{)},(r_{lj},\alpha_{lj}\tilde{)}\right]$$

$$s.t.\ \sum_{j=1}^{n}\omega_j^2=1,\ \omega_j\geqslant 0$$

通过构造 Lagrange 函数求其最优解并进行一致化处理，可得其最优解为

$$\omega_j=\frac{\sum_{i=1}^{m}\sum_{l=1}^{m}\Delta^{-1}d\left[(r_{ij},\alpha_{ij}\tilde{)},(r_{lj},\alpha_{lj}\tilde{)}\right]}{\sum_{j=1}^{n}\sum_{i=1}^{m}\sum_{l=1}^{m}\Delta^{-1}d\left[(r_{ij},\alpha_{ij}\tilde{)},(r_{lj},\alpha_{lj}\tilde{)}\right]},\ j=1,2,\cdots,n \tag{2-4}$$

从而确定准则权重向量$\boldsymbol{W}=(\omega_1,\omega_2,\cdots,\omega_n)$。

以下采用扩展 VIKOR 法对偏好信息进行集结，并根据折中原则得到方案

排序方法。根据准则不同特征，将所有准则分为效益型与成本型两类，群体决策矩阵$\tilde{\boldsymbol{R}}$所确定的正、负理想方案的准则值向量为

$$\boldsymbol{U}^{+}=(u_1^{+},u_2^{+},\cdots u_n^{+}),\ \boldsymbol{U}^{-}=(u_1^{-},u_2^{-},\cdots,u_n^{-})$$

其中，$u_j^{+}=\left[(\underline{r}_{ij}^{+},\underline{\alpha}_{ij}^{+}),(\overline{r}_{ij}^{+},\overline{\alpha}_{ij}^{+})\right]$，$u_j^{-}=\left[(\underline{r}_{ij}^{-},\underline{\alpha}_{ij}^{-}),(\overline{r}_{ij}^{-},\overline{\alpha}_{ij}^{-})\right]$，分别表示准则$u_j$的正、负理想值。当准则$u_j$为效益型准则时，

$$u_j^{+}=\left[\max_i\left\{(\underline{r}_{ij},\underline{\alpha}_{ij})\right\},\max_i\left\{(\overline{r}_{ij},\overline{\alpha}_{ij})\right\}\right],\ u_j^{-}=\left[\min_i\left\{(\underline{r}_{ij},\underline{\alpha}_{ij})\right\},\min_i\left\{(\overline{r}_{ij},\overline{\alpha}_{ij})\right\}\right]. \tag{2-5}$$

当准则u_j为成本型准则时，

$$u_j^{+}=\left[\min_i\left\{(\underline{r}_{ij},\underline{\alpha}_{ij})\right\},\min_i\left\{(\overline{r}_{ij},\overline{\alpha}_{ij})\right\}\right],\ u_j^{-}=\left[\max_i\left\{(\underline{r}_{ij},\underline{\alpha}_{ij})\right\},\max_i\left\{(\overline{r}_{ij},\overline{\alpha}_{ij})\right\}\right] \tag{2-6}$$

不失一般性，假设各准则的正、负理想值不同，即$d(u_j^{+},u_j^{-})\neq 0$。

由正、负理想方案的准则值及群体决策矩阵$\tilde{\boldsymbol{R}}$，可得群体决策矩阵的导出矩阵$\boldsymbol{R}^{*}=(\beta_{ij})_{m\times n}$，其中

$$\beta_{ij}=\frac{d\left(u_j^{+},\widetilde{(r_{ij},\alpha_{ij})}\right)}{d\left(u_j^{+},u_j^{-}\right)}=\frac{\left|\Delta^{-1}(\underline{r}_{ij}^{+},\underline{\alpha}_{ij}^{+})-\Delta^{-1}(\underline{r}_{ij},\underline{\alpha}_{ij})\right|+\left|\Delta^{-1}(\overline{r}_{ij}^{+},\overline{\alpha}_{ij}^{+})-\Delta^{-1}(\overline{r}_{ij},\overline{\alpha}_{ij})\right|}{\left|\Delta^{-1}(\underline{r}_{ij}^{+},\underline{\alpha}_{ij}^{+})-\Delta^{-1}(\underline{r}_{ij}^{-},\underline{\alpha}_{ij}^{-})\right|+\left|\Delta^{-1}(\overline{r}_{ij}^{+},\overline{\alpha}_{ij}^{+})-\Delta^{-1}(\overline{r}_{ij}^{-},\overline{\alpha}_{ij}^{-})\right|} \tag{2-7}$$

基于扩展 VIKOR 法，求各方案的群效用值γ_i及个体遗憾值δ_i，即

$$\begin{gathered}\gamma_i=\sum_{j=1}^{n}\omega_j\beta_{ij}\\ \delta_i=\max_j\left(\omega_j\beta_{ij}\right),\ i=1,2,\cdots,m\end{gathered} \tag{2-8}$$

在此基础上，计算群效用值和个体遗憾值的最优值与最劣值，即

$$\gamma^{+}=\min_i\gamma_i,\gamma^{-}=\max_i\gamma_i;\ \delta^{+}=\min_i\delta_i,\delta^{-}=\max_i\delta_i \tag{2-9}$$

不失一般性，这里假定$d(\gamma^{+},\gamma^{-})\neq 0$，$d(\delta^{+},\delta^{-})\neq 0$。

综合以上各方案的群效用值和个体遗憾值及其最大值和最小值，可得各方案的折衷评价值为

$$\upsilon_i=\varepsilon\frac{\gamma_i-\gamma^{+}}{\gamma^{-}-\gamma^{+}}+(1-\varepsilon)\frac{\delta_i-\delta^{+}}{\delta^{-}-\delta^{+}} \tag{2-10}$$

其中，ε为折衷系数，且$\varepsilon\in[0,1]$。若$\varepsilon>0.5$，则倾向于使用最大化群效用值进行决策；若$\varepsilon<0.5$，则倾向于使用最小化个体遗憾值进行决策；若$\varepsilon=0.5$，

则表示使用通过协商达成一致的决策机制进行决策。随着ε值的变化，决策者的主观偏好也在变化，所得到的排序结果会有一定的差异，更符合决策过程的现实环境。

分别根据群效用值γ_i、个体遗憾值δ_i及折中评价值υ_i对方案排序，值越小，对应方案越优，从而得到关于所有决策方案的三个排序结果。在折中评价值υ_i中，若最小值为υ_p，即对应方案为c_p，若同时满足以下两个条件，则方案c_p为最优方案：

（a）在对γ_i，δ_i的排序中，方案c_p至少在其中一种排序中达到最优。

（b）满足$\upsilon_q - \upsilon_p \geqslant \dfrac{1}{m-1}$，其中$\upsilon_q$在折中评价值排序中仅次于$\upsilon_p$，对应方案为$c_q$。

当条件（a）不满足而条件（b）满足时，则折中方案为$\{c_p, c_q\}$；当条件（a）满足而条件（b）不满足时，解不等式$\upsilon_s - \upsilon_p < \dfrac{1}{m-1}$，确定一个最大的满足不等式的$\upsilon_s$，则折中方案为取值在$\upsilon_p$与$\upsilon_s$之间的所有方案。

综上所述，多粒度不确定语言评价信息群集结及方案优选的步骤如下。

步骤1 由式（2-2）采用转换函数ζ将不同粒度的决策矩阵$\boldsymbol{R}^k (k=1,2,\cdots,p)$转化为同一粒度的区间二元语义矩阵$\tilde{\boldsymbol{R}}^k (k=1,2,\cdots,p)$，并由式（2-3）及决策者权重将转化后的决策矩阵$\tilde{\boldsymbol{R}}^k$集结为群体决策矩阵$\tilde{\boldsymbol{R}}$。

步骤2 根据群体决策矩阵$\tilde{\boldsymbol{R}}$，由式（2-1）、式（2-4）根据离差最大化法确定准则权重向量，同时由式（2-5）、式（2-6）确定正、负理想方案的准则值。

步骤3 由式（2-7）得到群体决策矩阵的导出矩阵$\boldsymbol{R}^*$，采用式（2-8）计算每个方案的群效用值γ_i及个体遗憾值δ_i，并在此基础上，由式（2-9）计算群效用值和个体遗憾值的最优值与最劣值。

步骤4 由式（2-10）可得各个方案的折中评价值，根据各方案的群效用值、个体遗憾值及折中评价值得到关于各方案排序的三个结果，依据折中排序原则获取最优方案或折中最优方案集合。

2.1.3 算例分析

在风险投资公司可再生能源项目遴选[35]中，待选的投资项目有风能发电项目（c_1）、地热能发电供暖项目（c_2）、生物质能转换能源项目（c_3）及海洋能聚集项目（c_4），投资公司决定聘请四位不同领域的专家分别从技术性能（u_1）、市场潜力（u_2）、政策环境（u_3）及投资风险（u_4）这四项准则出发，对四个可实施的研制方案进行评选。已知的评估专家权重向量为 $\boldsymbol{W}^e=(1/4,1/4,1/4,1/4)$，即将四位决策专家同等看待。四位评估专家分别采用四种不同粒度的语言评价集（其粒度分别为$T_1=5$，$T_2=7$，$T_3=9$，$T_4=11$），即

$$S_1^5=\left\{s_0^5,s_1^5,s_2^5,s_3^5,s_4^5\right\}$$

$$S_2^7=\left\{s_0^7,s_1^7,s_2^7,s_3^7,s_4^7,s_5^7,s_6^7\right\}$$

$$S_3^9=\left\{s_0^9,s_1^9,s_2^9,s_3^9,s_4^9,s_5^9,s_6^9,s_7^9,s_8^9\right\}$$

$$S_4^{11}=\left\{s_0^{11},s_1^{11},s_2^{11},s_3^{11},s_4^{11},s_5^{11},s_6^{11},s_7^{11},s_8^{11},s_9^{11},s_{10}^{11}\right\}$$

针对四个可行性方案，给出如下多粒度不确定语言变量评价信息的决策矩阵：

$$\boldsymbol{R}^1=\begin{pmatrix}[s_3^5,s_4^5] & [s_1^5,s_3^5] & [s_1^5,s_2^5] & [s_3^5,s_4^5]\\ [s_2^5,s_3^5] & [s_2^5,s_2^5] & [s_1^5,s_3^5] & [s_0^5,s_1^5]\\ [s_3^5,s_4^5] & [s_3^5,s_4^5] & [s_2^5,s_3^5] & [s_2^5,s_4^5]\\ [s_0^5,s_4^5] & [s_1^5,s_2^5] & [s_1^5,s_2^5] & [s_1^5,s_3^5]\end{pmatrix}$$

$$\boldsymbol{R}^2=\begin{pmatrix}[s_4^7,s_5^7] & [s_1^7,s_2^7] & [s_1^7,s_3^7] & [s_5^7,s_6^7]\\ [s_4^7,s_5^7] & [s_2^7,s_3^7] & [s_1^7,s_2^7] & [s_0^7,s_2^7]\\ [s_5^7,s_6^7] & [s_5^7,s_6^7] & [s_4^7,s_5^7] & [s_3^7,s_4^7]\\ [s_0^7,s_2^7] & [s_4^7,s_5^7] & [s_1^7,s_3^7] & [s_2^7,s_3^7]\end{pmatrix}$$

$$\boldsymbol{R}^3=\begin{pmatrix}[s_5^9,s_7^9] & [s_7^9,s_8^9] & [s_1^9,s_3^9] & [s_3^9,s_6^9]\\ [s_0^9,s_1^9] & [s_3^9,s_4^9] & [s_0^9,s_3^9] & [s_0^9,s_2^9]\\ [s_7^9,s_8^9] & [s_7^9,s_8^9] & [s_5^9,s_6^9] & [s_6^9,s_7^9]\\ [s_5^9,s_6^9] & [s_4^9,s_5^9] & [s_0^9,s_1^9] & [s_3^9,s_4^9]\end{pmatrix}$$

$$\boldsymbol{R}^4=\begin{pmatrix}[s_6^{11},s_7^{11}] & [s_9^{11},s_{10}^{11}] & [s_3^{11},s_5^{11}] & [s_5^{11},s_7^{11}]\\ [s_0^{11},s_2^{11}] & [s_2^{11},s_4^{11}] & [s_2^{11},s_5^{11}] & [s_5^{11},s_6^{11}]\\ [s_8^{11},s_9^{11}] & [s_7^{11},s_8^{11}] & [s_5^{11},s_6^{11}] & [s_1^{11},s_3^{11}]\\ [s_2^{11},s_3^{11}] & [s_3^{11},s_5^{11}] & [s_8^{11},s_9^{11}] & [s_2^{11},s_4^{11}]\end{pmatrix}$$

首先由式（2-2）采用转换函数ζ将不同粒度的决策矩阵$\boldsymbol{R}^k$转化为同一粒度的区间二元语义矩阵：

$$\tilde{\boldsymbol{R}}^1=\begin{pmatrix} [(s_8^{11},-0.5),(s_{10}^{11},0)] & [(s_3^{11},-0.5),(s_8^{11},-0.5)] & [(s_3^{11},-0.5),(s_5^{11},0)] & [(s_8^{11},-0.5),(s_{10}^{11},0)] \\ [(s_5^{11},0),(s_8^{11},-0.5)] & [(s_5^{11},0),(s_5^{11},0)] & [(s_3^{11},-0.5),(s_8^{11},-0.5)] & [(s_0^{11},0),(s_3^{11},-0.5)] \\ [(s_8^{11},-0.5),(s_{10}^{11},0)] & [(s_8^{11},-0.5),(s_{10}^{11},0)] & [(s_5^{11},0),(s_8^{11},-0.5)] & [(s_5^{11},0),(s_{10}^{11},0)] \\ [(s_0^{11},0),(s_{10}^{11},0)] & [(s_3^{11},-0.5),(s_5^{11},0)] & [(s_3^{11},-0.5),(s_5^{11},0)] & [(s_3^{11},0),(s_8^{11},-0.5)] \end{pmatrix}$$

$$\tilde{\boldsymbol{R}}^2=\begin{pmatrix} [(s_7^{11},-0.33),(s_8^{11},0.33)] & [(s_2^{11},-0.33),(s_3^{11},0.33)] & [(s_2^{11},-0.33),(s_5^{11},0)] & [(s_8^{11},0.33),(s_{10}^{11},0)] \\ [(s_7^{11},-0.33),(s_8^{11},0.33)] & [(s_3^{11},0.33),(s_5^{11},0)] & [(s_2^{11},-0.33),(s_3^{11},0.33)] & [(s_0^{11},0),(s_3^{11},0.33)] \\ [(s_8^{11},0.33),(s_{10}^{11},0)] & [(s_8^{11},0.33),(s_{10}^{11},0)] & [(s_7^{11},-0.33),(s_8^{11},0.33)] & [(s_5^{11},0),(s_7^{11},-0.33)] \\ [(s_0^{11},0),(s_3^{11},0.33)] & [(s_7^{11},-0.33),(s_8^{11},0.33)] & [(s_2^{11},-0.33),(s_5^{11},0)] & [(s_3^{11},0.33),(s_5^{11},0)] \end{pmatrix}$$

$$\tilde{\boldsymbol{R}}^3=\begin{pmatrix} [(s_6^{11},0.25),(s_9^{11},-0.25)] & [(s_9^{11},-0.25),(s_{10}^{11},0)] & [(s_1^{11},0.25),(s_4^{11},-0.25)] & [(s_4^{11},-0.25),(s_8^{11},-0.5)] \\ [(s_0^{11},0),(s_1^{11},0.25)] & [(s_4^{11},-0.25),(s_5^{11},0)] & [(s_0^{11},0),(s_4^{11},-0.25)] & [(s_0^{11},0),(s_3^{11},-0.5)] \\ [(s_9^{11},-0.25),(s_{10}^{11},0)] & [(s_9^{11},-0.25),(s_{10}^{11},0)] & [(s_6^{11},0.25),(s_8^{11},-0.5)] & [(s_8^{11},-0.5),(s_9^{11},-0.25)] \\ [(s_6^{11},0.25),(s_8^{11},-0.5)] & [(s_5^{11},0),(s_6^{11},0.25)] & [(s_0^{11},0),(s_1^{11},0.25)] & [(s_4^{11},-0.25),(s_5^{11},0)] \end{pmatrix}$$

$$\tilde{\boldsymbol{R}}^4=\begin{pmatrix} [(s_6^{11},0),(s_7^{11},0)] & [(s_9^{11},0),(s_{10}^{11},0)] & [(s_3^{11},0),(s_5^{11},0)] & [(s_5^{11},0),(s_7^{11},0)] \\ [(s_0^{11},0),(s_2^{11},0)] & [(s_2^{11},0),(s_4^{11},0)] & [(s_2^{11},0),(s_5^{11},0)] & [(s_5^{11},0),(s_6^{11},0)] \\ [(s_8^{11},0),(s_9^{11},0)] & [(s_7^{11},0),(s_8^{11},0)] & [(s_5^{11},0),(s_6^{11},0)] & [(s_1^{11},0),(s_3^{11},0)] \\ [(s_2^{11},0),(s_3^{11},0)] & [(s_3^{11},0),(s_5^{11},0)] & [(s_8^{11},0),(s_9^{11},0)] & [(s_2^{11},0),(s_4^{11},0)] \end{pmatrix}$$

由式（2–3）及专家权重向量$\boldsymbol{W}^e$，将转化后的决策矩阵$\tilde{\boldsymbol{R}}^k$集结为群体决策矩阵$\tilde{\boldsymbol{R}}$，即

$$\tilde{\boldsymbol{R}}=\begin{pmatrix} [(s_7^{11},-0.395),(s_8^{11},0.355)] & [(s_6^{11},-0.27),(s_8^{11},-0.293)] & [(s_2^{11},0.105),(s_5^{11},-0.3125)] & [(s_6^{11},0.145),(s_9^{11},-0.375)] \\ [(s_3^{11},-0.083),(s_5^{11},-0.23)] & [(s_4^{11},-0.48),(s_5^{11},-0.25)] & [(s_2^{11},-0.458),(s_5^{11},-0.105)] & [(s_1^{11},0.25),(s_4^{11},0.418)] \\ [(s_8^{11},0.145),(s_{10}^{11},-0.25)] & [(s_8^{11},-0.105),(s_{10}^{11},-0.5)] & [(s_6^{11},-0.27),(s_7^{11},0.333)] & [(s_5^{11},-0.375),(s_7^{11},0.105)] \\ [(s_2^{11},0.063),(s_6^{11},-0.043)] & [(s_4^{11},0.293),(s_6^{11},0.145)] & [(s_3^{11},0.425),(s_5^{11},0.063)] & [(s_3^{11},0.02),(s_5^{11},0.375)] \end{pmatrix}$$

根据群体决策矩阵$\tilde{\boldsymbol{R}}$，并由式（2–1）、式（2–4）求得的准则权重向量为

$$\boldsymbol{W}=(0.306,0.237,0.210,0.247)$$

在四种评估准则中，u_1，u_2，u_3为效益型准则，准则值越大越优，u_4为成本型准则，准则值越小越优，从而由式（2–5）、式（2–6）确定的正、负理想方案分别为

$$\boldsymbol{U}^+=\begin{pmatrix} [(s_8^{11},0.145),(s_{10}^{11},-0.25)],[(s_8^{11},-0.105),(s_{10}^{11},-0.5)], \\ [(s_6^{11},-0.27),(s_7^{11},0.333)],[(s_1^{11},0.25),(s_4^{11},0.418)] \end{pmatrix}$$

$$\boldsymbol{U}^-=\begin{pmatrix} [(s_2^{11},0.063),(s_5^{11},-0.23)],[(s_4^{11},-0.48),(s_5^{11},-0.25)], \\ [(s_2^{11},-0.458),(s_5^{11},-0.313)],[(s_6^{11},0.145),(s_9^{11},-0.375)] \end{pmatrix}$$

由式（2–7）得到群体决策矩阵的导出矩阵$\boldsymbol{R}^*$，即

$$\boldsymbol{R}^*=\begin{pmatrix}0.265 & 0.434 & 0.531 & 1\\ 0.923 & 1 & 0.970 & 0\\ 0 & 0 & 0 & 0.694\\ 0.893 & 0.763 & 0.726 & 0.359\end{pmatrix}$$

基于扩展 VIKOR 法，利用式（2–8）求各方案的群效用值γ_i及个体遗憾值δ_i，即

$$\gamma_1=0.542,\ \gamma_2=0.723,\ \gamma_3=0.172,\ \gamma_4=0.695$$

$$\delta_1=0.247,\ \delta_2=0.283,\ \delta_3=0.172,\ \delta_4=0.273$$

在此基础上，由式（2–9）可得群效用值与个体遗憾值的最优值和最劣值为

$$\gamma^+=0.172,\ \gamma^-=0.723;\ \delta^+=0.172,\ \delta^-=0.283$$

令$\varepsilon=0.5$，根据式（2–10）得到各方案的折中评价值分别为

$$\upsilon_1=0.677,\upsilon_2=1,\upsilon_3=0,\upsilon_4=0.933$$

根据群效用值γ_i对方案排序，可得$c_3>c_1>c_4>c_2$；根据个体遗憾值δ_i对方案排序，可得$c_3>c_1>c_4>c_2$；同时使用各方案的折中评价值对方案排序，可得$c_3>c_1>c_4>c_2$。在 3 种排序结果中方案c_3均为最优方案，根据整体评价值的排序结果可知，方案c_1排在第二位，即$p=3$，$q=1$，由$\upsilon_1-\upsilon_3=0.677\geqslant\frac{1}{5-1}=0.25$，从而确定$c_3$为最优实施方案。

当ε取其他不同值时，各方案排序的整体评价值及排序结果如表 2–1 所示：

表 2–1　各方案排序的整体评价值及排序结果

ε取值	各方案折中评价值υ_i	折中排序结果
0.0	$\upsilon_1=0.676$，$\upsilon_2=1$，$\upsilon_3=0$，$\upsilon_4=0.910$	$c_3>c_1>c_4>c_2$
0.2	$\upsilon_1=0.675$，$\upsilon_2=1$，$\upsilon_3=0$，$\upsilon_4=0.918$	$c_3>c_1>c_4>c_2$
0.4	$\upsilon_1=0.674$，$\upsilon_2=1$，$\upsilon_3=0$，$\upsilon_4=0.927$	$c_3>c_1>c_4>c_2$
0.6	$\upsilon_1=0.673$，$\upsilon_2=1$，$\upsilon_3=$，$\upsilon_4=0.934$	$c_3>c_1>c_4>c_2$
0.8	$\upsilon_1=0.672$，$\upsilon_2=1$，$\upsilon_3=0$，$\upsilon_4=0.941$	$c_3>c_1>c_4>c_2$
1.0	$\upsilon_1=0.671$，$\upsilon_2=1$，$\upsilon_3=0$，$\upsilon_4=0.949$	$c_3>c_1>c_4>c_2$

ε的不同取值代表决策者的不同类型主观偏好，即决策者采取的决策机制不同，一般会导致所得排序结果存在一定的差异，更符合决策过程现实环境的变化。但本算例中，当ε依次取值为 0，0.2，0.4，0.6，0.8 及 1.0 时，所得各方案的折中排序结果没有变化，均为$c_3>c_1>c_4>c_2$，原因在于该算例中无论是群效用值排序、个体遗憾值排序，还是折中评价值排序，三种排序结果均是一致的，有较好的稳健性，使ε的不同取值对排序结果影响不大。需要说明的是，这一稳健性的结果更多的是所选算例的原因，与群决策方法本身无直接关系，若选择其他算例，一般来说都会导致排序结果出现一定的差异，体现出不同决策环境下决策机制的差异性。

2.2 基于投影及优势度的多粒度不确定语言多准则群决策方法

对于多粒度不确定语言评价信息的多准则群决策问题，已有研究主要采用基本语言评价集对不同粒度评价矩阵进行一致化处理，将不同粒度的不确定语言变量统一为同一粒度下的区间二元语义，决策方法主要针对区间二元语义展开，计算过程较为烦琐，这种统一粒度的处理方式主观性较强，容易造成评价信息的失真与扭曲。

对于准则权重完全未知或部分已知的情形，主要采用 TOPSIS 法、离差最大化法、相对熵法等客观赋权法，通过构建目标规划模型确定各准则权重，确定准则权重的过程亦是方案排序择优的过程。部分文献通过定义的区间二元语义集结算子对群决策矩阵中的区间二元语义准则值进行加权集成，得到各方案的综合评价值，综合评价值亦为区间二元语义，最终得到各方案的排序结果。

基于向量投影视角提出的投影决策方法是以投影值的大小对方案进行优劣排序，文献[147]通过计算各方案准则值向量到正、负理想方案准则值向量的加权投影值，并根据各方案到正理想方案的相对贴近度对方案进行排序。投影法所确定的准则权重使各方案到正理想方案的加权投影值的和达到最大，同时使各方案到负理想方案的加权投影值的和达到最小，其计算精确度与可靠性比已有信息集结算子高，且容易实现，与 TOPSIS 法相比也是一种较优的方案排序方法。

能否采用新的转化方法避免对不同粒度评价信息的一致化处理，并且采用新的确定准则权重的方法，是本节多粒度不确定语言多准则群决策问题研究的关键。鉴于以上分析，本节针对一类准则权重不完全已知的多粒度不确定语言多准则群决策问题，将不确定语言变量评价信息转化为二元语义形式，基于投影思想构建各方案到正理想方案的加权投影值最大化、到负理想方案的加权投影值最小化的目标规划模型，确定关于每个决策者的准则权重向量，由群体综合优势度矩阵构造优于次数矩阵实现对方案的排序择优。潜艇研制方案遴选算例说明该群决策方法的有效性与合理性，将该群决策方法与离差最大化法确定准则权重的决策方法相比较，方案排序结果完全一致，也说明本节所给方法的有效性。

2.2.1　区间二元语义 ITC-OWH 算子及二元语义向量投影

假设p个不同粒度的语言评价集为$S^{T_1},S^{T_2},\cdots,S^{T_p}$，其中$S^{T_k}=\left\{s_i^{T_k}\middle|i=1,\cdots,T_k\right\}$表示第$k$个语言短语评价集，其粒度为$T_k$，且$T_k$为奇数。设$s_a^{T_k}$，$s_b^{T_k}$为语言评价集$S^{T_k}$中的语言短语，且$1\leqslant a\leqslant b\leqslant T_k$，则$\left[s_a^{T_k},s_b^{T_k}\right]$为$T_k$粒度下的不确定语言变量，区间的两端点分别为不确定语言变量的下限和上限，当$a=b$时，不确定语言变量退化为确定的语言短语。

定义 1[148]　设$\widetilde{(s_k,\alpha_k)}=\left[(\underline{s}_k,\underline{\alpha}_k),(\overline{s}_k,\overline{\alpha}_k)\right]$为区间二元语义，则连续区间二元语义的有序加权调和平均（ITC-OWH）算子定义为

$$f_\rho\left(\left[(\underline{s}_k,\underline{\alpha}_k),(\overline{s}_k,\overline{\alpha}_k)\right]\right)=\Delta\left\{1\Big/\int_0^1\frac{\mathrm{d}\rho(x)}{\mathrm{d}x}\left[\frac{1}{\Delta^{-1}(\overline{s}_k,\overline{\alpha}_k)}+x\left(\frac{1}{\Delta^{-1}(\underline{s}_k,\underline{\alpha}_k)}-\frac{1}{\Delta^{-1}(\overline{s}_k,\overline{\alpha}_k)}\right)\right]\mathrm{d}x\right\}$$

其中，函数$\rho(x):[0,1]\to[0,1]$为基本的单位区间单调（BUM）函数，满足$\rho(0)=0$，$\rho(1)=1$，当$x_1<x_2$时，$\rho(x_1)\leqslant\rho(x_2)$。令$\lambda=\int_0^1\rho(x)\mathrm{d}x$为 BUM 函数的态度参数，可得 ITC-OWH 算子的另一表达式为

$$f_\rho\left(\left[(\underline{s}_k,\underline{\alpha}_k),(\overline{s}_k,\overline{\alpha}_k)\right]\right)=\Delta\left[1\Big/\left(\frac{1-\lambda}{\Delta^{-1}(\underline{s}_k,\underline{\alpha}_k)}+\frac{\lambda}{\Delta^{-1}(\overline{s}_k,\overline{\alpha}_k)}\right)\right]\tag{2-11}$$

由区间二元语义 ITC-OWH 算子可将区间二元语义转化为二元语义，当 BUM 函数变化时，BUM 函数的态度参数取值不同，同一个区间二元语义转化得到的二元语义会存在一定的差异。因此，针对同一决策环境下的区间二元语

义决策信息，需要采用同一种 BUM 函数进行转化，这样才能保证不同准则评价信息之间的可比性。

定义 2[147] 设$\boldsymbol{A}_1=\left((u_1,\alpha_1),(u_2,\alpha_2),\cdots,(u_n,\alpha_n)\right)$，$\boldsymbol{A}_2=\left((v_1,\beta_1),(v_2,\beta_2),\cdots,(v_n,\beta_n)\right)$为两个$n$维二元语义向量，则$\boldsymbol{A}_1$到$\boldsymbol{A}_2$上的投影定义为

$$\mathrm{Pr\,j}_{\boldsymbol{A}_2}(\boldsymbol{A}_1)=\frac{\sum_{j=1}^{n}\left[\Delta^{-1}(u_j,\alpha_j)\cdot\Delta^{-1}(v_j,\beta_j)\right]}{\sqrt{\sum_{j=1}^{n}\left[\Delta^{-1}(v_j,\beta_j)\right]^2}} \tag{2-12}$$

投影值越大表明两向量之间越接近，相似程度越高；反之，投影值越小表示两向量之间越分离，差异性就越大。两个n维二元语义向量$\boldsymbol{A}_1,\boldsymbol{A}_2$之间夹角的余弦值定义为

$$\cos\theta=\frac{\mathrm{Pr\,j}_{\boldsymbol{A}_2}(\boldsymbol{A}_1)}{\sqrt{\sum_{j=1}^{n}\left[\Delta^{-1}(u_j,\alpha_j)\right]^2}}=\frac{\sum_{j=1}^{n}\left[\Delta^{-1}(u_j,\alpha_j)\cdot\Delta^{-1}(v_j,\beta_j)\right]}{\sqrt{\sum_{j=1}^{n}\left[\Delta^{-1}(u_j,\alpha_j)\right]^2}\cdot\sqrt{\sum_{j=1}^{n}\left[\Delta^{-1}(v_j,\beta_j)\right]^2}}$$

夹角余弦值越大表明两向量的变化方向越一致，有着较为相似的变化趋势。投影值与两向量夹角的余弦值大小综合反映了两向量之间的接近程度。若将两个n维二元语义向量当作两个不同方案的n个准则的二元语义评价信息，若各准则权重已知，就可通过两个向量之间的加权投影值及夹角余弦来度量两方案的一致性程度；若将其中一个向量当作正理想方案的评价信息，就可以得到某方案到正理想方案的加权投影值，加权投影值越大表明该方案越优。

2.2.2 基于投影及优势度的群决策方法具体步骤

1. 决策问题描述

在考虑的多准则群决策问题中，设决策方案集$C=\left\{c_i \middle| i=1,2,\cdots,m\right\}(m\geqslant 2)$，准则集$U=\left\{u_j \middle| j=1,2,\cdots,n\right\}(n\geqslant 2)$，决策专家集$E=\{e_k|k=1,2,\cdots,p\}(p\geqslant 2)$，决策者权重向量为$\boldsymbol{W}^{\mathrm{e}}=(\omega_1^{\mathrm{e}},\omega_2^{\mathrm{e}},\cdots,\omega_p^{\mathrm{e}})$，每个决策者针对所有准则确定的权重向量$\boldsymbol{W}^k=(\omega_1^k,\omega_2^k,\cdots,\omega_n^k)$，$k=1,2,\cdots,p$。决策者$e_k$根据其评价偏好，选择粒度为$T_k$的语言评价集对决策方案$x_i$关于准则$u_j$进行测度，得到多粒度的不确定语言评价矩阵$\boldsymbol{R}^k=\left([\underline{r}_{ij}^k,\overline{r}_{ij}^k]\right)_{m\times n}$，$k=1,2,\cdots,p$，其中$\underline{r}_{ij}^k$，$\overline{r}_{ij}^k\in S^{T_k}$。

一般而言，每个决策者针对所有准则给出的权重信息是不完全的，要解决的多粒度不确定语言多准则群决策问题是在准则权重不完全已知的情形下，根据决策矩阵、决策者权重对各准则评价信息进行有效集结，并最终实现对方案的排序择优。

2. 准则权重的确定

首先，由定义 1 及θ函数可将$\boldsymbol{R}^k$转化为区间二元语义决策矩阵：

$$\tilde{\boldsymbol{R}}^k=\left(\widetilde{(r_{ij}^k,0)}\right)_{m\times n}=\left(\left[\theta(\underline{r}_{ij}^k),\theta(\overline{r}_{ij}^k)\right]\right)_{m\times n}=\left(\left[(\underline{r}_{ij}^k,0),(\overline{r}_{ij}^k,0)\right]\right)_{m\times n},\ k=1,2,\cdots,p \quad (2\text{–}13)$$

接着由 ITC-OWH 算子将$\tilde{\boldsymbol{R}}^k$中所有区间二元语义准则值转化为二元语义形式，得到对应的二元语义决策矩阵：

$$\overline{\boldsymbol{R}}^k=\left((r_{ij}^{*k},\alpha_{ij}^k)\right)_{m\times n}=\left\{f_\rho\left(\left[(\underline{r}_{ij}^k,0),(\overline{r}_{ij}^k,0)\right]\right)\right\}_{m\times n},\ k=1,2,\cdots,p \quad (2\text{–}14)$$

在转化的过程中，各方案准则值之间的相互关系保持不变，只有评价信息形式的改变，转换方法在理论上是完全合理的。

在准则权重信息不完全已知的情形下，准则权重的选择应当使各方案到正理想解的加权距离总和达到最小，同时与负理想解的加权距离总和达到最大。故可基于投影法确定各准则权重，即所确定的准则权重应当使各方案到正理想方案的加权投影值的总和达到最大，各方案到负理想方案的加权投影值的总和达到最小。由转化后的二元语义决策矩阵$\overline{\boldsymbol{R}}^k\ (k=1,2,\cdots,p)$可得决策者$e_k$下的正、负理想方案的准则值向量分别为

$$\boldsymbol{U}_k^+=(u_{k1}^+,u_{k2}^+,\cdots,u_{kn}^+),\ \boldsymbol{U}_k^-=(u_{k1}^-,u_{k2}^-,\cdots,u_{kn}^-)$$

当准则u_j为效益型准则时，

$$u_{kj}^+=\max_i\left\{\Delta^{-1}(r_{ij}^{*k},\alpha_{ij}^k)\right\},\ u_{kj}^-=\min_i\left\{\Delta^{-1}(r_{ij}^{*k},\alpha_{ij}^k)\right\} \quad (2\text{–}15)$$

当准则u_j为成本型准则时，

$$u_{kj}^+=\min_i\left\{\Delta^{-1}(r_{ij}^{*k},\alpha_{ij}^k)\right\},\ u_{kj}^-=\max_i\left\{\Delta^{-1}(r_{ij}^{*k},\alpha_{ij}^k)\right\} \quad (2\text{–}16)$$

其中，$i=1,2,\cdots,m;\ j=1,2,\cdots,n;\ k=1,2,\cdots,p$。不失一般性，假设各准则的正、负理想值不同，即$d(u_{kj}^+,u_{kj}^-)\neq 0$。

从而在决策者e_k下构建如下的目标规划模型：

$$\max \quad Y^k(\boldsymbol{W}^k)=\sum_{i=1}^{m}\frac{\sum_{j=1}^{n}\left[\omega_j^k\Delta^{-1}(r_{ij}^{*k},\alpha_{ij}^k)\cdot\omega_j^k u_{kj}^+\right]}{\sqrt{\sum_{j=1}^{n}\left(\omega_j^k u_{kj}^+\right)^2}}-\sum_{i=1}^{m}\frac{\sum_{j=1}^{n}\left[\omega_j^k\Delta^{-1}(r_{ij}^{*k},\alpha_{ij}^k)\cdot\omega_j^k u_{kj}^-\right]}{\sqrt{\sum_{j=1}^{n}\left(\omega_j^k u_{kj}^-\right)^2}}$$

$$s.t.\quad\begin{cases}\sum_{j=1}^{n}\omega_j^k=1,\ \omega_j^k\geqslant 0\\ 0\leqslant a_j\leqslant\omega_j^k\leqslant b_j\leqslant 1;\ j=1,2,\cdots,n;\ k=1,2,\cdots,p\end{cases}\tag{2-17}$$

其中，a_j，$b_j(j=1,2,\cdots,n)$为决策者给出的不完全准则权重信息的下界与上界，此目标规划模型可通过 Lingo 10 软件求解，所得最优解即为决策者e_k确定的准则权重向量$\boldsymbol{W}^k(k=1,2,\cdots,p)$。

3. 群决策方法及步骤

对于不确定语言变量的准则评价值，虽然其具有一定的不确定性，但其本身涵盖了决策者所要表达的准确评价信息。由于各决策者评价所采用的语言评价集中的语言短语是均匀离散的，因此区间语言范围内的所有语言短语都等可能地覆盖了真实语言评价信息。不确定语言变量的概率密度函数可表示为

$$f_{a,b}(x)=\frac{1}{b-a+1},\ x\in\left[s_a^{T_k},s_b^{T_k}\right]$$

显然不确定语言变量的区间范围越大，其密度函数越小，不确定程度越高。由概率密度函数可得不确定语言变量$\left[s_a^{T_k},s_b^{T_k}\right]$的特征值为

$$E\left(\left[s_a^{T_k},s_b^{T_k}\right]\right)=\frac{\sum_{q=a}^{b}I(s_q^{T_k})f_{a,b}(s_q^{T_k})}{\sum_{q=1}^{T_k}I(s_q^{T_k})f_{1,T_k}(s_q^{T_k})}=\frac{\sum_{q=a}^{b}q\cdot f_{a,b}(s_q^{T_k})}{\sum_{q=1}^{T_k}q\cdot f_{1,T_k}(s_q^{T_k})}$$

其中，$I(x)$为下标函数，即$I(s_q^{T_k})=q$。

设$u^{T_k}=\left[s_a^{T_k},s_b^{T_k}\right]$，$v^{T_k}=\left[s_c^{T_k},s_d^{T_k}\right]$为$T_k$粒度下的两个不确定语言变量，可得$u^{T_k}>v^{T_k}$的优势度为

$$p(u^{T_k}>v^{T_k})=\frac{E(u^{T_k})}{E(u^{T_k})+E(v^{T_k})}=\frac{\sum_{q=a}^{b}q\cdot f_{a,b}(s_q^{T_k})}{\sum_{q=a}^{b}q\cdot f_{a,b}(s_q^{T_k})+\sum_{q=c}^{d}q\cdot f_{c,d}(s_q^{T_k})}\tag{2-18}$$

优势度用来表示两方案关于单个准则值相互比较的优势程度，若$p(u^{T_k} > v^{T_k})$越大，则u^{T_k}越优于v^{T_k}；特别地，若$p(u^{T_k} > v^{T_k}) = 1$或$p(v^{T_k} > u^{T_k}) = 0$，则称u^{T_k}严格优于v^{T_k}；若$p(u^{T_k} > v^{T_k}) = 0.5$或$p(v^{T_k} > u^{T_k}) = 0.5$，则称$u^{T_k}$等价于$v^{T_k}$，即$u^{T_k} \sim v^{T_k}$。容易得到$p(u^{T_k} > v^{T_k}) + p(v^{T_k} > u^{T_k}) = 1$，即两个方案关于某个准则值之间相互比较的优势度的和为 1。

针对不同粒度的不确定语言评价矩阵$\boldsymbol{R}^k\ (k = 1,2,\cdots,p)$，由以上不确定语言变量的密度函数、特征值及两个不确定语言变量相互比较的优势度的定义，可计算在T_k粒度下决策者e_k给出的任意两个方案x_i，$x_l\ (i,l = 1,2,\cdots,m)$关于准则$u_j$比较的优势度为

$$p_{ilj}^k = \frac{E([\underline{r}_{ij}^k, \overline{r}_{ij}^k])}{E([\underline{r}_{ij}^k, \overline{r}_{ij}^k]) + E([\underline{r}_{lj}^k, \overline{r}_{lj}^k])}$$

其中，$E([\underline{r}_{ij}^k, \overline{r}_{ij}^k])$为$[\underline{r}_{ij}^k, \overline{r}_{ij}^k]$的特征值，且$p_{ilj}^k + p_{lij}^k = 1$。

接着，根据每个决策者确定的准则权重向量$\boldsymbol{W}^k$，由算术加权平均算子可计算决策者e_k下，方案x_i关于所有准则优于方案x_l的综合优势度，即

$$p_{il}^k = \sum_{j=1}^{n} \omega_j^k p_{ilj}^k,\ \ i,l = 1,2,\cdots,m;\ k = 1,2,\cdots,p \tag{2-19}$$

由式（2–19）可构建决策者e_k在T_k粒度下两两方案之间相互比较的综合优势度矩阵$\boldsymbol{P}^k = (p_{il}^k)_{m\times m}$，即

$$\boldsymbol{P}^k = (p_{il}^k)_{m\times m} = \begin{pmatrix} p_{11}^k & p_{12}^k & \cdots & p_{1m}^k \\ p_{21}^k & p_{22}^k & \cdots & p_{2m}^k \\ \vdots & \vdots & \ddots & \vdots \\ p_{m1}^k & p_{m2}^k & \cdots & p_{mm}^k \end{pmatrix} \tag{2-20}$$

由优势度的定义可知，综合优势度矩阵满足互补性，即$p_{il}^k + p_{li}^k = 1$且$p_{ii}^k = 0.5$，$\boldsymbol{P}^k$为互补判断矩阵。由矩阵$\boldsymbol{P}^k$及决策者权重向量$\boldsymbol{W}^e$，采用算术加权平均算子可得群体综合优势度矩阵为

$$\boldsymbol{P} = (p_{il})_{m\times m} = \left(\sum_{k=1}^{p} \omega_k^e p_{il}^k\right)_{m\times m},\ \ i,l = 1,2,\cdots,m \tag{2-21}$$

一般而言，经所有准则权重、决策者权重集结后得到的群体综合优势度矩阵应当满足弱传递性，若不满足，可根据文献[149]的方法调整矩阵$\boldsymbol{P}$，使其具有弱传递性，否则会影响到群集结后方案排序结果的合理性。由群体综合优势

度矩阵$\boldsymbol{P}$构造优于次数矩阵$\boldsymbol{A}=(a_{il})_{m\times m}$，其中

$$a_{il}=\begin{cases}0, & p_{il}<0.5\\ 0.5, & p_{il}=0.5\\ 1, & p_{il}>0.5\end{cases} \tag{2-22}$$

由优于次数矩阵$\boldsymbol{A}$的每行元素取值，可得方案c_i优于其他所有方案的总优先次数，即

$$a_i=\sum_{l=1}^{m}a_{il},\ i=1,2,\cdots,m \tag{2-23}$$

显然总优先次数a_i越大，方案c_i就越优，从而根据所有方案的总优先次数大小对各方案排序，而且由矩阵$\boldsymbol{P}$可知方案排序结果中相邻位置上排序靠前方案对排序靠后方案的优势程度。

综上所述，基于投影及优势度的群集结及方案优选的步骤如下。

步骤1 决策者e_k在T_k粒度下对决策方案c_i关于准则u_j进行测度，得到多粒度的不确定语言评价矩阵$\boldsymbol{R}^k$，由式（2-13）将$\boldsymbol{R}^k$转化为区间二元语义矩阵形式$\tilde{\boldsymbol{R}}^k$，接着由式（2-11）、式（2-14）将区间二元语义决策矩阵$\tilde{\mathbf{R}}^k$转化为二元语义决策矩阵$\bar{\boldsymbol{R}}^k$。

步骤2 针对每个决策矩阵，由式（2-15）、式（2-16）计算其正、负理想方案的准则值向量，并由式（2-12）、式（2-17）计算单个决策者所确定的准则权重向量。

步骤3 在决策者e_k下，由式（2-18）计算任意两个方案之间关于每个准则比较的优势度，并由式（2-19）计算任意两方案之间相互比较的综合准则优势度，根据式（2-20）得到综合优势度矩阵。

步骤4 由式（2-21）得到群体综合优势度矩阵，并判断矩阵的弱传递性，由式（2-22）得到优于次数矩阵，并根据式（2-23）得到每个方案的总优先次数，根据优先次数大小对方案排序。

2.2.3 算例分析

在潜艇研制方案遴选过程中，四位潜艇研究领域的专家需要从隐蔽机动能力（u_1）、感知信息能力（u_2）、武器装备攻击能力（u_3）及防御能力（u_4）这四个准则，对四个可实施研制方案进行评价。四项准则均为效益型准则，已知的专家权重向量$\boldsymbol{W}^{\mathrm{e}}=(1/4,1/4,1/4,1/4)$，即四位专家的地位是等同的，具备平

等的话语权。四位决策专家采用的四个不同粒度的语言评价集分别为

$$S^5=\left\{s_1^5,s_2^5,s_3^5,s_4^5,s_5^5\right\}$$

$$S^7=\left\{s_1^7,s_2^7,s_3^7,s_4^7,s_5^7,s_6^7,s_7^7\right\}$$

$$S^9=\left\{s_1^9,s_2^9,s_3^9,s_4^9,s_5^9,s_6^9,s_7^9,s_8^9,s_9^9\right\}$$

$$S^{11}=\left\{s_1^{11},s_2^{11},s_3^{11},s_4^{11},s_5^{11},s_6^{11},s_7^{11},s_8^{11},s_9^{11},s_{10}^{11},s_{11}^{11}\right\}$$

关于不同粒度语言评价集中所包含语言短语的具体含义，这里不再赘述。四位决策专家针对四个可行性研制方案给出如下具有不确定语言变量评价信息的决策矩阵：

$$\boldsymbol{R}^1=\begin{pmatrix}[s_4^5,s_5^5] & [s_2^5,s_4^5] & [s_2^5,s_3^5] & [s_4^5,s_5^5]\\ [s_3^5,s_4^5] & [s_2^5,s_4^5] & [s_2^5,s_4^5] & [s_1^5,s_2^5]\\ [s_4^5,s_5^5] & [s_4^5,s_5^5] & [s_3^5,s_4^5] & [s_3^5,s_5^5]\\ [s_1^5,s_5^5] & [s_2^5,s_3^5] & [s_2^5,s_3^5] & [s_2^5,s_4^5]\end{pmatrix}$$

$$\boldsymbol{R}^2=\begin{pmatrix}[s_5^7,s_6^7] & [s_2^7,s_3^7] & [s_2^7,s_4^7] & [s_6^7,s_7^7]\\ [s_5^7,s_6^7] & [s_3^7,s_4^7] & [s_2^7,s_3^7] & [s_1^7,s_3^7]\\ [s_6^7,s_7^7] & [s_6^7,s_7^7] & [s_5^7,s_6^7] & [s_4^7,s_5^7]\\ [s_1^7,s_3^7] & [s_5^7,s_6^7] & [s_2^7,s_4^7] & [s_3^7,s_4^7]\end{pmatrix}$$

$$\boldsymbol{R}^3=\begin{pmatrix}[s_6^9,s_8^9] & [s_8^9,s_9^9] & [s_2^9,s_4^9] & [s_4^9,s_7^9]\\ [s_1^9,s_2^9] & [s_4^9,s_5^9] & [s_1^9,s_4^9] & [s_1^9,s_3^9]\\ [s_8^9,s_9^9] & [s_8^9,s_9^9] & [s_6^9,s_7^9] & [s_7^9,s_8^9]\\ [s_6^9,s_7^9] & [s_4^9,s_6^9] & [s_1^9,s_2^9] & [s_4^9,s_5^9]\end{pmatrix}$$

$$\boldsymbol{R}^4=\begin{pmatrix}[s_7^{11},s_8^{11}] & [s_{10}^{11},s_{11}^{11}] & [s_4^{11},s_6^{11}] & [s_6^{11},s_8^{11}]\\ [s_1^{11},s_3^{11}] & [s_3^{11},s_5^{11}] & [s_3^{11},s_6^{11}] & [s_6^{11},s_7^{11}]\\ [s_9^{11},s_{10}^{11}] & [s_8^{11},s_9^{11}] & [s_6^{11},s_7^{11}] & [s_2^{11},s_4^{11}]\\ [s_3^{11},s_4^{11}] & [s_4^{11},s_6^{11}] & [s_9^{11},s_{10}^{11}] & [s_3^{11},s_5^{11}]\end{pmatrix}$$

步骤 1　由式（2-13）将$\boldsymbol{R}^k$转化为区间二元语义矩阵形式$\tilde{\boldsymbol{R}}^k$，令 BUM 函数为$\rho(x)=x^{1/2}$，即$\lambda=\int_0^1 x^{1/2}\mathrm{d}x=2/3$，由式（2-11）和式（2-14）将区间二元语义决策矩阵$\tilde{\boldsymbol{R}}^k$转化为二元语义决策矩阵$\bar{\boldsymbol{R}}^k$，即

$$\bar{\boldsymbol{R}}^1=\begin{pmatrix}(s_5^5,-0.385) & (s_3^5,0) & (s_3^5,-0.429) & (s_5^5,-0.385)\\ (s_4^5,-0.4) & (s_3^5,0) & (s_3^5,0) & (s_2^5,-0.5)\\ (s_5^5,-0.385) & (s_5^5,-0.385) & (s_4^5,-0.4) & (s_4^5,0.091)\\ (s_2^5,0.143) & (s_3^5,-0.429) & (s_3^5,-0.429) & (s_3^5,0)\end{pmatrix}$$

$$\bar{\boldsymbol{R}}^2=\begin{pmatrix}(s_6^7,0.375) & (s_3^7,0.429) & (s_3^7,0) & (s_7^7,-0.368)\\ (s_6^7,0.375) & (s_4^7,-0.4) & (s_3^7,0.429) & (s_2^7,-0.2)\\ (s_7^7,-0.369) & (s_7^7,-0.368) & (s_6^7,0.375) & (s_5^7,-0.385)\\ (s_2^7,-0.2) & (s_6^7,-0.375) & (s_3^7,0) & (s_4^7,-0.4)\end{pmatrix}$$

$$\bar{\boldsymbol{R}}^3=\begin{pmatrix}(s_7^9,0.2) & (s_9^9,-0.36) & (s_3^9,0) & (s_4^9,0)\\ (s_2^9,-0.5) & (s_5^9,-0.385) & (s_2^9,0) & (s_2^9,-0.2)\\ (s_9^9,-0.36) & (s_9^9,-0.36) & (s_7^9,-0.368) & (s_8^9,-0.364)\\ (s_7^9,-0.368) & (s_6^9,-0.375) & (s_2^9,-0.5) & (s_5^9,-0.385)\end{pmatrix}$$

$$\bar{\boldsymbol{R}}^4=\begin{pmatrix}(s_8^{11},-0.364) & (s_{11}^{11},-0.355) & (s_5^{11},0.143) & (s_7^{11},0.2)\\ (s_2^{11},-0.2) & (s_4^{11},0.091) & (s_4^{11},0.5) & (s_7^{11},-0.368)\\ (s_{10}^{11},-0.357) & (s_9^{11},-0.36) & (s_7^{11},-0.368) & (s_3^{11},0)\\ (s_4^{11},-0.4) & (s_5^{11},-0.143) & (s_{10}^{11},-0.357) & (s_4^{11},0.091)\end{pmatrix}$$

步骤 2 以决策者e_1的二元语义决策矩阵$\bar{\boldsymbol{R}}^1$为例说明投影法确定各准则权重的过程。针对决策矩阵$\bar{\boldsymbol{R}}^1$，由式（2–15）、式（2–16）可得其正、负理想方案的准则值向量，即

$$\boldsymbol{U}_1^+=(4.615,4.615,3.6,4.615),\ \boldsymbol{U}_1^-=(2.143,2.571,2.571,1.5)$$

从而由式（2–12）、式（2–17）得到如下目标规划模型：

$$\max\quad Y^1(\boldsymbol{W}^1)=\frac{69.11(\omega_1^1)^2+60.86(\omega_2^1)^2+42.27(\omega_3^1)^2+60.95(\omega_4^1)^2}{\sqrt{21.3(\omega_1^1)^2+9(\omega_2^1)^2+6.61(\omega_3^1)^2+21.3(\omega_4^1)^2}}-\frac{32.09(\omega_1^1)^2+33.91(\omega_2^1)^2+30.2(\omega_3^1)^2+19.81(\omega_4^1)^2}{\sqrt{4.59(\omega_1^1)^2+6.61(\omega_2^1)^2+6.61(\omega_3^1)^2+2.25(\omega_4^1)^2}}$$

$$s.t.\quad\begin{cases}\sum_{j=1}^{4}\omega_j^1=1,\ \omega_j^1\geqslant 0\\ 0.2\leqslant\omega_1^1\leqslant 0.3,\ 0.2\leqslant\omega_2^1\leqslant 0.4,\ 0.15\leqslant\omega_3^1\leqslant 0.25,\ 0.1\leqslant\omega_4^1\leqslant 0.3\end{cases}$$

通过 Lingo 10 软件求解可得决策者e_1确定的准则权重向量为

$$\boldsymbol{W}^1=(0.2,0.4,0.25,0.15)$$

同理可得决策者e_2，e_3，e_4确定的准则权重向量分别为

$$\boldsymbol{W}^2=(0.3,0.2,0.25,0.25)$$

$$\boldsymbol{W}^3=(0.3,0.266,0.15,0.284)$$

$$\boldsymbol{W}^4=(0.3,0.2,0.25,0.25)$$

步骤 3 针对决策者给出的四个不同粒度的不确定语言评价矩阵

$\boldsymbol{R}^k(k=1,2,3,4)$，在每个决策专家下由式（2-18）计算任意两个方案之间关于每个准则比较的优势度，并由式（2-19）确定的各准则权重计算任意两方案之间两两比较的综合优势度，根据式（2-20）得到四个决策专家对应的综合优势度矩阵分别为

$$\boldsymbol{P}^1=\begin{pmatrix}0.5 & 0.539 & 0.444 & 0.553\\ 0.461 & 0.5 & 0.404 & 0.512\\ 0.556 & 0.596 & 0.5 & 0.609\\ 0.447 & 0.488 & 0.391 & 0.5\end{pmatrix}$$

$$\boldsymbol{P}^2=\begin{pmatrix}0.5 & 0.561 & 0.429 & 0.570\\ 0.439 & 0.5 & 0.363 & 0.502\\ 0.571 & 0.637 & 0.5 & 0.649\\ 0.430 & 0.498 & 0.351 & 0.5\end{pmatrix}$$

$$\boldsymbol{P}^3=\begin{pmatrix}0.5 & 0.711 & 0.436 & 0.573\\ 0.289 & 0.5 & 0.239 & 0.357\\ 0.564 & 0.761 & 0.5 & 0.631\\ 0.427 & 0.643 & 0.369 & 0.5\end{pmatrix}$$

$$\boldsymbol{P}^4=\begin{pmatrix}0.5 & 0.643 & 0.527 & 0.585\\ 0.357 & 0.5 & 0.390 & 0.376\\ 0.473 & 0.610 & 0.5 & 0.554\\ 0.415 & 0.624 & 0.446 & 0.5\end{pmatrix}$$

步骤 4　根据已知的专家权重向量$\boldsymbol{W}^{\mathrm{e}}$，由式（2-21）得到群体综合优势度矩阵，即

$$\boldsymbol{P}=\begin{pmatrix}0.5 & 0.613 & 0.459 & 0.571\\ 0.387 & 0.5 & 0.349 & 0.437\\ 0.541 & 0.651 & 0.5 & 0.611\\ 0.429 & 0.563 & 0.389 & 0.5\end{pmatrix}$$

由式（2-22）容易得到优于次数矩阵，即

$$\boldsymbol{A}=\begin{pmatrix}0.5 & 1 & 0 & 1\\ 0 & 0.5 & 0 & 0\\ 1 & 1 & 0.5 & 1\\ 0 & 1 & 0 & 0.5\end{pmatrix}$$

由式（2-23）得到每个方案的总优先次数分别为$a_1=2.5$，$a_2=0.5$，$a_3=3.5$，

$a_4 = 1.5$，根据总优先次数的大小得到方案排序结果为$c_3 \underset{0.541}{>} c_1 \underset{0.571}{>} c_4 \underset{0.563}{>} c_2$，即$c_3$为最优实施方案，同时$c_1$为次优方案，且方案$c_3$优于$c_1$的优势程度为 0.541，据此可得相邻排序方案之间的优势程度。

为了将本节所给群决策方法与离差最大化确定准则权重的方法进行对比分析，首先针对潜艇研制方案遴选算例给出基于离差最大化及优势度的群决策过程，具体步骤如下。

步骤 1　同投影及优势度的群决策方法的步骤 1。

步骤 2　根据转化后的区间二元语义决策矩阵，由离差最大化法计算单个决策者的准则权重向量。由转化后的具有不同粒度的区间二元语义决策矩阵$\tilde{\boldsymbol{R}}^k (k = 1, 2, \cdots, p)$，针对每个决策矩阵构建所有决策方案对所有准则评价偏差最大化的目标规划模型，即

$$\max \quad \Delta^{-1}(Y^k) = \sum_{j=1}^{n}\sum_{i=1}^{m}\sum_{l=1}^{m} \omega_j^k \Delta^{-1} \mathrm{d}\left[(r_{ij}^k, \tilde{0}), (r_{lj}^k, \tilde{0})\right]$$

$$s.t. \quad \sum_{j=1}^{n} (\omega_j^k)^2 = 1, \omega_j^k \geqslant 0,\ k = 1, 2, \cdots, p$$

通过构造 Lagrange 函数求其最优解，并进行一致化处理，可得其最优解，即

$$\omega_j^k = \frac{\sum_{i=1}^{m}\sum_{l=1}^{m} \Delta^{-1} \mathrm{d}\left[(r_{ij}^k, \tilde{0}), (r_{lj}^k, \tilde{0})\right]}{\sum_{j=1}^{n}\sum_{i=1}^{m}\sum_{l=1}^{m} \Delta^{-1} \mathrm{d}\left[(r_{ij}^k, \tilde{0}), (r_{lj}^k, \tilde{0})\right]},\ j = 1, 2, \cdots, n,\ k = 1, 2, \cdots, p \qquad (2\text{-}24)$$

从而确定每个决策者针对所有准则的权重向量，设为$\boldsymbol{W}^k = (\omega_1^k, \omega_2^k, \cdots, \omega_n^k)$，$k = 1, 2, \cdots, p$。

步骤 3 ～ 4　同投影及优势度群决策方法的步骤 3 ～ 4。

下面利用该决策方法求解 2.2.3 节中的潜艇研制方案遴选实例。其中，步骤 1 与算例分析相同，以下从步骤 2 开始。将四个不同粒度的不确定语言评价矩阵$\boldsymbol{R}^k$分别转化为区间二元语义矩阵形式，根据转化后的区间二元语义决策矩阵，由式（2–24）计算每个决策者对应的准则权重向量，分别为

$$\boldsymbol{W}^1 = (0.242, 0.258, 0.106, 0.394),\ \boldsymbol{W}^2 = (0.282, 0.265, 0.154, 0.299)$$

$$\boldsymbol{W}^3 = (0.338, 0.207, 0.214, 0.241),\ \boldsymbol{W}^4 = (0.329, 0.286, 0.205, 0.180)$$

在单个决策专家之下计算任意两个方案之间关于每个准则的优势度，由准

则权重计算任意两方案之间的综合优势度，从而得到每个决策专家之下的综合优势度矩阵：

$$\boldsymbol{P}^1=\begin{pmatrix}0.5 & 0.606 & 0.475 & 0.627\\ 0.394 & 0.5 & 0.283 & 0.421\\ 0.525 & 0.718 & 0.5 & 0.652\\ 0.373 & 0.579 & 0.348 & 0.5\end{pmatrix}$$

$$\boldsymbol{P}^2=\begin{pmatrix}0.5 & 0.588 & 0.416 & 0.590\\ 0.413 & 0.5 & 0.304 & 0.323\\ 0.584 & 0.696 & 0.5 & 0.624\\ 0.410 & 0.677 & 0.376 & 0.5\end{pmatrix}$$

$$\boldsymbol{P}^3=\begin{pmatrix}0.5 & 0.773 & 0.399 & 0.598\\ 0.227 & 0.5 & 0.163 & 0.333\\ 0.601 & 0.837 & 0.5 & 0.687\\ 0.402 & 0.667 & 0.313 & 0.5\end{pmatrix}$$

$$\boldsymbol{P}^4=\begin{pmatrix}0.5 & 0.706 & 0.524 & 0.624\\ 0.294 & 0.5 & 0.338 & 0.393\\ 0.476 & 0.662 & 0.5 & 0.593\\ 0.376 & 0.607 & 0.407 & 0.5\end{pmatrix}$$

由专家权重向量$\boldsymbol{W}^e$得到群体综合优势度矩阵：

$$\boldsymbol{P}=\begin{pmatrix}0.5 & 0.668 & 0.453 & 0.610\\ 0.332 & 0.5 & 0.272 & 0.367\\ 0.547 & 0.728 & 0.5 & 0.639\\ 0.390 & 0.633 & 0.361 & 0.5\end{pmatrix}$$

所得优于次数矩阵为

$$\boldsymbol{A}=\begin{pmatrix}0.5 & 1 & 0 & 1\\ 0 & 0.5 & 0 & 0\\ 1 & 1 & 0.5 & 1\\ 0 & 1 & 0 & 0.5\end{pmatrix}$$

每个方案的总优先次数分别为$a_1=2.5$，$a_2=0.5$，$a_3=3.5$，$a_4=1.5$，根据总优先次数的大小得到方案排序结果为$c_3\underset{0.547}{>}c_1\underset{0.610}{>}c_4\underset{0.633}{>}c_2$，确定$c_3$为最优实施方案。

针对本算例，该群决策方法所得结果与基于投影及优势度的多准则群决策方法完全一致，验证了投影及优势度群决策方法的有效性。两种决策方法排序结果中相邻方案之间比较的优势度相差也不大，例如，2.2.3 节中最优方案对次优方案的优势为 0.514，本节决策方法最优方案对次优方案的优势为 0.547。

2.3 区间灰色不确定语言多准则群决策方法

在实际的多准则群决策问题中，决策专家对诸如干部考核与选拔、风险投资公司投资方案评估、经济效益评价等决策对象进行评价判断时，所面对的决策问题往往表现出复杂性与不确定性。此外，不同决策专家知识水平、经验和对事物认知能力的差异使评价信息具有不完全性，使决策问题兼具模糊性与灰色性双重特点，即为灰色模糊的多准则群决策问题[150-151]。

针对模部为精确数的灰色模糊多准则决策问题，文献[152]将灰色模糊数评价信息的模部与灰部统一转化为区间数，由区间数排序方法得到各方案的优先序；文献[153]采用 TOPSIS 法通过计算各方案到正理想解的模糊加权距离得到方案排序结果；文献[154]采用熵权法确定各准则权重，综合灰色模糊数的模部与灰部得到最优方案。精确数表示的模部对决策问题的模糊性体现不够充分，使决策信息背离了备选方案本身的复杂性及决策思维的模糊性。此后，文献[155]使用区间数表示模部，依然采用精确数表示灰部；王坚强[156]统一使用区间数表示模部与灰部，由有序加权平均算子集结各准则评价信息得到各方案的综合评价值；刘培德[157]采用语言短语表示模部，用区间数表示灰部，在定义区间灰色语言变量及其运算规则的基础上，给出区间灰色语言变量的混合几何集结算子，基于几类集结算子对评价信息进行集成；G. W. Wei[158]将语言短语表示的模部转化为二元语义，在准则权重不完全已知的条件下，给出了基于灰色关联分析的灰色模糊多准则群决策方法。与文献[157-158]均采用区间数表示灰部不同，文献[159]采用三参数区间数表示灰部，提出一种基于投影模型的三参数区间灰色语言变量多准则群决策方法。根据语言短语与不确定模糊数的对应转换关系，文献[160]将语言变量表示的模部转化为三角模糊数，提出一种基于平均相似度且带有主观偏好的多准则群决策方法。文献[161]将模部转化为梯形模糊数，在定义区间灰色梯形模糊数运算规则及其距离的基础上，采用灰色关联法得到方案排序结果。以上研究针对灰色模糊数模部与灰部的不同表达（区间数、语言短语、二元语义等），采用了多种确定准则权重的客观赋权法，在定义信息集结算子及其运算规律的基础上，对各决策者给出的灰色模糊评价信息进行集结，通过某种方式对模部与灰部进行融合，最终得到各方案的优先序。

与语言短语表达的模部相比，不确定语言变量更能体现出决策问题的复杂性及现实环境的不确定性，同时考虑到决策专家对评价对象认知的局限性，决策者更可能给出区间灰色不确定语言评价信息，此类评价信息的多准则群决策问题值得研究。

基于此，本节针对具有区间灰色不确定语言评价信息的多准则群决策问题，采用不确定语言变量表达模部，采用区间数表示灰部，给出区间灰色不确定语言变量的定义、运算性质、距离及大小比较的方法，针对准则权重已知及完全未知两种不同的情形，在定义三类几何加权集结算子的基础上提出群决策方法，并将该群决策方法应用到移动银行服务质量评估问题中。

2.3.1　区间灰色不确定语言变量

1. 区间灰色不确定语言变量的定义及运算

假设语言评价集为$S=\{s_0,s_1,\cdots,s_T\}$，T为偶数，其粒度为$T+1$，例如，粒度为 7 的语言评价集定义为$S=\{s_0=EP$（非常差）$,s_1=VP$（很差）$,s_2=P$（差）$,$ $s_3=M$（中等）$,s_4=G$（好）$,s_5=VG$（很好）$,s_6=EG$（非常好）$\}$。语言评价集中的语言短语s_i与其下标i之间存在严格单调的递增关系，设下标函数为$i=f(s_i)$，若$s_i<s_j$，则有$i<j$，反之亦然。下标函数的反函数为$s_i=f^{-1}(i)$，若$i<j$，则有$s_i<s_j$，反之亦然，即下标函数与其反函数均为严格单调的递增函数。

为最大限度地减少评价信息的丢失，将定义的离散语言评价集S拓展为连续语言评价信息集$S^T=\{s_\alpha|\alpha\in[0,T]\}$，拓展后的语言评价集$S^T$仍然满足严格单调递增关系，与语言评价集有关的有序性、存在逆算子、极大化运算以及极小化运算等性质延续到拓展后的语言评价集，相关的运算性质也保持不变。

设s_α，s_β为S^T中的语言变量，且$\alpha\leqslant\beta$，则$[s_\alpha,s_\beta]$为不确定语言变量，区间的两端点分别为不确定语言变量的下限和上限，当$\alpha=\beta$时，不确定语言变量退化为连续语言评价集中的语言变量。

空间X上的灰色模糊集定义为$\tilde{\underset{\cdot}{A}}=\{(x,\mu(x),\upsilon(x))|x\in X\}$，用集偶表示为

$\underset{\cdot}{\tilde{A}}=(\tilde{A},\underset{\cdot}{A})$，其中$\tilde{A}=\{(x,\mu(x))|x\in X\}$为$\underset{\cdot}{\tilde{A}}$的模部，$\underset{\cdot}{A}=\{(x,\upsilon(x))|x\in X\}$为$\underset{\cdot}{\tilde{A}}$的灰部。模部反映评价信息的模糊性及不确定性，灰部反映评价信息所造成的灰色性，灰部的灰度越大表示决策者给出的评价信息的可信度越低，可利用的信息量越少，当灰度大到一定程度时，决策者给出的评价信息完全丧失价值，对方案评价不起作用；反之，灰度越小表示评价信息的可利用价值越大，信息可靠性越高。在灰色模糊集定义的基础上，给出如下区间灰色不确定语言变量的定义。

定义 1　取定空间X上的点x，则$\underset{\cdot}{\tilde{A}}=(\tilde{A},\underset{\cdot}{A})$为灰色模糊数，若灰色模糊数$\underset{\cdot}{\tilde{A}}$的模部$\tilde{A}$为不确定语言变量$[s_\alpha,s_\beta]$，且其灰部$\underset{\cdot}{A}$为一闭区间数$[g_A^L,g_A^U]$，则称$\underset{\cdot}{\tilde{A}}$为区间灰色不确定语言变量。

设两个区间灰色不确定语言变量分别为$\underset{\cdot}{\tilde{A}}=([s_{\alpha_1},s_{\beta_1}],[g_A^L,g_A^U])$，$\underset{\cdot}{\tilde{B}}=([s_{\alpha_2},s_{\beta_2}],[g_B^L,g_B^U])$，根据定义 1、语言变量运算规则及扩张原理，区间灰色不确定语言变量的运算规则如下：

（1）$\underset{\cdot}{\tilde{A}}\oplus\underset{\cdot}{\tilde{B}}=([s_{\alpha_1+\alpha_2},s_{\beta_1+\beta_2}],[\max(g_A^L,g_B^L),\max(g_A^U,g_B^U)])$；

（2）$\underset{\cdot}{\tilde{A}}\otimes\underset{\cdot}{\tilde{B}}=([s_{\alpha_1\times\alpha_2},s_{\beta_1\times\beta_2}],[\max(g_A^L,g_B^L),\max(g_A^U,g_B^U)])$；

（3）$k\underset{\cdot}{\tilde{A}}=([s_{k\alpha_1},s_{k\beta_1}],[g_A^L,g_A^U])$；

（4）$(\underset{\cdot}{\tilde{A}})^k=([s_{\alpha_1^k},s_{\beta_1^k}],[g_A^L,g_A^U])$；

（5）$(\underset{\cdot}{\tilde{A}})^{\underset{\cdot}{\tilde{B}}}=([s_{\alpha_1^{\alpha_2}},s_{\beta_1^{\beta_2}}],[\max(g_A^L,g_B^L),\max(g_A^U,g_B^U)])$。

2. 区间灰色不确定语言变量之间的距离及大小比较

定义 2　两个区间灰色不确定语言变量之间的 Hamming 距离为

$$d(\underset{\cdot}{\tilde{A}},\underset{\cdot}{\tilde{B}})=\frac{1}{4T}\Big(|\alpha_1(1-g_A^L)-\alpha_2(1-g_B^L)|+|\alpha_1(1-g_A^U)-\alpha_2(1-g_B^U)|+ |\beta_1(1-g_A^L)-\beta_2(1-g_B^L)|+|\beta_1(1-g_A^U)-\beta_2(1-g_B^U)|\Big) \tag{2-25}$$

令$\underset{\cdot}{\tilde{C}}$也为区间灰色不确定语言变量，易知 Hamming 距离满足性质：

（1）$0\leqslant d(\underset{\cdot}{\tilde{A}},\underset{\cdot}{\tilde{B}})\leqslant 1$，且$d(\underset{\cdot}{\tilde{A}},\underset{\cdot}{\tilde{A}})=0$；

（2）$d(\underset{\cdot}{\tilde{A}},\underset{\cdot}{\tilde{B}})=d(\underset{\cdot}{\tilde{B}},\underset{\cdot}{\tilde{A}})$；

（3）$d(\underset{\cdot}{\tilde{A}},\underset{\cdot}{\tilde{B}})+d(\underset{\cdot}{\tilde{B}},\underset{\cdot}{\tilde{C}})\geqslant d(\underset{\cdot}{\tilde{A}},\underset{\cdot}{\tilde{C}})$。

由 Hamming 距离满足的性质可知，Hamming 距离满足交换律及三角不等式。特别地，当区间灰色不确定语言变量的灰度均为 0 时，即 $g_A^L = g_A^U = g_B^L = g_B^U = 0$，区间灰色不确定语言变量退化为不确定语言变量，此时的评价信息不存在灰色性。在此条件下，$\tilde{A}$，$\tilde{B}$之间 Hamming 距离的定义退化为

$$d(\tilde{A},\tilde{B}) = \frac{\left(|\alpha_1 - \alpha_2| + |\beta_1 - \beta_2|\right)}{2T}$$

定义 3[18]　设$[a,b]$为区间数，连续区间有序加权平均（C-OWA）算子定义为

$$f_\rho([a,b]) = \int_0^1 \frac{\mathrm{d}\rho(x)}{\mathrm{d}x}\left[b - x(b-a)\right]\mathrm{d}x \tag{2-26}$$

其中，函数$\rho(x):[0,1] \to [0,1]$为基本的单位区间单调（BUM）函数，满足$\rho(0)=0$，$\rho(1)=1$，当$x_1 < x_2$时，有$\rho(x_1) \leqslant \rho(x_2)$，令$\rho(x) = x^r (r \geqslant 0)$，可得

$$f_\rho([a,b]) = \frac{ra+b}{r+1}$$

定义 4　设$[s_{\alpha_1}, s_{\beta_1}]$为不确定语言变量，则连续区间二元语义的有序加权平均（ITC-OWA）算子定义为

$$F_\rho([s_{\alpha_1}, s_{\beta_1}]) = \Delta\left\{f_\rho\left([\Delta^{-1}(s_{\alpha_1},0), \Delta^{-1}(s_{\beta_1},0)]\right)\right\} = \Delta\left\{\int_0^1 \frac{\mathrm{d}\rho(x)}{\mathrm{d}x}\left[\beta_1 - (\beta_1 - \alpha_1)x\right]\mathrm{d}x\right\} \tag{2-27}$$

对区间灰色不确定语言变量$\tilde{A}$，$\tilde{B}$，分别采用 C-OWA 算子及 ITC-OWA 算子对$\tilde{A}$，$\tilde{B}$的灰部与模部进行集结，将模部的不确定语言变量转化为二元语义，将灰部的区间数转化为实数，从而整合$\tilde{A}$，$\tilde{B}$的模部与灰部得到其代表数值，分别为$\Delta^{-1}\left(F_\rho([s_{\alpha_1}, s_{\beta_1}])\right) \cdot f_\rho\left([1-g_A^U, 1-g_A^L]\right)$与$\Delta^{-1}\left(F_\rho([s_{\alpha_2}, s_{\beta_2}])\right) \cdot f_\rho\left([1-g_B^U, 1-g_B^L]\right)$，若前者大于后者，则有$\tilde{A} > \tilde{B}$，反之亦然。通过 C-OWA 算子及 ITC-OWA 算子实现了对一系列区间灰色不确定语言变量的大小比较。

2.3.2　区间灰色不确定语言变量几何加权集结算子

三种区间灰色不确定语言变量集结算子主要有几何加权集结算子、有序几何加权集结算子和混合几何加权集结算子。三种集结算子的定义如下：

定义 5　设$\tilde{A}_j = \left([s_{\alpha_j}, s_{\beta_j}], [g_j^L, g_j^U]\right)$, $j = 1,2,\cdots,n$，$\tilde{A}_j$为一组区间灰色不确定语言变量，设$\mathrm{IGULWGA}: \Omega^n \to \Omega$，令

$$\mathrm{IGULWGA}_{\tilde{\omega}}\left(\tilde{A}_1,\tilde{A}_2,\cdots,\tilde{A}_n\right)=\prod_{j=1}^{n}\tilde{A}_j^{k\tilde{\omega}_j}$$

$$=\left(\left[s_{\prod_{j=1}^{n}\alpha_j^{k\omega_{j1}}},s_{\prod_{j=1}^{n}\beta_j^{k\omega_{j2}}}\right],\left[\max_j\max(g_j^L,\omega_j^L),\max_j\max(g_j^U,\omega_j^U)\right]\right)$$

称IGULWGA（interval grey uncertain linguistic weighted geometric aggregation）为区间灰色不确定语言几何加权集结算子。

其中，Ω为全体区间灰色不确定语言变量构成的集合，$\tilde{\omega}=(\tilde{\omega}_1,\tilde{\omega}_2,\cdots,\tilde{\omega}_n)$是这组区间灰色不确定语言变量的权重向量，$\tilde{\omega}_j$为$\tilde{A}_j$的权重，也是区间灰色不确定语言变量，即$\tilde{\omega}_j=\left(\left[s_{\omega_{j1}},s_{\omega_{j2}}\right],\left[\omega_j^L,\omega_j^U\right]\right),j=1,2,\cdots,n$；$k$为调节系数，一般取为$\frac{1}{T}$。

该算子是对给定的区间灰色不确定语言变量按照自身的重要性程度进行加权集成，权重$\tilde{\omega}_j$与$\tilde{A}_j$是一一对应的。

若$\tilde{A}_j$的权重$\tilde{\omega}_j$退化为实数值，且满足$\sum_{j=1}^{n}\tilde{\omega}_j=1$，则IGULWGA算子的表达式为

$$\mathrm{IGULWGA}_{\tilde{\omega}}\left(\tilde{A}_1,\tilde{A}_2,\cdots,\tilde{A}_n\right)=\prod_{j=1}^{n}\tilde{A}_j^{\tilde{\omega}_j}=\left(\left[s_{\prod_{j=1}^{n}\alpha_j^{\tilde{\omega}_j}},s_{\prod_{j=1}^{n}\beta_j^{\tilde{\omega}_j}}\right],\left[\max_j g_j^L,\max_j g_j^U\right]\right)\quad(2\text{-}28)$$

定义6 设$\tilde{A}_j$为一组区间灰色不确定语言变量，设IGULOWGA$:\Omega^n\to\Omega$，令

$$\mathrm{IGULOWGA}_{\tilde{W}}\left(\tilde{A}_1,\tilde{A}_2,\cdots,\tilde{A}_n\right)=\prod_{j=1}^{n}\tilde{A}_{\sigma_j}^{k\tilde{W}_j}$$

$$=\left(\left[s_{\prod_{j=1}^{n}\alpha_{\sigma_j}^{kW_{j1}}},s_{\prod_{j=1}^{n}\beta_{\sigma_j}^{kW_{j2}}}\right],\left[\max_j\max(g_j^L,W_j^L),\max_j\max(g_j^U,W_j^U)\right]\right)$$

称IGULOWGA（interval grey uncertain linguistic ordered weighted geometric aggregation）为区间灰色不确定语言有序几何加权集结算子。

其中，$\tilde{W}=(\tilde{W}_1,\tilde{W}_2,\cdots,\tilde{W}_n)$是与算子相关的区间灰色不确定语言加权向量，即

$$\tilde{W}_j=\left(\left[s_{W_{j1}},s_{W_{j2}}\right],\left[W_j^L,W_j^U\right]\right),j=1,2,\cdots,n$$

$(\sigma_1,\sigma_2,\cdots,\sigma_n)$为$(1,2,\cdots,n)$的一个置换，使对于任意的$j$，有$\tilde{A}_{\sigma_{j-1}} \geqslant \tilde{A}_{\sigma_j}$，即$\tilde{A}_{\sigma_j}$是所有$\tilde{A}_j$中第$j$大的元素；$k$为调节系数，一般取为$\frac{1}{T}$。

该算子对所有的$\tilde{A}_j$按照从大到小的顺序重新排序，按每个元素所在位置进行加权集成，因此$\tilde{\boldsymbol{W}}$也被称为位置加权向量。

与IGULWGA算子类似，若加权向量$\tilde{\boldsymbol{W}}$中各分量退化为实数值，且满足$\sum_{j=1}^{n}\tilde{W}_j=1$，则IGULOWGA算子的表达式为

$$\text{IGULOWGA}_{\tilde{W}}\left(\tilde{A}_1,\tilde{A}_2,\cdots,\tilde{A}_n\right)=\prod_{j=1}^{n}\tilde{A}_{\sigma_j}^{\tilde{W}_j}=\left(\left[s_{\prod_{j=1}^{n}\alpha_{\sigma_j}^{\tilde{W}_j}},s_{\prod_{j=1}^{n}\beta_{\sigma_j}^{\tilde{W}_j}}\right],\left[\max_j g_j^L,\max_j g_j^U\right]\right)$$

其中，$\tilde{\boldsymbol{W}}$可依据实际环境条件确定，亦可由组合数$\tilde{W}_j=\frac{C_{n-1}^{j-1}}{2^{n-1}}(j=1,2,\cdots,n)$确定。

定义 7　设$\tilde{A}_j$为一组区间灰色不确定语言变量，设$\text{IGULHWGA}:\Omega^n\to\Omega$，令

$$\text{IGULHWGA}_{\tilde{\omega},\tilde{W}}\left(\tilde{A}_1,\tilde{A}_2,\cdots,\tilde{A}_n\right)=\prod_{j=1}^{n}\tilde{B}_{\sigma_j}^{k\tilde{W}_j}$$

称IGULHWGA（interval grey uncertain linguistic hybrid weighted geometric aggregation）为区间灰色不确定语言混合几何加权集结算子。

其中，$\tilde{\boldsymbol{W}}=(\tilde{W}_1,\tilde{W}_2,\cdots,\tilde{W}_n)$是与算子相关的区间灰色不确定语言加权向量，即

$$\tilde{W}_j=\left(\left[s_{W_{j1}},s_{W_{j2}}\right],\left[W_j^L,W_j^U\right]\right),\ j=1,2,\cdots,n$$

$\tilde{\boldsymbol{\omega}}=(\tilde{\omega}_1,\tilde{\omega}_2,\cdots,\tilde{\omega}_n)$为$\tilde{A}_j$的权重向量，其各分量均为区间灰色不确定语言变量，即

$$\tilde{\omega}_j=\left(\left[s_{\omega_{j1}},s_{\omega_{j2}}\right],\left[\omega_j^L,\omega_j^U\right]\right)$$

令

$$\tilde{B}_j=\tilde{A}_j^{k\tilde{\omega}_j}=\left(\left[s_{\alpha_j^{k\omega_{j1}}},s_{\beta_j^{k\omega_{j2}}}\right],\left[\max(g_j^L,\omega_j^L),\max(g_j^U,\omega_j^U)\right]\right)\tag{2-29}$$

其中，k为调节系数，一般取为$\frac{1}{T}$，$(\sigma_1,\sigma_2,\cdots,\sigma_n)$为$(1,2,\cdots,n)$的一个置换，

使对于任意的j，有$\tilde{B}_{\sigma_{j-1}} \geq \tilde{B}_{\sigma_j}$。

该算子首先对$\tilde{A}_j(j=1,2,\cdots,n)$按照各自权重$\tilde{\omega}_j(j=1,2,\cdots,n)$进行加权，得到相应的$\tilde{B}_j$，接着对所有的$\tilde{B}_j$按照从大到小的顺序重新排序，按每个元素所在位置由加权向量$\tilde{\boldsymbol{W}}$进行加权集成，即$\tilde{\boldsymbol{W}}$为位置加权向量。该算子具备IGULWGA算子及IGULOWGA算子的双重特点，同时体现出区间灰色不确定语言变量自身及所在排序位置的重要性。

与前两种算子类似，若权重向量$\tilde{\boldsymbol{\omega}}$与加权向量$\tilde{\boldsymbol{W}}$的各分量均退化为实数值，且满足$\sum_{j=1}^{n}\tilde{\omega}_j=1$，$\sum_{j=1}^{n}\tilde{W}_j=1$，则IGULHWGA算子的表达式为

$$\mathrm{IGULHWGA}_{\tilde{\omega},\tilde{W}}\left(\tilde{A}_1,\tilde{A}_2,\cdots,\tilde{A}_n\right)=\prod_{j=1}^{n}\tilde{B}_{\sigma_j}^{\tilde{W}_j}$$

且

$$\tilde{B}_j=\tilde{A}_j^{\tilde{\omega}_j}=\left(\left[s_{\alpha_j^{\tilde{\omega}_j}},s_{\beta_j^{\tilde{\omega}_j}}\right],\left[g_j^L,g_j^U\right]\right) \tag{2-30}$$

此时位置加权向量$\tilde{\boldsymbol{W}}$可由组合数$\tilde{W}_j=\dfrac{C_{n-1}^{j-1}}{2^{n-1}}(j=1,2,\cdots,n)$确定。

2.3.3 基于几何加权集结算子的多准则群决策方法

1. 问题描述

在考虑的多准则群决策问题中，设专家集为$E=\left\{e_k \middle| k=1,2,\cdots,p\right\}$，决策方案集为$C=\left\{c_i \middle| i=1,2,\cdots,m\right\}$，准则集为$U=\left\{u_j \middle| j=1,2,\cdots,n\right\}$，决策者$e_k$选择粒度为$T+1$的语言评价集，对决策方案$c_i$关于准则$u_j$进行测度，准则评价值采用区间灰色不确定语言变量，表示为

$$\tilde{A}_{ij}^k=\left([s_{\alpha_{ij}}^k,s_{\beta_{ij}}^k],[g_{ij}^{kL},g_{ij}^{kU}]\right),\ i=1,2,\cdots,m;\ j=1,2,\cdots,n;\ k=1,2,\cdots,p$$

其中，$[s_{\alpha_{ij}}^k,s_{\beta_{ij}}^k]$为不确定语言变量，$s_{\alpha_{ij}}^k$，$s_{\beta_{ij}}^k\in S^T$，且$s_{\alpha_{ij}}^k\leqslant s_{\beta_{ij}}^k$；$[g_{ij}^{kL},g_{ij}^{kU}]$为区间数，且$g_{ij}^{kL}\leqslant g_{ij}^{kU}$；决策者权重向量为$\boldsymbol{\omega}^e=(\omega_1^e,\omega_2^e,\cdots,\omega_p^e)$，且$\sum_{k=1}^{p}\omega_k^e=1$。

本节要解决的是具有区间灰色不确定语言变量的多准则群决策问题，依据决策矩阵及决策者权重并在准则权重已知及完全未知两种不同的情形下对方案排序择优。

2. 群决策具体步骤

步骤 1　群体决策矩阵的集成。

每个决策者对不同方案关于所有准则进行评价，给出各自的决策矩阵 $\left(\tilde{\dot{A}}_{ij}^{k}\right)_{m\times n}$，$k=1,2,\cdots,p$，根据决策者权重向量$\boldsymbol{\omega}^{e}$，由IGULWGA算子得到群体决策矩阵$\boldsymbol{A}=\left(\tilde{\dot{A}}_{ij}\right)_{m\times n}$，其中

$$\tilde{\dot{A}}_{ij}=\mathrm{IGULWGA}_{\omega^{e}}\left(\tilde{\dot{A}}_{ij}^{1},\tilde{\dot{A}}_{ij}^{2},\cdots,\tilde{\dot{A}}_{ij}^{p}\right) \tag{2-31}$$

步骤 2　准则权重的确定或集成。

（1）针对准则权重已知的情形，根据决策者权重向量$\boldsymbol{\omega}^{e}$及每个决策者给出的准则权重向量 $\tilde{\dot{\boldsymbol{\omega}}}^{k}=(\tilde{\dot{\omega}}_{1}^{k},\tilde{\dot{\omega}}_{2}^{k},\cdots,\tilde{\dot{\omega}}_{n}^{k})$，其中 $\tilde{\dot{\omega}}_{j}^{k}=\left(\left[s_{\omega_{j1}}^{k},s_{\omega_{j2}}^{k}\right],\left[\omega_{kj}^{L},\omega_{kj}^{U}\right]\right)$，$j=1,2,\cdots,n$；$k=1,2,\cdots,p$，由 IGULWGA 算子得到群体准则权重向量 $\tilde{\dot{\boldsymbol{\omega}}}=(\tilde{\dot{\omega}}_{1},\tilde{\dot{\omega}}_{2},\cdots,\tilde{\dot{\omega}}_{n})$，其中

$$\tilde{\dot{\omega}}_{j}=\mathrm{IGULWGA}_{\omega^{e}}\left(\tilde{\dot{\omega}}_{j}^{1},\tilde{\dot{\omega}}_{j}^{2},\cdots,\tilde{\dot{\omega}}_{j}^{p}\right) \tag{2-32}$$

（2）针对准则权重完全未知的情形，采用信息熵法确定准则权重。

信息熵可用来度量两离散概率分布的偏差程度 [162-163]，是信息不确定性的一种度量。若所有方案对某准则的评价偏差越大，即同一准则下的评价值之间越离散，则该准则所确定的信息熵就越小，对该准则评价的不确定性程度就越小，所包含的信息量就越大，越容易做出准确的判断，则该准则对方案排序所起的作用就越大，应赋予越大的权重。因此，根据各准则信息熵值的大小确定各准则权重，信息熵越小的准则的权重越大；特别地，若某准则的信息熵取得极端值 1，此时各方案在该准则下的评价值完全相同，则其权重应当为零，应当在准则评价集中剔除该准则。

基于以上分析，计算方案c_i与其他所有方案关于准则u_j的评价偏差，即

$$Y_{ij}=\sum_{l=1}^{m}\mathrm{d}\left(\tilde{\dot{A}}_{ij},\tilde{\dot{A}}_{lj}\right),\ i=1,2,\cdots,m;j=1,2,\cdots,n\frac{\Delta y}{\Delta x} \tag{2-33}$$

则每个方案与其他所有方案关于准则u_j评价的总偏差为

$$Y_{j}=\sum_{i=1}^{m}Y_{ij}=\sum_{i=1}^{m}\sum_{l=1}^{m}\mathrm{d}\left(\tilde{\dot{A}}_{ij},\tilde{\dot{A}}_{lj}\right),\ j=1,2,\cdots,n$$

准则u_j的信息熵值表示为

$$E_j=-\frac{1}{\ln m}\sum_{i=1}^{m}\frac{Y_{ij}}{Y_j}\ln\frac{Y_{ij}}{Y_j},\ j=1,2,\cdots,n \quad (2\text{-}34)$$

当取定j时，若Y_{ij}之间越一致，则$\frac{Y_{ij}}{Y_j}$之间越一致，关于准则u_j的信息熵越大，即关于准则u_j的不确定性程度越大。其中，极端情况为$\frac{Y_{ij}}{Y_j}=\frac{1}{m}$，此时$E_j=1$，信息熵达到最大，准则$u_j$下的评价信息完全一致，该准则对方案排序不起任何作用。

准则u_j的权重确定为

$$\tilde{\omega}_j=\frac{1-E_j}{\sum_{j=1}^{n}(1-E_j)},\ j=1,2,\cdots,n \quad (2\text{-}35)$$

步骤3　由IGULHWGA算子计算每个方案的综合评价值。

针对步骤2中的情形（1），计算所得群体准则权重依然为区间灰色不确定语言变量，根据群体决策矩阵$\boldsymbol{A}$及群体准则权重向量$\tilde{\boldsymbol{\omega}}$，针对方案$c_i(i=1,2,\cdots,m)$的各准则值$\tilde{A}_{ij}(j=1,2,\cdots,n)$，由式（2–29）计算$\tilde{B}_{ij}(j=1,2,\cdots,n)$的值，获得加权后的决策矩阵$\boldsymbol{B}=\left(\tilde{B}_{ij}\right)_{m\times n}$。针对步骤2中的情形（2），计算所得各准则权重为精确数，可由式（2–30）计算$\tilde{B}_{ij}$的值并获得加权后的决策矩阵$\boldsymbol{B}$。

根据区间灰色不确定语言变量大小比较的方法，按行对$\tilde{B}_{ij}$从大到小排序，接着对排序后的$\tilde{B}_{i\sigma_j}(j=1,2,\cdots,n)$进行集结，得到方案$c_i$的综合评价值$\tilde{D}_i$为

$$\tilde{D}_i=\left([s_{d_{i1}},s_{d_{i2}}],[q_i^L,q_i^U]\right)=\text{IGULHWGA}_{\tilde{\omega},\tilde{W}}\left(\tilde{A}_{i1},\tilde{A}_{i2},\cdots,\tilde{A}_{in}\right)=\prod_{j=1}^{n}\tilde{B}_{i\sigma_j}^{\tilde{W}_j} \quad (2\text{-}36)$$

其中，$\tilde{\boldsymbol{\omega}}$为群体准则权重向量，$\tilde{\boldsymbol{W}}=(\tilde{W}_1,\tilde{W}_2,\cdots,\tilde{W}_n)$是与算子相关的加权向量，这里采用组合数$\tilde{W}_j=\frac{C_{n-1}^{j-1}}{2^{n-1}}(j=1,2,\cdots,n)$确定。

步骤4　对各方案的综合评价值进行比较得到各方案的优先序。

每个方案的综合评价值为区间灰色不确定语言变量，由综合评价值的代表数值

$$D_i = \Delta^{-1}\left(F_\rho([s_{d_{i1}}, s_{d_{i2}}])\right) \cdot f_\rho\left([1-q_i^U, 1-q_i^L]\right)$$

对所有方案排序，代表值越大的方案越优。

2.3.4　算例分析

移动银行网站服务质量的高低直接影响客户对移动银行的美誉度与忠诚度，对移动银行的经济效益产生巨大影响，也是影响移动商务运营商成功的关键因素。这里采用本节所给群决策方法对移动银行服务质量进行评估，现有三位相关领域专家，即$E=\{e_1,e_2,e_3\}$，分别从服务场景（u_1）、易于使用程度（u_2）、服务信息质量（u_3）及信息安全性（u_4）这 4 个指标对 4 个移动银行服务质量进行评估，即$C=\{c_1,c_2,c_3,c_4\}$，专家权重向量为$\boldsymbol{\omega}^e=(0.3,0.4,0.3)$。3 位决策专家均采用七粒度（即$T=6$）的语言评估集$S=\{s_0,s_1,s_2,s_3,s_4,s_5,s_6\}$，针对四项准则给出如表 2-2 ～表 2-4 所示的区间灰色不确定语言评价信息。

表 2-2　专家e_1给出的 4 个移动银行不同准则指标的评价值

移动银行	准则指标			
	u_1	u_2	u_3	u_4
c_1	$([s_4,s_6],[0.1,0.3])$	$([s_1,s_2],[0.3,0.3])$	$([s_4,s_5],[0.4,0.5])$	$([s_3,s_4],[0.2,0.4])$
c_2	$([s_4,s_5],[0.3,0.4])$	$([s_5,s_6],[0.4,0.5])$	$([s_2,s_4],[0.1,0.2])$	$([s_2,s_4],[0.5,0.5])$
c_3	$([s_2,s_3],[0.2,0.3])$	$([s_4,s_5],[0.2,0.4])$	$([s_3,s_5],[0.3,0.3])$	$([s_4,s_5],[0.1,0.3])$
c_4	$([s_5,s_6],[0.4,0.5])$	$([s_2,s_3],[0.2,0.3])$	$([s_1,s_2],[0.3,0.5])$	$([s_3,s_5],[0.4,0.5])$

表 2-3　专家e_2给出的 4 个移动银行不同准则指标的评价值

移动银行	准则指标			
	u_1	u_2	u_3	u_4
c_1	$([s_3,s_5],[0.1,0.3])$	$([s_2,s_3],[0.3,0.4])$	$([s_3,s_4],[0.1,0.2])$	$([s_5,s_6],[0.3,0.4])$
c_2	$([s_5,s_6],[0.3,0.4])$	$([s_2,s_4],[0.3,0.5])$	$([s_3,s_4],[0.3,0.5])$	$([s_3,s_4],[0.1,0.4])$
c_3	$([s_3,s_4],[0.2,0.4])$	$([s_4,s_5],[0.1,0.3])$	$([s_1,s_3],[0.3,0.4])$	$([s_2,s_3],[0.3,0.3])$
c_4	$([s_4,s_5],[0.2,0.2])$	$([s_4,s_5],[0.4,0.5])$	$([s_1,s_2],[0.2,0.4])$	$([s_4,s_6],[0.1,0.5])$

表 2-4 专家e_3给出的 4 个移动银行不同准则指标的评价值

移动银行	准则指标			
	u_1	u_2	u_3	u_4
c_1	$([s_4,s_5],[0.2,0.4])$	$([s_3,s_5],[0.2,0.2])$	$([s_2,s_4],[0.4,0.5])$	$([s_4,s_5],[0.2,0.3])$
c_2	$([s_3,s_4],[0.3,0.3])$	$([s_4,s_5],[0.3,0.4])$	$([s_2,s_3],[0.1,0.2])$	$([s_3,s_4],[0.2,0.4])$
c_3	$([s_2,s_3],[0.1,0.4])$	$([s_4,s_6],[0.2,0.5])$	$([s_1,s_2],[0.2,0.4])$	$([s_3,s_5],[0.1,0.3])$
c_4	$([s_3,s_4],[0.2,0.3])$	$([s_2,s_4],[0.2,0.3])$	$([s_4,s_5],[0.4,0.5])$	$([s_5,s_6],[0.4,0.5])$

由式（2-28）、式（2-31）将 3 位决策专家给出的评价信息进行集结，得到群体决策矩阵$\boldsymbol{A}=\left(\tilde{A}_{ij}\right)_{4\times4}$：

$$\boldsymbol{A}=\begin{pmatrix}([s_{3.565},s_{5.284}],[0.2,0.4]) & ([s_{1.835},s_{3.096}],[0.3,0.4]) & ([s_{2.896},s_{4.277}],[0.4,0.5]) & ([s_{4.012},s_{5.030}],[0.3,0.4]) \\ ([s_{4.012},s_{5.030}],[0.3,0.4]) & ([s_{3.241},s_{4.830}],[0.4,0.5]) & ([s_{2.352},s_{3.669}],[0.3,0.5]) & ([s_{2.656},s_4],[0.5,0.5]) \\ ([s_{2.352},s_{3.366}],[0.2,0.4]) & ([s_4,s_{5.281}],[0.2,0.5]) & ([s_{1.390},s_{3.096}],[0.3,0.4]) & ([s_{2.896},s_{4.076}],[0.3,0.3]) \\ ([s_{3.923},s_{4.939}],[0.4,0.5]) & ([s_{2.980},s_{4.012}],[0.4,0.5]) & ([s_{1.516},s_{2.633}],[0.4,0.5]) & ([s_{3.923},s_{5.681}],[0.4,0.5])\end{pmatrix}$$

1. 准则权重已知的情形

针对准则权重已知的情形，假设 3 位决策专家给出的准则权重值如表 2-5 所示。

表 2-5 3 位专家给出的准则指标权重值

决策专家	准则指标			
	u_1	u_2	u_3	u_4
e_1	$([s_3,s_4],[0.2,0.3])$	$([s_2,s_3],[0.2,0.4])$	$([s_2,s_5],[0.2,0.3])$	$([s_3,s_4],[0.3,0.5])$
e_2	$([s_2,s_3],[0.1,0.2])$	$([s_3,s_5],[0.2,0.5])$	$([s_2,s_3],[0.1,0.2])$	$([s_2,s_4],[0.1,0.2])$
e_3	$([s_4,s_5],[0.1,0.1])$	$([s_2,s_4],[0.2,0.3])$	$([s_1,s_3],[0.1,0.2])$	$([s_3,s_4],[0.2,0.3])$

由式（2-32）得到群体准则权重向量$\tilde{\omega}$为

$$\tilde{\omega}=\left(([s_{2.781},s_{3.812}],[0.2,0.3]),([s_{2.352},s_{4.012}],[0.2,0.5]),([s_{1.625},s_{3.497}],[0.2,0.3]),([s_{2.551},s_4],[0.3,0.5])\right)$$

接着由式（2-29）计算 $\tilde{B}_{ij} = \tilde{A}_{ij}^{\frac{1}{6}\tilde{\omega}_j}\ (i, j = 1,2,3,4)$，得到加权后的决策矩阵 $\boldsymbol{B} = \left(\tilde{B}_{ij}\right)_{4\times 4}$，即

$$\boldsymbol{B} = \begin{pmatrix} ([s_{1.803}, s_{2.880}],[0.2,0.4]) & ([s_{1.269}, s_{2.129}],[0.3,0.5]) & ([s_{1.334}, s_{2.333}],[0.4,0.5]) & ([s_{1.805}, s_{2.936}],[0.3,0.5]) \\ ([s_{1.904}, s_{2.791}],[0.3,0.4]) & ([s_{1.586}, s_{2.866}],[0.4,0.5]) & ([s_{1.261}, s_{2.133}],[0.3,0.5]) & ([s_{1.515}, s_{2.520}],[0.5,0.5]) \\ ([s_{1.487}, s_{2.162}],[0.2,0.4]) & ([s_{1.722}, s_{3.043}],[0.2,0.5]) & ([s_{1.093}, s_{1.932}],[0.3,0.4]) & ([s_{1.572}, s_{2.552}],[0.3,0.5]) \\ ([s_{1.884}, s_{2.759}],[0.4,0.5]) & ([s_{1.534}, s_{2.532}],[0.4,0.5]) & ([s_{1.119}, s_{1.758}],[0.4,0.5]) & ([s_{1.788}, s_{3.184}],[0.4,0.5]) \end{pmatrix}$$

与算子相关的权重向量 $\tilde{\boldsymbol{W}}$ 由组合数确定为 $(\frac{1}{8},\frac{3}{8},\frac{3}{8},\frac{1}{8})$，设 BUM 函数为 $\rho(x) = x^2$，则 $f_\rho\left([a,b]\right) = \dfrac{2a+b}{3}$，由式（2-36）得到 4 个银行服务质量的综合评价值，即

$$\tilde{D}_1 = ([s_{1.542}, s_{2.581}],[0.4,0.5]),\ \tilde{D}_2 = ([s_{1.550}, s_{2.623}],[0.5,0.5])$$

$$\tilde{D}_3 = ([s_{1.544}, s_{2.579}],[0.3,0.5]),\ \tilde{D}_4 = ([s_{1.624}, s_{2.571}],[0.4,0.5])$$

采用同样的 BUM 函数，根据式（2-26）、式（2-27）对 $\tilde{D}_i (i = 1,2,3,4)$ 的灰部与模部进行整合，得到各方案的综合评价值的代表数值，即

$$D_1 = 1.007$$

$$D_2 = 0.954$$

$$D_3 = 1.070$$

$$D_4 = 1.034$$

从而得到 4 个移动银行服务质量优劣的排序 $c_3 > c_4 > c_1 > c_2$，即 c_3 为服务质量最优的移动银行。

2. 准则权重未知的情形

针对准则权重完全未知的情形，针对群体决策矩阵 $\boldsymbol{A}$，由式（2-25）、式（2-33）得到方案 $c_i (i = 1,2,3,4)$ 与其他所有方案关于准则 $u_j (j = 1,2,3,4)$ 的评价偏差所构成的矩阵 $\boldsymbol{Y} = (Y_{ij})_{4\times 4}$：

$$Y=\begin{pmatrix} 0.343 & 0.404 & 0.521 & 0.343 \\ 0.289 & 0.285 & 0.288 & 0.519 \\ 0.412 & 0.551 & 0.288 & 0.252 \\ 0.268 & 0.298 & 0.393 & 0.269 \end{pmatrix}$$

由式（2–34）可得各准则的信息熵值分别为

$$E_1 = 0.990$$

$$E_2 = 0.973$$

$$E_3 = 0.977$$

$$E_4 = 0.965$$

从而由式（2–35）求得的准则权重向量为

$$\tilde{\boldsymbol{\omega}} = (0.108, 0.281, 0.242, 0.369)$$

接着由式（2–30）计算 $\tilde{B}_{ij} = \tilde{A}_{ij}^{\tilde{\omega}_j}\,(i, j = 1,2,3,4)$，得到加权后的决策矩阵 $\boldsymbol{B} = \left(\tilde{B}_{ij}\right)_{4\times 4}$，即

$$\boldsymbol{B}=\begin{pmatrix} ([s_{1.139}, s_{1.196}],[0.2,0.4]) & ([s_{1.186}, s_{1.374}],[0.3,0.4]) & ([s_{1.294}, s_{1.422}],[0.4,0.5]) & ([s_{1.669}, s_{1.814}],[0.3,0.4]) \\ ([s_{1.161}, s_{1.190}],[0.3,0.4]) & ([s_{1.392}, s_{1.557}],[0.4,0.5]) & ([s_{1.230}, s_{1.370}],[0.3,0.5]) & ([s_{1.434}, s_{1.667}],[0.5,0.5]) \\ ([s_{1.096}, s_{1.139}],[0.2,0.4]) & ([s_{1.477}, s_{1.597}],[0.2,0.5]) & ([s_{1.083}, s_{1.315}],[0.3,0.4]) & ([s_{1.480}, s_{1.679}],[0.3,0.3]) \\ ([s_{1.158}, s_{1.187}],[0.4,0.5]) & ([s_{1.360}, s_{1.478}],[0.4,0.5]) & ([s_{1.106}, s_{1.265}],[0.4,0.5]) & ([s_{1.656}, s_{1.898}],[0.4,0.5]) \end{pmatrix}$$

与准则权重已知时的情形类似，此时与算子相关的权重向量 $\tilde{\boldsymbol{W}}$ 为 $\left(\frac{1}{8},\frac{3}{8},\frac{3}{8},\frac{1}{8}\right)$，并采用同样的 BUM 函数，由式（2–36）得到 4 个移动银行服务质量的综合评价值为

$$\tilde{D}_1 = ([s_{1.233}, s_{1.356}],[0.4,0.5]),\ \tilde{D}_2 = ([s_{1.295}, s_{1.421}],[0.5,0.5])$$

$$\tilde{D}_3 = ([s_{1.271}, s_{1.382}],[0.3,0.5]),\ \tilde{D}_4 = ([s_{1.332}, s_{1.510}],[0.4,0.5])$$

由式（2–26）、式（2–27）对 $\tilde{D}_i\,(i = 1,2,3,4)$ 的灰部与模部进行整合，得到各方案的综合评价值的代表数值，即

$$D_1 = 0.679$$

$$D_2 = 0.669$$

$$D_3 = 0.741$$

$$D_4 = 0.742$$

从而得到 4 个移动银行服务质量优劣的排序$c_4 > c_3 > c_1 > c_2$，即c_4为服务质量最优的移动银行。

当每个决策者单独给出各准则权重时，所确定的服务质量最优的移动银行是c_3；当准则权重完全未知时，采用信息熵法确定各准则权重，最终得到的服务质量最优的移动银行是c_4。在两种不同情形下，排序结果中最优方案与次优方案出现颠倒，排在第三、第四位置上的方案顺序是一致的。排序结果的不一致主要是因为当准则权重由各决策者直接给出时，准则权重值与各决策者单独给出的评价信息无直接关系；而当准则权重完全未知时，采用信息熵法确定各准则权重，本身是一种客观赋权法，所得准则权重与各决策者给出的评价信息直接相关。在准则权重已知或完全未知这两种不同的情形下，所得移动银行服务质量优劣的排序结果存在一定的差异，这是十分正常的，在一定程度上体现了实际决策问题的模糊性与灰色性。

2.4　本章小结

本章研究了具有不确定语言变量、区间灰色不确定语言变量评价信息多准则群决策问题，主要给出三类群决策方法。

2.1 节给出了一种准则权重完全未知的多粒度不确定语言多准则群决策方法，构建所有方案对所有准则总偏差最大化的目标规划模型以确定各准则权重，基于扩展 VIKOR 方法，分别根据各方案的群效用值、个体遗憾值及折中评价值得到关于方案排序的三种结果，基于折中原则得到各方案的优先序，决策过程体现出决策结果的合理性。当采用不同的折中系数（即采取不同的决策机制）计算折中评价值时，所得排序结果一般会存在差异，体现了决策者的主观偏好，符合决策过程的现实环境。与 TOPSIS 法相比，VIKOR 法能避免出现与正理想解距离较远的方案反而排序靠前这一不合理结果，通过群效用值、个体遗憾值及折中评价值这三类不同层面排序结果的融合，保证最终所得妥协排序结果的现实合理性。在该群决策方法的基础上，可研究包含定性、定量混合准则评价信息的群决策问题，可进一步考虑其他确定准则权重的方法，在评价信息集结的过程中，亦可使用其他类型的集结算子。

2.2 节给出了一种多粒度不确定语言评价信息多准则群决策方法，针对每个决策矩阵通过计算各方案到正、负理想方案的加权投影值，并构建目标规划模型得到各决策者确定的准则权重向量。针对每个决策者给出的准则评价信息，通过计算两两方案之间关于每个准则比较的优势度，并由准则权重得到两两方案之间相互比较的综合优势度，从而构成单个决策者下的综合优势度矩阵。该矩阵中的元素均为 [0,1] 的精确数，使不同决策者对应的综合优势度矩阵可以直接按决策者权重进行加权，从而得到群体综合优势度矩阵，避免对不同粒度评价矩阵的一致化处理。最后根据群体综合优势度矩阵得到优于次数矩阵，由各方案优先次数大小得到方案排序结果。该群决策方法不需要对不同粒度的决策矩阵进行一致化处理，而是通过两两方案之间的群体综合优势度确定优劣次序，所得排序结果相邻位置方案之间的优势度均大于 0.5，符合逻辑思维判断的一致性。针对该算例，经与离差最大化及优势度的群决策方法的计算结果的比较，所得方案排序结果完全一致，验证了该群决策方法的有效性。

2.3 节从客观事物的复杂性、不确定性及决策专家思维特点出发，实际决策问题兼具模糊性与灰色性的双重特点。基于不确定语言变量表达模糊信息的优势，针对准则权重已知或完全未知两种不同的情形，提出一种准则值为区间灰色不确定语言变量的多准则群决策方法。各方案对某准则评价差异的离散程度越大，该准则对方案排序所起的作用越大，应赋予越大的权重。基于此原则，采用信息熵法确定准则权重，给出了三种区间灰色不确定语言变量几何加权集结算子，主要采用IGULWGA算子及IGULHWGA算子集结评价信息，给出了群决策方法及步骤，并用决策方法对移动银行服务质量进行评估。该方法丰富了已有的灰色模糊多准则群决策方法，为解决区间灰色不确定语言多准则群决策问题提供了良好的途径。

第 3 章　直觉模糊信息多准则群决策方法

3.1　基于相似度及直觉模糊熵的多准则群决策方法

传统的 Zadch[164] 模糊集可以表达模糊数的隶属度信息，出于对 Zadch 模糊集的拓展，Atanassov[120] 于 1986 年提出了直觉模糊集的概念。除隶属度以外，直觉模糊集考虑了非隶属度及犹豫度，比传统模糊集在处理模糊性和不确定方面更具灵活性与实用性，能更加准确地反映客观实际，且利于决策者理解运用，更具合理性。与此同时，Chen[165] 采用记分函数解决 Vague 集模糊多准则决策问题，Bustince[166] 等指出 Vague 集实质上是直觉模糊集，更加凸显出直觉模糊集在处理模糊评价信息方面的优势。

为对直觉模糊评价信息进行有效集结，在定义直觉模糊数基本运算 [167] 的基础上，Z. S. Xu[168-169] 提出了一系列的直觉模糊信息集成算子，主要包括直觉模糊加权算术平均（IFWA）算子 [170]、有序加权平均（IFOWA）算子、混合加权平均（IFHA）算子及加权几何平均（IFWG）算子等，之后又拓展到广义直觉模糊算子。文献 [171-172] 考虑到不同直觉模糊数的隶属度与非隶属度之间可能存在的交叉影响，改进了直觉模糊基本运算并提出了新的信息集成算子，新算子稳健性较好，敏感性较低，能避免得出与实际相悖的决策结果，对隶属度或非隶属度为零的特例有较好的可解释性。

如何确定直觉模糊多准则决策问题的各决策者权重及准则权重是此类决策问题的关键。D. F. Li[173] 通过线性规划模型求解准则权重并基于直觉指数确定最优权重；G. W. Wei[174] 采用灰色关联分析及非线性规划模型确定各准则权重；J. Z. Wu[175] 拓展一般的直觉模糊熵，采用加权直觉模糊熵确定各准则权重。采用距离测度及相似性测度解决直觉模糊多准则决策问题的方法逐渐增多 [176-177]，但已有的距离测度或相似度测度方法所得结果多为实数形式，会造成评估信息的丢失。基于此，张洪美 [178] 等定义了新的直觉模糊相似度，将直觉模糊决策矩阵转化为相似矩阵，给出一种决策方法；Wang[179]同样给出新的相似度公式，决策方法的计算过程比文献[178]简单。新定义的相似性测度其结果为直觉模糊数，很好地保留了各准则评价信息，但新的定义不完全满足相似度的性质，且对各准则同等对待，对准则权重的认定较为粗糙。

针对现有基于相似度确定准则权重的不足，本节提出一种新的直觉模糊相似性测度公式，给出一种确定准则权重的客观赋权法，并根据各方案在单个准则下的直觉模糊熵值确定各准则权重，解决了一类决策者权重与准则权重完全未知的直觉模糊多准则群决策问题。

3.1.1 直觉模糊集

定义 1[120] 设X为给定论域，则X上的一个直觉模糊集A定义为

$$A=\left\{<x,\mu_A(x),\upsilon_A(x)>\middle|x\in X\right\}$$

其中，$\mu_A(x)$、$\upsilon_A(x)$分别表示X中元素x属于A的隶属度函数与非隶属度函数，$\mu_A:X\to[0,1]$, $\upsilon_A:X\to[0,1]$，且满足条件$0\leqslant\mu_A(x)+\upsilon_A(x)\leqslant1,\ x\in X$；$\pi_A(x)=1-\mu_A(x)-\upsilon_A(x)$表示$X$中元素$x$属于$A$的犹豫度。将有限论域$X$上的全体直觉模糊集记为$\mathrm{IFS}(X)$。

直觉模糊集A的隶属度$\mu_A(x)$、非隶属度$\upsilon_A(x)$及犹豫度$\pi_A(x)$分别表示元素x属于A的支持、反对和中立的这三种证据的程度。有序对$<\mu_A(x),\upsilon_A(x)>$被称为直觉模糊数，简记为$<\mu_A,\upsilon_A>$，其得分函数定义为$S(A)=\mu_A-\upsilon_A$，精确函数定义为$H(A)=\mu_A+\upsilon_A$。

定义 2[180] 设$\alpha_1=<\mu_{\alpha_1},\upsilon_{\alpha_1}>$，$\alpha_2=<\mu_{\alpha_2},\upsilon_{\alpha_2}>$为直觉模糊集$A$中的两个直觉模糊数，$S(\alpha_1)$，$S(\alpha_2)$分别表示两直觉模糊数的得分函数，$H(\alpha_1)$，$H(\alpha_2)$分别表示两直觉模糊数的精确函数，则有$\alpha_1<\alpha_2$，当且仅当：①$S(\alpha_1)<S(\alpha_2)$，或②$S(\alpha_1)=S(\alpha_2)$且$H(\alpha_1)<H(\alpha_2)$。

定义 3[180] 设$\alpha_1=<\mu_{\alpha_1},\upsilon_{\alpha_1}>$，$\alpha_2=<\mu_{\alpha_2},\upsilon_{\alpha_2}>$为直觉模糊集$A$中的两个直觉模糊数，直觉模糊集上的加法、乘法、数乘及幂乘分别定义如下：

（1）$\alpha_1\oplus\alpha_2=<\mu_{\alpha_1}+\mu_{\alpha_2}-\mu_{\alpha_1}\mu_{\alpha_2},\upsilon_{\alpha_1}\upsilon_{\alpha_2}>$；

（2）$\alpha_1\otimes\alpha_2=<\mu_{\alpha_1}\mu_{\alpha_2},\upsilon_{\alpha_1}+\upsilon_{\alpha_2}-\upsilon_{\alpha_1}\upsilon_{\alpha_2}>$；

（3）$\lambda\alpha_1=<1-(1-\mu_{\alpha_1})^\lambda,\upsilon_{\alpha_1}^\lambda>$；

（4）$\alpha_1^{\lambda} = < \mu_{\alpha_1}^{\lambda}, 1-(1-\upsilon_{\alpha_1})^{\lambda} >$。

定义 4[180]　设 $\alpha_i = < \mu_{\alpha_i}, \upsilon_{\alpha_i} > (i=1,2,\cdots,n)$ 为一组直觉模糊数，且 $\alpha_i \in \mathrm{IFS}(X)$，$\boldsymbol{W} = (\omega_1, \omega_2, \cdots, \omega_n)$ 为 α_i 的加权向量，且满足 $\sum_{i=1}^{n} \omega_i = 1$，$0 \leqslant \omega_i \leqslant 1$，则称

$$\mathrm{IFWA}_{\boldsymbol{W}}(\alpha_1, \alpha_2, \cdots, \alpha_n) = \mathop{\oplus}_{i=1}^{n} \omega_i \alpha_i = \left\langle 1 - \prod_{i=1}^{n} (1-\mu_{\alpha_i})^{\omega_i}, \prod_{i=1}^{n} \upsilon_{\alpha_i}^{\omega_i} \right\rangle \tag{3-1}$$

为直觉模糊加权算术平均算子，其结果仍为直觉模糊数，且该算子满足幂等性、有界性及置换不变性等性质。

3.1.2　基于直觉模糊相似度及直觉模糊熵的群决策方法及步骤

在考虑的直觉模糊多准则群决策问题中，设备选方案为 $c_i(i=1,2,\cdots,m)$，各评估准则为 $u_j(j=1,2,\cdots,n)$，决策群体为 $e_k(k=1,2,\cdots,l)$，$r_{ij}^k = < \mu_{ij}^k, \upsilon_{ij}^k >$ 表示决策者 e_k 针对备选方案 c_i 给出关于准则 u_j 的评价值，r_{ij}^k 为直觉模糊数，决策者 e_k 给出的所有评估信息构成直觉模糊决策矩阵 $\boldsymbol{R}^k = (r_{ij}^k)_{m\times n}$，$k=1,2,\cdots,l$，其中各决策者权重及准则权重完全未知。下面基于新定义的直觉模糊相似性测度及直觉模糊熵给出群决策方法和步骤。

首先给出直觉模糊相似度需要满足的几个条件。

定义 5[177]　设 α_1，α_2 为直觉模糊集 A 中的两个直觉模糊数，若 $Q(\alpha_1, \alpha_2)$ 满足条件：

（1）$Q(\alpha_1, \alpha_2)$ 是直觉模糊数；

（2）$Q(\alpha_1, \alpha_2) = < 1, 0 >$ 当且仅当 $\alpha_1 = \alpha_2$；

（3）$Q(\alpha_1, \alpha_2) = Q(\alpha_2, \alpha_1)$；

（4）若 α_3 也为 A 中的直觉模糊数且 $\alpha_1 < \alpha_2 < \alpha_3$，则有 $Q(\alpha_1, \alpha_3) < Q(\alpha_1, \alpha_2)$ 且 $Q(\alpha_1, \alpha_3) < Q(\alpha_2, \alpha_3)$。

则称 $Q(\alpha_1, \alpha_2)$ 为 α_1，α_2 之间的直觉模糊相似度。

根据直觉模糊相似度应当满足的性质，令

$$L_1(\alpha_1, \alpha_2) = \frac{\min(\mu_{\alpha_1}, \mu_{\alpha_2})}{\max(\mu_{\alpha_1}, \mu_{\alpha_2})},\ L_2(\alpha_1, \alpha_2) = \frac{\min(1-\upsilon_{\alpha_1}, 1-\upsilon_{\alpha_2})}{\max(1-\upsilon_{\alpha_1}, 1-\upsilon_{\alpha_2})}$$

则 α_1, α_2 之间的直觉模糊相似度定义为

$$Q(\alpha_1,\alpha_2)=<\min(L_1(\alpha_1,\alpha_2),L_2(\alpha_1,\alpha_2)),1-\max(L_1(\alpha_1,\alpha_2),L_2(\alpha_1,\alpha_2))>$$

此相似度定义满足直觉模糊相似度定义中的四个条件。由直觉模糊数之间的相似度可计算任意两决策者e_p，e_q在方案c_i下关于准则u_j评价值的相似度，即

$$Q(r_{ij}^p,r_{ij}^q)=<\bar{\mu}_{ij}^{pq},\bar{\upsilon}_{ij}^{pq}>=<\min(L_1(r_{ij}^p,r_{ij}^q),L_2(r_{ij}^p,r_{ij}^q)),1-\max(L_1(r_{ij}^p,r_{ij}^q),L_2(r_{ij}^p,r_{ij}^q))> \tag{3-2}$$

其中，$r_{ij}^p=<\mu_{ij}^p,\upsilon_{ij}^p>$，$r_{ij}^q=<\mu_{ij}^q,\upsilon_{ij}^q>$，$p\neq q$且$p,q=1,2,\cdots,l$。

由相似度的性质可知$Q(r_{ij}^p,r_{ij}^q)=Q(r_{ij}^q,r_{ij}^p)$，可得两决策者$e_p$，$e_q$之间关于所有评价信息的相似度矩阵为$\boldsymbol{Q}^{pq}=\left(Q(r_{ij}^p,r_{ij}^q)\right)_{m\times n}$，且$\boldsymbol{Q}^{pq}=\boldsymbol{Q}^{qp}$。

$Q(r_{ij}^p,r_{ij}^q)$越大表明两个决策者关于单个准则的评价信息越一致。相似度矩阵$\boldsymbol{Q}^{pq}$中的元素均为直觉模糊数，需要将直觉模糊数转化为精确数，令$a_{ij}^{pq}=\bar{\mu}_{ij}^{pq}+\theta(1-\bar{\mu}_{ij}^{pq}-\bar{\upsilon}_{ij}^{pq})$，其中$0\leqslant\theta\leqslant1$为风险因子，体现出决策者的风险偏好。因此，将直觉模糊相似度矩阵$\boldsymbol{Q}^{pq}$转化为精确数相似度矩阵$\boldsymbol{A}^{pq}=(a_{ij}^{pq})_{m\times n}$，且有$\boldsymbol{A}^{pq}=\boldsymbol{A}^{qp}$。

由精确数相似度矩阵$\boldsymbol{A}^{pq}$可得决策者e_p与其他所有决策者在方案c_i下关于准则u_j评价值的平均相似度：

$$a_{ij}^p=\frac{1}{l-1}\sum_{q=1,q\neq p}^{l}a_{ij}^{pq} \tag{3-3}$$

从而得到决策者e_p的平均相似度矩阵$\boldsymbol{A}^p=(a_{ij}^p)_{m\times n}$，$p=1,2,\cdots,l$。$\boldsymbol{A}^p$反映出决策者$e_p$与决策群体在每个方案下关于单个准则评价信息的平均一致性程度。a_{ij}^p越高，说明该决策者给出的评价信息越能代表群体的决策意见；反之，若a_{ij}^p越低，则说明该决策个体的评价意见与群体综合意见的差异较大。平均相似度反映出决策个体评价意见的重要性程度，即平均相似度越大的决策者应赋予越大的权重，基于此原则可确定决策者权重。

接下来，针对各方案关于每个准则的平均相似度转换值，关于不同的决策者进行归一化处理，得到各方案在每个准则下体现出的决策者权重ω_{ij}^k，即

$$\omega_{ij}^k=\frac{a_{ij}^k}{\sum_{k=1}^{l}a_{ij}^k} \tag{3-4}$$

其中，$\sum_{k=1}^{l}\omega_{ij}^{k}=1,\ i=1,2,\cdots,m;\ j=1,2,\cdots,n$。

由各决策者给出的直觉模糊决策矩阵$\boldsymbol{R}^k$及决策者权重ω_{ij}^k得到群体直觉模糊决策矩阵，即$\boldsymbol{R}=(r_{ij})_{m\times n}=(<\mu_{ij},\upsilon_{ij}>)_{m\times n}$，其中

$$r_{ij}=\sum_{k=1}^{l}\omega_{ij}^{k}r_{ij}^{k} \tag{3-5}$$

针对群体直觉模糊决策矩阵$\boldsymbol{R}$，各准则值的直觉模糊熵为

$$E(r_{ij})=\frac{1-\left|\mu_{ij}-\upsilon_{ij}\right|+\pi_{ij}}{1+\left|\mu_{ij}-\upsilon_{ij}\right|+\pi_{ij}} \tag{3-6}$$

各准则值的直觉模糊熵构成的矩阵为$\boldsymbol{E}=\left(E(r_{ij})\right)_{m\times n}$。$E(r_{ij})$越大，则直觉模糊数$r_{ij}$的不确定性程度越大。与此同时，如果各方案关于单个准则的直觉模糊熵越大，说明该准则评价信息的有效性越差，该准则对方案排序所起的作用也就越小，应赋予越小的准则权重。基于此，将各方案平等对待，可得各方案关于单个准则的平均直觉模糊熵，即

$$E(r_j)=\frac{1}{m}\sum_{i=1}^{m}E(r_{ij}) \tag{3-7}$$

各准则所确定的权重为

$$\omega_j=\frac{1-E(r_j)}{\sum_{i=1}^{m}\left(1-E(r_j)\right)} \tag{3-8}$$

由各准则权重及 IFWA 算子得到各方案的综合评价值，即

$$r_i=\mathrm{IFWA}_W(r_{i1},r_{i2},\cdots,r_{in}) \tag{3-9}$$

根据各方案综合评价值的得分函数及精确函数对其排序，最终得到各方案的优劣次序。

基于以上分析，该问题的群决策步骤如下。

步骤 1　由式（3-2）计算两两决策者之间关于各方案在单个准则评价值下的相似度，同时将相似度矩阵转化为精确数矩阵，并由式（3-3）计算每个决策者与决策群体关于单个准则的平均相似度，得到各决策者的平均相似度矩阵。

步骤 2　根据式（3-4）对方案c_i关于准则u_j的平均相似度进行归一化处理，得到单个准则下所确定的各决策者权重，接着采用式（3-5）对各直觉模糊决

策矩阵加权，得到群体直觉模糊决策矩阵。

步骤 3 根据式（3–6）求各准则的直觉模糊熵，并采用式（3–7）得到各方案关于单个准则的平均直觉模糊熵，通过式（3–8）获取各准则权重。

步骤 4 采用式（3–2）、式（3–9）计算各方案的综合评价值，通过得分函数及精确函数实现对综合评价值的排序，得到各方案的排序结果。

3.1.3 算例分析

某投资公司有 3 个可投资的项目[180]，分别是汽车营销公司、食品加工公司、计算机研制公司，拟通过面临的风险情况（u_1）、预期盈利情况（u_2）、社会政策影响情况（u_3）、环境影响情况（u_4）及公司发展前景（u_5）这五个准则对三个可投资项目进行评估，共聘请了三位不同领域的专家，专家集为 $\{e_1,e_2,e_3\}$，各评估专家给出的直觉模糊数评估信息如表 3–1 ～表 3–3 所示。

表 3–1 专家 e_1 针对 3 个备选投资方案给出的直觉模糊评价信息

备选投资项目	准则指标				
	u_1	u_2	u_3	u_4	u_5
c_1	$<0.2,0.5>$	$<0.4,0.2>$	$<0.5,0.4>$	$<0.3,0.3>$	$<0.7,0.1>$
c_2	$<0.2,0.7>$	$<0.6,0.3>$	$<0.4,0.3>$	$<0.4,0.4>$	$<0.6,0.1>$
c_3	$<0.2,0.7>$	$<0.5,0.4>$	$<0.4,0.5>$	$<0.3,0.4>$	$<0.6,0.2>$

表 3–2 专家 e_2 针对 3 个备选投资方案给出的直觉模糊评价信息

备选投资项目	准则指标				
	u_1	u_2	u_3	u_4	u_5
c_1	$<0.3,0.4>$	$<0.4,0.2>$	$<0.5,0.4>$	$<0.4,0.4>$	$<0.8,0.1>$
c_2	$<0.2,0.7>$	$<0.5,0.2>$	$<0.4,0.2>$	$<0.4,0.5>$	$<0.7,0.1>$
c_3	$<0.2,0.7>$	$<0.5,0.4>$	$<0.3,0.4>$	$<0.3,0.6>$	$<0.7,0.2>$

表 3-3　专家e_3针对 3 个备选投资方案给出的直觉模糊评价信息

备选投资项目	准则指标				
	u_1	u_2	u_3	u_4	u_5
c_1	$<0.3,0.4>$	$<0.5,0.3>$	$<0.5,0.4>$	$<0.3,0.3>$	$<0.6,0.1>$
c_2	$<0.2,0.7>$	$<0.6,0.3>$	$<0.4,0.3>$	$<0.4,0.4>$	$<0.5,0.1>$
c_3	$<0.3,0.6>$	$<0.5,0.4>$	$<0.4,0.5>$	$<0.3,0.4>$	$<0.6,0.2>$

两两决策者之间关于各方案在单个准则评价值下的相似度构成的相似度矩阵分别为

$$\boldsymbol{Q}^{12}=\boldsymbol{Q}^{21}=\begin{pmatrix} <0.667,0.167> & <1.0> & <1.0> & <0.75,0.143> & <0.875,0> \\ <1,0> & <0.833,0.125> & <0.875,0> & <0.833,0> & <0.857,0> \\ <1,0> & <1,0> & <0.75,0.167> & <0.667,0> & <0.857,0> \end{pmatrix}$$

$$\boldsymbol{Q}^{13}=\boldsymbol{Q}^{31}=\begin{pmatrix} <0.667,0.167> & <0.8.0.125> & <1.0> & <1,0> & <0.857,0> \\ <1,0> & <1,0> & <1,0> & <1,0> & <0.833,0> \\ <0.667,0.25> & <1,0> & <1,0> & <1,0> & <1,0> \end{pmatrix}$$

$$\boldsymbol{Q}^{23}=\boldsymbol{Q}^{32}=\begin{pmatrix} <1,0> & <0.8.0.125> & <1.0> & <0.75,0.143> & <0.75,0> \\ <1,0> & <0.833,0.125> & <0.875,0> & <0.833,0> & <0.714,0> \\ <0.667,0.25> & <1,0> & <0.75,0.167> & <0.667,0> & <0.857,0> \end{pmatrix}$$

取风险因子θ为 0，即以最保守的方式将直觉模糊相似度矩阵转化为精确数构成的相似度矩阵$\boldsymbol{A}^{pq}=\left(a_{ij}^{pq}\right)_{m\times n}$，$p$，$q=1,2,3$ 且$p\neq q$，其中$a_{ij}^{pq}=\overline{\mu}_{ij}^{pq}$。

接着得到各决策者的平均相似度矩阵，分别为

$$\boldsymbol{A}^1=\begin{pmatrix} 0.670 & 0.9 & 1 & 0.875 & 0.866 \\ 1 & 0.917 & 0.938 & 0.917 & 0.845 \\ 0.833 & 1 & 0.875 & 0.833 & 0.929 \end{pmatrix}$$

$$\boldsymbol{A}^2=\begin{pmatrix} 0.833 & 0.9 & 1 & 0.75 & 0.813 \\ 1 & 0.833 & 0.875 & 0.833 & 0.786 \\ 0.833 & 1 & 0.75 & 0.667 & 0.857 \end{pmatrix}$$

$$\boldsymbol{A}^3=\begin{pmatrix} 0.833 & 0.8 & 1 & 0.875 & 0.804 \\ 1 & 0.917 & 0.938 & 0.917 & 0.774 \\ 0.667 & 1 & 0.875 & 0.833 & 0.929 \end{pmatrix}$$

归一化处理后的各方案关于每个准则的决策者权重对各直觉模糊决策矩阵

中对应准则值加权，得到的群体直觉模糊决策矩阵，即

$$\boldsymbol{R}=\begin{pmatrix} <0.273,0.427> & <0.433,0.200> & <0.5,0.4> & <0.332,0.327> & <0.712,0.1> \\ <0.2,0.7> & <0.571,0.264> & <0.4,0.264> & <0.4,0.429> & <0.609,0.1> \\ <0.23,0.670> & <0.5,0.4> & <0.372,0.468> & <0.3,0.449> & <0.635,0.2> \end{pmatrix}$$

由群体直觉模糊矩阵及直觉模糊熵公式，得到如下直觉模糊熵矩阵：

$$\boldsymbol{E}=\begin{pmatrix} 0.788 & 0.709 & 0.833 & 0.993 & 0.320 \\ 0.375 & 0.583 & 0.815 & 0.952 & 0.434 \\ 0.429 & 0.833 & 0.847 & 0.787 & 0.457 \end{pmatrix}$$

从而确定各准则权重，即

$$\omega_1=0.291$$

$$\omega_2=0.181$$

$$\omega_3=0.104$$

$$\omega_4=0.055$$

$$\omega_5=0.369$$

基于 IFWA 算子及各准则权重，得到各方案的综合评价值，分别为

$$r_1=<0.527,0.213>$$

$$r_2=<0.476,0.252>$$

$$r_3=<0.473,0.368>$$

由直觉模糊数的得分函数可得 3 个方案的优劣次序为$c_1>c_2>c_3$，由此可知应当选择汽车公司作为拟投资的对象。

3.2 基于相关系数及改进 TOPSIS 的区间直觉模糊群决策方法

直觉模糊集（IFS）以其在表达模糊性及不确定信息方面的灵活性与实用性，在投资项目选择、企业创意产品方案评估等多准则决策领域有着广泛的应用。其主要采用隶属度、非隶属度及犹豫度描述不确定评价信息，三方面的评价信息主要采用精确数表示，与 Zadch 模糊集相比，能够从多个方面描述不确定信息。针对复杂且不确定性程度较高的决策对象，精确数表达的直觉模糊集很难对其进行合理表示，为解决这一问题，K. Atanassov[181] 推广了直觉模

糊集，将隶属度、非隶属度及犹豫度拓展到区间数形式，给出区间直觉模糊集（IVIFS）的概念及运算规则，IVIFS 对模糊不确定程度较高的信息的表达能力更强。

为对区间直觉模糊信息进行有效集结，Xu[123-124,182] 研究了区间直觉模糊信息集结算子，主要有区间直觉模糊加权平均（IIFWA）算子、区间直觉模糊有序加权平均（IIFOWA）算子、区间直觉模糊混合（IIFHA）算子、区间直觉模糊加权几何（IIFWG）算子及区间直觉模糊混合几何（IIFG）算子等，分别给出了各算子的集结运算结果及各算子的幂等性、有界性和置换不变性等性质，并基于各集结算子给出了区间直觉模糊多准则群决策方法。梁昌勇 [183] 等提出了诱导性区间直觉模糊混合平均（I-IIFHA）算子与诱导性区间直觉模糊混合几何（I-IIFHG）算子，这两种算子以区间直觉模糊熵值作为诱导变量，在同时考虑区间直觉模糊信息本身及决策信息所在位置重要性的基础上给出决策方法。文献 [184-186] 将经典多准则决策方法（如 TOPSIS 法、灰色关联分析法、目标规划法等）拓展到区间直觉模糊评价问题，给出了相应的决策方法。

与直觉模糊决策类似，在区间直觉模糊决策过程中，仍然需要对区间直觉模糊数进行排序，文献 [123] 定义了区间直觉模糊数的得分函数及精确函数，但该排序方法精确度不够，对某些区间直觉模糊数的大小无法区分。之后，Y. Jun[187]、Wang[188] 提出了改进的区间直觉模糊得分函数，但针对某些较为特殊的区间直觉模糊数，仍然会出现记分函数值相等导致无法排序，甚至出现与实际排序相悖的排序结果。记分函数失效的主要原因在于没有考虑犹豫度对排序结果的影响，这在一定程度上造成评价信息的丢失，导致个别区间直觉模糊数无法排序。考虑犹豫度对区间直觉模糊数排序的影响，文献 [189-191] 定义了新的记分函数，并分析了其与原有记分函数的异同点，得到较为合理的排序结果；陈志旺 [192] 通过两两区间直觉模糊数之间的区间得分函数及区间精确函数的可能度比较，得到区间直觉模糊数之间的优劣次序。

针对区间直觉模糊多准则群决策问题，如何确定各决策者权重及准则权重是此类问题的关键，已有研究主要采用相似性测度或距离测度给出确定权重的客观赋权法，通过度量区间直觉模糊数之间的偏差程度，根据偏差大小确定准则权重，但测度的定义往往忽略犹豫度信息，且测度的计算结果往往为精确数，这会在一定程度上造成评价信息的丢失与混淆，使方案排序结果存在较大误差 [193-194]。与此同时，基于区间直觉模糊熵 [195-196] 确定准则权重的方法也相继提出。

鉴于以上分析，本节将区间直觉模糊相关系数引入多准则群决策问题中，首先给出区间直觉模糊数的相关系数的定义，由单个准则评价信息与其评价均值的相关系数确定各准则所体现的决策者权重。构建各方案与正理想方案的加权相关系数总和最大化（或与负理想方案的加权相关系数总和最小化）的目标规划模型以确定各准则权重，即从两个不同的方向确定了两组准则权重向量，从而确定各方案与正、负理想方案的加权相关系数，并采用改进的TOPSIS法实现对方案的排序择优。最后将给出的群决策方法应用到投资方案选择算例中，体现出决策方法的有效性与可行性。

3.2.1 区间直觉模糊数相关系数

定义 1[197] 设X为给定非空论域，$D[0,1]$表示区间$[0,1]$上所有闭子集的集合，则X上的区间直觉模糊集$\hat{A}$定义为

$$\hat{A}=\left\{<x,\bar{\mu}_{\hat{A}}(x),\bar{\upsilon}_{\hat{A}}(x)>\middle| x\in X\right\}$$

其中，$\bar{\mu}_{\hat{A}}(x)\in D[0,1]$，$\bar{\upsilon}_{\hat{A}}(x)\in D[0,1]$，且$\bar{\mu}_{\hat{A}}(x)=[\mu_{\hat{A}}^{L}(x),\mu_{\hat{A}}^{U}(x)]$，$\bar{\upsilon}_{\hat{A}}(x)=[\upsilon_{\hat{A}}^{L}(x),\upsilon_{\hat{A}}^{U}(x)]$。

$\mu_{\hat{A}}^{\mathrm{L}}(x)$，$\mu_{\hat{A}}^{\mathrm{U}}(x)$分别表示$X$中元素$x$属于$\hat{A}$的隶属度下界与隶属度上界，$\upsilon_{\hat{A}}^{L}(x)$，$\upsilon_{\hat{A}}^{U}(x)$分别表示$X$中元素$x$属于$\hat{A}$的非隶属度下界与非隶属度上界，且满足条件$0\leqslant\mu_{\hat{A}}^{U}(x)+\upsilon_{\hat{A}}^{U}(x)\leqslant 1$，$x\in X$。$X$中元素$x$属于$\hat{A}$的犹豫度可表示为

$$\bar{\pi}_{\hat{A}}(x)=\left[\pi_{\hat{A}}^{L}(x),\pi_{\hat{A}}^{U}(x)\right]=\left[1-\mu_{\hat{A}}^{U}(x)-\upsilon_{\hat{A}}^{U}(x),1-\mu_{\hat{A}}^{L}(x)-\upsilon_{\hat{A}}^{L}(x)\right] \tag{3-10}$$

将有限论域X上的全体区间直觉模糊集记为IVIFS(X)。

当取定论域中元素x后，其隶属度区间值$\bar{\mu}_{\hat{A}}(x)$与非隶属度区间值$\bar{\upsilon}_{\hat{A}}(x)$构成的有序对$<\bar{\mu}_{\hat{A}}(x),\bar{\upsilon}_{\hat{A}}(x)>$称为区间直觉模糊数。由区间直觉模糊集的定义可知，$<[1,1],[0,0]>$为最大的区间直觉模糊数，$<[0,0],[1,1]>$为最小的区间直觉模糊数。特别地，若$\mu_{\hat{A}}^{L}(x)=\mu_{\hat{A}}^{U}(x)$且$\upsilon_{\hat{A}}^{L}(x)=\upsilon_{\hat{A}}^{U}(x)$，区间直觉模糊数退化为直觉模糊数，即直觉模糊集可被看作区间直觉模糊集的特殊情况。

定义 2[198] 设$\hat{A}$，$\hat{B}\in$ IVIFS(X)，则区间直觉模糊集$\hat{A}$，$\hat{B}$之间的相关系数定义为

$$K_{\text{IVIFS}}(\hat{A},\hat{B})=\frac{C_{\text{IVIFS}}(\hat{A},\hat{B})}{\sqrt{E_{\text{IVIFS}}(\hat{A})}\cdot\sqrt{E_{\text{IVIFS}}(\hat{B})}} \tag{3-11}$$

其中：

$$C_{\text{IVIFS}}(\hat{A},\hat{B})=\frac{1}{2}\sum_{i=1}^{n}\left[\mu_{\hat{A}}^{L}(x)\mu_{\hat{B}}^{L}(x)+\mu_{\hat{A}}^{U}(x)\mu_{\hat{B}}^{U}(x)+\upsilon_{\hat{A}}^{L}(x)\upsilon_{\hat{B}}^{L}(x)+\upsilon_{\hat{A}}^{U}(x)\upsilon_{\hat{B}}^{U}(x)+\pi_{\hat{A}}^{L}(x)\pi_{\hat{B}}^{L}(x)+\pi_{\hat{A}}^{U}(x)\pi_{\hat{B}}^{U}(x)\right]$$

$$E_{\text{IVIFS}}(\hat{A})=\frac{1}{2}\sum_{i=1}^{n}\left\{\left[\mu_{\hat{A}}^{L}(x)\right]^{2}+\left[\mu_{\hat{A}}^{U}(x)\right]^{2}+\left[\upsilon_{\hat{A}}^{L}(x)\right]^{2}+\left[\upsilon_{\hat{A}}^{U}(x)\right]^{2}+\left[\pi_{\hat{A}}^{L}(x)\right]^{2}+\left[\pi_{\hat{A}}^{U}(x)\right]^{2}\right\}$$

$$E_{\text{IVIFS}}(\hat{B})=\frac{1}{2}\sum_{i=1}^{n}\left\{\left[\mu_{\hat{B}}^{L}(x)\right]^{2}+\left[\mu_{\hat{B}}^{U}(x)\right]^{2}+\left[\upsilon_{\hat{B}}^{L}(x)\right]^{2}+\left[\upsilon_{\hat{B}}^{U}(x)\right]^{2}+\left[\pi_{\hat{B}}^{L}(x)\right]^{2}+\left[\pi_{\hat{B}}^{U}(x)\right]^{2}\right\}$$

区间直觉模糊集$\hat{A}$，$\hat{B}$之间的相关系数满足如下性质：

（1）$K_{\text{IVIFS}}(\hat{A},\hat{B})=K_{\text{IVIFS}}(\hat{B},\hat{A})$；

（2）$K_{\text{IVIFS}}(\hat{A},\hat{B})\in[0,1]$；

（3）$\hat{A}=\hat{B}\Leftrightarrow K_{\text{IVIFS}}(\hat{A},\hat{B})=1$。

由相关系数的性质（3）可知，$K_{\text{IVIFS}}(\hat{A},\hat{B})\to 1$等价于$\hat{A}\to\hat{B}$，即两区间直觉模糊集的相关系数越接近 1，则两区间直觉模糊集之间越接近，两者之间越相似。区间直觉模糊集之间的相关系数是一种相似性测度方法，可通过相关系数得到两区间直觉模糊数之间的接近程度。例如，设$\hat{a}$，$\hat{b}$，$\hat{c}$均为区间直觉模糊数，若$K_{\text{IVIFS}}(\hat{a},\hat{b})<K_{\text{IVIFS}}(\hat{a},\hat{c})$，则说明$\hat{a}$，$\hat{c}$更相似，且$\hat{c}$比$\hat{b}$更接近$\hat{a}$。

该相关系数定义考虑到两区间直觉模糊数之间隶属度、非隶属度及犹豫度之间的相关性，考虑的模糊信息较为全面，尽可能地减少了模糊信息的损失，是一种较为合理的区间直觉模糊数相似性度量方法。

定义 3[199]　设$\hat{\alpha}_i=<[a_i,b_i],[c_i,d_i]>$，$i=1,2,\cdots$，$n$为一组区间直觉模糊数，则称函数为区间直觉模糊加权算术平均算子。

$$\text{IIFWA}_{\text{w}}(\hat{\alpha}_1,\hat{\alpha}_2,\cdots,\hat{\alpha}_n)=\mathop{\oplus}_{i=1}^{n}\omega_i\hat{\alpha}_i=\left\langle\left[1-\prod_{i=1}^{n}(1-a_i)^{\omega_i},1-\prod_{i=1}^{n}(1-b_i)^{\omega_i}\right],\left[\prod_{i=1}^{n}c_i^{\omega_i},\prod_{i=1}^{n}d_i^{\omega_i}\right]\right\rangle \tag{3-12}$$

其中，$\boldsymbol{W}=(\omega_1,\omega_2,\cdots,\omega_n)$为$\alpha_i$的加权向量，且满足$\sum_{i=1}^{n}\omega_i=1$，$0\leqslant\omega_i\leqslant 1$。

该算子的计算结果仍为区间直觉模糊数，且满足幂等性、有界性及置换不变性等性质，其犹豫度可根据区间直觉模糊数的定义得到。

3.2.2 区间直觉模糊多准则群决策方法及步骤

探讨评价信息为区间直觉模糊数的多准则群决策问题，且各决策者权重及各准则权重均完全未知，需要从多个可行性方案中选择最优方案，以下给出群决策方法及步骤。

首先给出决策问题，设备选方案为$c_i(i=1,2,\cdots,m)$，各评估准则为$u_j(j=1,2,\cdots,n)$，决策群体为$e_k(k=1,2,\cdots,l)$，决策者e_k针对备选方案c_i给出的关于准则u_j的评价值为

$$r_{ij}^k=<\bar{\mu}_{ij}^k,\bar{\upsilon}_{ij}^k>=<[\mu_{ij}^{kL},\mu_{ij}^{kU}],[\upsilon_{ij}^{kL},\upsilon_{ij}^{kU}]>$$

其中，隶属度区间$[\mu_{ij}^{kL},\mu_{ij}^{kU}]$表示决策者$e_k$对方案$c_i$关于准则$u_j$的满意程度，非隶属度区间$[\upsilon_{ij}^{kL},\upsilon_{ij}^{kU}]$表示决策者$e_k$对方案$c_i$关于准则$u_j$的不满意程度，且$[\mu_{ij}^{kL},\mu_{ij}^{kU}]\in[0,1]$，$[\upsilon_{ij}^{kL},\upsilon_{ij}^{kU}]\in[0,1]$，$\mu_{ij}^{kU}+\upsilon_{ij}^{kU}\leqslant 1$。决策者$e_k$给出的所有评估信息构成区间直觉模糊决策矩阵$\boldsymbol{R}^k=(r_{ij}^k)_{m\times n}$，$k=1,2,\cdots,l$。

步骤1 由各决策者整体评价信息之间的相似性程度确定各决策者权重。

根据已知的区间直觉模糊决策矩阵$\boldsymbol{R}^k$，将各决策者同等对待并由IIFWA算子可得决策群体在方案c_i下关于准则u_j的评价均值，即

$$r_{ij}^*=<\bar{\mu}_{ij}^*,\bar{\upsilon}_{ij}^*>=<[\mu_{ij}^{*L},\mu_{ij}^{*U}],[\upsilon_{ij}^{*L},\upsilon_{ij}^{*U}]>=\mathrm{IIFWA}_{\boldsymbol{W}}(r_{ij}^1,r_{ij}^2,\cdots,r_{ij}^l) \quad (3-13)$$

其中，加权向量为$\boldsymbol{W}=(\frac{1}{l},\frac{1}{l},\cdots,\frac{1}{l})$，评价均值的犹豫度区间可由式（3-10）得到。

从而可计算各决策者给出的各准则评价信息与对应的评价均值之间的相关系数$K_{\mathrm{IVIFS}}(r_{ij}^k,r_{ij}^*)$，其中$k=1,2,\cdots,l$; $i=1,2,\cdots,m$; $j=1,2,\cdots,n$。若$K_{\mathrm{IVIFS}}(r_{ij}^k,r_{ij}^*)$越大，表明决策者个体评价信息与评价均值越相似，即该决策者下相应评价信息的有效性越强，体现出的决策者权重越大。故决策者e_k对方案c_i关于准则u_j的偏好信息所体现出的决策者权重为

$$\omega_{ij}^k=\frac{K_{\mathrm{IVIFS}}(r_{ij}^k,r_{ij}^*)}{\sum_{k=1}^{l}K_{\mathrm{IVIFS}}(r_{ij}^k,r_{ij}^*)} \quad (3-14)$$

$$k=1,2,\cdots,l;\ i=1,2,\cdots,m;\ j=1,2,\cdots,n$$

步骤2 根据决策者权重ω_{ij}^k及IIFWA算子对各区间直觉模糊决策矩阵加权，

获取群体区间直觉模糊评价信息为

$$r_{ij}=\sum_{k=1}^{l}\omega_{ij}^{k}r_{ij}^{k} \tag{3-15}$$

从而得到群体区间直觉模糊决策矩阵，即

$$\boldsymbol{R}=(r_{ij})_{m\times n}=(<\bar{\mu}_{ij},\bar{\upsilon}_{ij}>)_{m\times n}=\left(<[\mu_{ij}^{L},\mu_{ij}^{U}],[\upsilon_{ij}^{L},\upsilon_{ij}^{U}]>\right)_{m\times n}$$

步骤 3　采用文献[191]中的记分函数，由群体区间直觉模糊决策矩阵确定的正理想方案$\boldsymbol{R}^{+}$及负理想方案$\boldsymbol{R}^{-}$分别为

$$\begin{aligned}\boldsymbol{R}^{+}&=(r_{1}^{+},r_{2}^{+},\cdots,r_{n}^{+})\\&=\left(<[\mu_{1}^{+L},\mu_{1}^{+U}],[\upsilon_{1}^{+L},\upsilon_{1}^{+U}]>,<[\mu_{2}^{+L},\mu_{2}^{+U}],[\upsilon_{2}^{+L},\upsilon_{2}^{+U}]>,\cdots,<[\mu_{n}^{+L},\mu_{n}^{+U}],[\upsilon_{n}^{+L},\upsilon_{n}^{+U}]>\right)\end{aligned}$$

$$\begin{aligned}\boldsymbol{R}^{-}&=(r_{1}^{-},r_{2}^{-},\cdots,r_{n}^{-})\\&=\left(<[\mu_{1}^{-L},\mu_{1}^{-U}],[\upsilon_{1}^{-L},\upsilon_{1}^{-U}]>,<[\mu_{2}^{-L},\mu_{2}^{-U}],[\upsilon_{2}^{-L},\upsilon_{2}^{-U}]>,\cdots,<[\mu_{n}^{-L},\mu_{n}^{-U}],[\upsilon_{n}^{-L},\upsilon_{n}^{-U}]>\right)\end{aligned}$$

其中，针对准则u_j，若u_j为效益型准则，则

$$r_{j}^{+}=<[\mu_{j}^{+L},\mu_{j}^{+U}],[\upsilon_{j}^{+L},\upsilon_{j}^{+U}]>=<[\max_{i}\mu_{ij}^{L},\max_{i}\mu_{ij}^{U}],[\min_{i}\upsilon_{ij}^{L},\min_{i}\upsilon_{ij}^{U}]>$$

$$r_{j}^{-}=<[\mu_{j}^{-L},\mu_{j}^{-U}],[\upsilon_{j}^{-L},\upsilon_{j}^{-U}]>=<[\min_{i}\mu_{ij}^{L},\min_{i}\mu_{ij}^{U}],[\max_{i}\upsilon_{ij}^{L},\max_{i}\upsilon_{ij}^{U}]>$$

若u_j为成本型准则，则

$$r_{j}^{+}=<[\mu_{j}^{+L},\mu_{j}^{+U}],[\upsilon_{j}^{+L},\upsilon_{j}^{+U}]>=<[\min_{i}\mu_{ij}^{L},\min_{i}\mu_{ij}^{U}],[\max_{i}\upsilon_{ij}^{L},\max_{i}\upsilon_{ij}^{U}]>$$

$$r_{j}^{-}=<[\mu_{j}^{-L},\mu_{j}^{-U}],[\upsilon_{j}^{-L},\upsilon_{j}^{-U}]>=<[\max_{i}\mu_{ij}^{L},\max_{i}\mu_{ij}^{U}],[\min_{i}\upsilon_{ij}^{L},\min_{i}\upsilon_{ij}^{U}]>$$

同样地，正理想方案$\boldsymbol{R}^{+}$与负理想方案$\boldsymbol{R}^{-}$中各准则评价值的犹豫度区间可由式（3–10）得到。

步骤 4　由正理想方案$\boldsymbol{R}^{+}$、负理想方案$\boldsymbol{R}^{-}$及群体区间直觉模糊决策矩阵确定各准则权重。

备选方案c_i与正理想方案$\boldsymbol{R}^{+}$关于准则u_j评价值之间的相关系数越大，说明关于准则u_j备选方案与正理想方案越接近；反之，则说明备选方案与正理想方案越远离。若各准则权重已知，可得方案c_i与正理想方案$\boldsymbol{R}^{+}$的加权相关系数，加权相关系数越大，则对应的备选方案越优。故所确定的准则权重应当使各方案与正理想方案的加权相关系数总和达到最大，可构建如下的目标规划函数：

$$\max\quad K(\omega)=\sum_{i=1}^{m}\sum_{j=1}^{n}\omega_{j}^{+}K_{\mathrm{IVIFS}}(r_{ij},r_{j}^{+})$$

$$s.t.\quad \sum_{j=1}^{n}(\omega_{j}^{+})^{2}=1,\omega_{j}\geqslant 0$$

构造 Lagrange 函数并对参数求偏导，可得准则权重的最优解，即

$$\omega_j^+ = \frac{\sum_{i=1}^{m} K_{\text{IVIFS}}(r_{ij}, r_j^+)}{\sqrt{\sum_{j=1}^{m}\left(\sum_{i=1}^{n} K_{\text{IVIFS}}(r_{ij}, r_j^+)\right)^2}}$$

对ω_j进行归一化处理，可得最优准则权重为

$$\omega_j^+ = \frac{\sum_{i=1}^{m} K_{\text{IVIFS}}(r_{ij}, r_j^+)}{\sum_{i=1}^{m}\sum_{j=1}^{n} K_{\text{IVIFS}}(r_{ij}, r_j^+)} \tag{3-16}$$

针对各方案与正理想方案对应准则的相关系数，采用准则权重对各相关系数加权，得到各方案以正理想方案为参照的加权相关系数，即

$$K_i^+ = \sum_{j=1}^{n} \omega_j^+ K_{\text{IVIFS}}(r_{ij}, r_j^+) \tag{3-17}$$

依据各方案与正理想方案加权相关系数的大小对各方案排序，加权相关系数越大的方案越优。

步骤 5 以上以正理想方案为参照，构建与正理想方案的加权相关系数总和最大化的目标规划模型以确定各准则权重。与此同理，可构建与负理想方案的加权相关系数总和最小化的目标规划模型，确定以负理想方案为参照的各准则权重，同样可以根据各方案与负理想方案加权相关系数的大小对各方案排序，加权相关系数越小的方案越优。事实上，两种排序择优的方法分别以正、负理想方案为参照，从两个不同的方向确定了两组准则权重向量，并得到两种参照下各方案的加权相关系数，从而得到方案的优先序。

一般而言，与正理想方案的加权相关系数最大的方案，未必与负理想方案的加权相关系数达到最小，根据 TOPSIS 法的思想，可基于各方案与正理想方案的相对贴近度对各方案排序。这里改进 TOPSIS 法，给出一种新的方案择优方法。

令$K_i^- = \sum_{j=1}^{n} \omega_j^- K_{\text{IVIFS}}(r_{ij}, r_j^-)$表示各方案与负理想方案的加权相关系数，从各备选方案整体考虑，可得各方案与正、负理想方案的相对加权相关系数，即

$$RK_i = \frac{K_i^+}{\max_i K_i^+} - \frac{K_i^-}{\min_i K_i^-} \tag{3-18}$$

显然$\frac{K_i^+}{\max\limits_i K_i^+}\leqslant 1$，该值越大，方案$c_i$越优；$\frac{K_i^-}{\min\limits_i K_i^-}\geqslant 1$，该值越小，方案$c_i$越优。故$RK_i\leqslant 0$，且$RK_i$越大，对应的方案$c_i$越优，因此可根据相对加权相关系数$RK_i$对各方案排序。特别地，若某方案与正理想方案的加权相关系数达到最大，同时与负理想方案的加权相关系数达到最小，即$K_i^+=\max\limits_i K_i^+$，$K_i^-=\min\limits_i K_i^-$，此时$RK_i=0$，该方案为最优方案。

3.2.3 算例分析

考虑某风险投资公司有五个可投资的项目[200]，项目集合为$\{c_1,c_2,\cdots,c_5\}$，拟通过面对的风险问题分析（u_1）、成长因素分析（u_2）、社会政策影响分析（u_3）及环境影响分析（u_4）这四个评估准则对各项目进行评估，共聘请了三位不同领域的专家，专家组中的每位成员分别采用这四种准则对五个投资项目给出区间直觉模糊数形式的评估信息。其中，决策者权重和各准则权重完全未知，根据给出的群决策方法对这五个项目进行排序，各决策专家给出的区间直觉模糊决策矩阵如下。

$$\boldsymbol{R}^1=\begin{pmatrix} <[0.5,0.6],[0.3,0.4]> & <[0.5,0.6],[0.2,0.3]> & <[0.2,0.3],[0.6,0.7]> & <[0.1,0.2],[0.7,0.8]> \\ <[0.6,0.7],[0.2,0.3]> & <[0.7,0.8],[0.1,0.2]> & <[0.7,0.8],[0.1,0.2]> & <[0.3,0.4],[0.4,0.5]> \\ <[0.5,0.6],[0.3,0.4]> & <[0.4,0.5],[0.3,0.4]> & <[0.5,0.6],[0.2,0.3]> & <[0.6,0.7],[0.2,0.3]> \\ <[0.8,0.9],[0.0,0.1]> & <[0.5,0.6],[0.3,0.4]> & <[0.2,0.3],[0.4,0.5]> & <[0.2,0.3],[0.5,0.6]> \\ <[0.6,0.7],[0.2,0.2]> & <[0.3,0.4],[0.4,0.5]> & <[0.7,0.8],[0.0,0.1]> & <[0.5,0.6],[0.3,0.4]> \end{pmatrix}$$

$$\boldsymbol{R}^2=\begin{pmatrix} <[0.3,0.4],[0.3,0.5]> & <[0.4,0.5],[0.2,0.3]> & <[0.1,0.2],[0.5,0.6]> & <[0.0,0.1],[0.6,0.7]> \\ <[0.6,0.7],[0.2,0.3]> & <[0.6,0.7],[0.0,0.1]> & <[0.5,0.6],[0.0,0.1]> & <[0.3,0.4],[0.4,0.5]> \\ <[0.5,0.6],[0.2,0.3]> & <[0.3,0.4],[0.3,0.4]> & <[0.4,0.5],[0.1,0.2]> & <[0.5,0.6],[0.1,0.2]> \\ <[0.7,0.8],[0.0,0.1]> & <[0.5,0.6],[0.1,0.2]> & <[0.2,0.3],[0.3,0.4]> & <[0.1,0.2],[0.5,0.6]> \\ <[0.5,0.6],[0.1,0.2]> & <[0.3,0.4],[0.2,0.3]> & <[0.6,0.8],[0.0,0.1]> & <[0.4,0.5],[0.2,0.3]> \end{pmatrix}$$

$$\boldsymbol{R}^3=\begin{pmatrix} <[0.3,0.4],[0.5,0.6]> & <[0.5,0.5],[0.4,0.5]> & <[0.1,0.2],[0.7,0.7]> & <[0.0,0.1],[0.8,0.9]> \\ <[0.5,0.6],[0.3,0.4]> & <[0.6,0.7],[0.2,0.3]> & <[0.6,0.6],[0.3,0.4]> & <[0.3,0.4],[0.5,0.6]> \\ <[0.4,0.4],[0.4,0.5]> & <[0.4,0.5],[0.5,0.5]> & <[0.4,0.5],[0.3,0.4]> & <[0.5,0.6],[0.3,0.4]> \\ <[0.7,0.8],[0.1,0.2]> & <[0.5,0.6],[0.4,0.4]> & <[0.2,0.3],[0.5,0.6]> & <[0.1,0.2],[0.6,0.7]> \\ <[0.5,0.6],[0.3,0.3]> & <[0.2,0.3],[0.4,0.6]> & <[0.6,0.7],[0.1,0.2]> & <[0.4,0.5],[0.3,0.4]> \end{pmatrix}$$

在三个区间直觉模糊决策矩阵中，各准则评价信息的犹豫度区间没有给出，可根据式（3–10）得到。下面采用基于相关系数及改进 TOPSIS 法的区间直觉模糊群决策方法对五个可投资项目进行排序择优，并给出最优方案。

步骤 1 由式（3–12）、式（3–13）可得决策群体关于各准则的评价均值，构成的区间直觉模糊平均偏好矩阵为

$$\overline{\boldsymbol{R}}=\begin{pmatrix} <[0.374,0.476],[0.356,0.493],[0.031,0.270]> & <[0.469,0.536],[0.252,0.356],[0.108,0.279]> & <[0.135,0.235],[0.594,0.665],[0.1,0.271]> & <[0.035,0.135],[0.695,0.796],[0.069,0.270]> \\ <[0.569,0.670],[0.2,0.330],[0,0.231]> & <[0.637,0.738],[0,0.182],[0.080,0.363]> & <[0.609,0.683],[0,0.2],[0.117,0.391]> & <[0.3,0.4],[0.431,0.531],[0.069,0.269]> \\ <[0.469,0.542],[0.288,0.391],[0.067,0.243]> & <[0.368,0.469],[0.356,0.431],[0.1,0.276]> & <[0.436,0.536],[0.182,0.288],[0.176,0.382]> & <[0.536,0.637],[0.182,0.288],[0.075,0.282]> \\ <[0.738,0.841],[0,0.126],[0.033,0.262]> & <[0.5,0.6],[0.229,0.318],[0.082,0.271]> & <[0.2,0.3],[0.392,0.493],[0.207,0.408]> & <[0.135,0.235],[0.531,0.632],[0.133,0.334]> \\ <[0.536,0.637],[0.182,0.229],[0.134,0.282]> & <[0.268,0.368],[0.318,0.448],[0.184,0.414]> & <[0.637,0.771],[0,0.126],[0.103,0.363]> & <[0.435,0.536],[0.262,0.363],[0.101,0.303]> \end{pmatrix}$$

从而可由式（3–11）计算各决策者给出的评价信息与相应的评价均值之间的相关系数$K_{\mathrm{IVIFS}}(r_{ij}^k,r_{ij}^*)$，关于各决策者构成的相关系数矩阵分别为

$$\boldsymbol{K}^1=\begin{pmatrix} 0.956 & 0.993 & 0.988 & 0.993 \\ 0.998 & 0.830 & 0.968 & 0.999 \\ 0.995 & 0.996 & 0.987 & 0.991 \\ 0.997 & 0.987 & 1 & 0.993 \\ 0.993 & 0.980 & 0.996 & 0.984 \end{pmatrix}$$

$$\boldsymbol{K}^2=\begin{pmatrix} 0.979 & 0.977 & 0.979 & 0.979 \\ 0.998 & 0.989 & 0.963 & 0.999 \\ 0.984 & 0.975 & 0.981 & 0.974 \\ 0.997 & 0.965 & 0.975 & 0.997 \\ 0.984 & 0.960 & 0.999 & 0.979 \end{pmatrix}$$

$$\boldsymbol{K}^3=\begin{pmatrix} 0.972 & 0.951 & 0.992 & 0.993 \\ 0.986 & 0.960 & 0.961 & 0.991 \\ 0.966 & 0.963 & 0.925 & 0.977 \\ 0.993 & 0.961 & 0.974 & 0.996 \\ 0.984 & 0.972 & 0.991 & 0.995 \end{pmatrix}$$

由式（3–14）可得三个决策者在单个准则下所体现出的决策者权重，如表 3–4 ～表 3–6 所示。

表 3–4　三个决策者关于可投资项目c_1，c_2在单个准则下的决策者权重

决策者	可投资的项目c_1				可投资的项目c_2			
	u_1	u_2	u_3	u_4	u_1	u_2	u_3	u_4
e_1	0.329	0.340	0.334	0.335	0.335	0.299	0.335	0.334
e_2	0.337	0.334	0.331	0.330	0.335	0.356	0.333	0.334
e_3	0.334	0.326	0.335	0.335	0.330	0.345	0.332	0.332

表 3–5　三个决策者关于可投资项目c_3，c_4在单个准则下的决策者权重

决策者	可投资的项目c_3				可投资的项目c_4			
	u_1	u_2	u_3	u_4	u_1	u_2	u_3	u_4
e_1	0.338	0.340	0.341	0.339	0.334	0.339	0.339	0.333
e_2	0.334	0.332	0.339	0.320	0.334	0.331	0.331	0.334
e_3	0.328	0.328	0.320	0.337	0.332	0.330	0.330	0.333

表 3–6　三个决策者关于可投资项目c_5在单个准则下的决策者权重

决策者	可投资的项目c_5			
	u_1	u_2	u_3	u_4
e_1	0.336	0.336	0.334	0.333
e_2	0.330	0.330	0.335	0.331
e_3	0.334	0.334	0.331	0.336

步骤 2　根据式（3–15）得到各准则的群体区间直觉模糊评价值，构成的群体区间直觉模糊决策矩阵为

$$\mathbf{R}=\left(\begin{array}{cc} <[0.373,0.475],[0,0.253],[0.272,0.627]> & <[0.469,0.537],[0.251,0.354],[0.109,0.280]> \\ <[0.569,0.670],[0.229,0.330],[0,0.202]> & <[0.633,0.734],[0,0.180],[0.086,0.367]> \\ <[0.469,0.543],[0.288,0.391],[0.06,0.243]> & <[0.369,0.469],[0.355,0.430],[0.101,0.276]> \\ <[0.738,0.841],[0,0.126],[0.033,0.262]> & <[0.5,0.6],[0.229,0.318],[0.082,0.271]> \\ <[0.536,0.637],[0.182,0.229],[0.134,0.282]> & <[0.268,0.368],[0.318,0.449],[0.183,0.414]> \end{array}\right.$$

$$\left.\begin{array}{cc} <[0.135,0.235],[0.595,0.665],[0.1,0.270]> & <[0.035,0.135],[0.696,0.796],[0.069,0.269]> \\ <[0.609,0.683],[0,0.2],[0.117,0.391]> & <[0.3,0.4],[0.431,0.531],[0.069,0.269]> \\ <[0.430,0.436],[0.180,0.287],[0.277,0.39]> & <[0.535,0.636],[0.185,0.292],[0.027,0.280]> \\ <[0.2,0.3],[0.392,0.493],[0.207,0.408]> & <[0.135,0.235],[0.531,0.552],[0.213,0.334]> \\ <[0.637,0.771],[0,0.126],[0.103,0.363]> & <[0.435,0.536],[0.262,0.364],[0.1,0.303]> \end{array}\right)$$

步骤3 所确定正理想方案$\boldsymbol{R}^{+}$及负理想方案$\boldsymbol{R}^{-}$为

$$\begin{aligned}\boldsymbol{R}^{+}=(&<[0.738,0.841],[0,0.126],[0.033,0.262]>,\\ &<[0.633,0.734],[0,0.180],[0.086,0.367]>,\\ &<[0.637,0.771],[0,0.126],[0.103,0.363]>,\\ &<[0.535,0.636],[0.185,0.292],[0.027,0.280]>)\end{aligned}$$

$$\begin{aligned}\boldsymbol{R}^{-}=(&<[0.469,0.543],[0.288,0.391],[0.06,0.243]>,\\ &<[0.268,0.368],[0.318,0.449],[0.183,0.414]>,\\ &<[0.135,0.235],[0.595,0.665],[0.1,0.270]>,\\ &<[0.035,0.135],[0.696,0.796],[0.069,0.269]>)\end{aligned}$$

步骤4 计算备选方案c_i与正理想方案$\boldsymbol{R}^{+}$关于准则u_j评价值之间的相关系数$K_{\mathrm{IVIFS}}(r_{ij},r_j^{+})$，构成的相关系数矩阵为

$$\boldsymbol{K}^{+}=\begin{pmatrix} 0.804 & 0.925 & 0.438 & 0.523 \\ 0.944 & 1 & 0.995 & 0.864 \\ 0.879 & 0.836 & 0.895 & 1 \\ 1 & 0.949 & 0.639 & 0.680 \\ 959 & 0.771 & 1 & 0.979 \end{pmatrix}$$

从而由式（3-16）可得以正理想方案为基准的各准则权重，即

$$\omega_1^{+}=0.269$$

$$\omega_2^{+}=0.262$$

$$\omega_3^{+}=0.232$$

$$\omega_4^{+}=0.237$$

同理可得各备选方案与负理想方案关于每个准则的相关系数，构成的相关系数矩阵为

$$K^- = \begin{pmatrix} 0.820 & 0.931 & 1 & 1 \\ 0.982 & 0.771 & 0.496 & 0.880 \\ 1 & 0.968 & 0.716 & 0.523 \\ 0.880 & 0.899 & 0.944 & 0.953 \\ 0.966 & 1 & 0.438 & 0.666 \end{pmatrix}$$

可得以负理想方案为基准的各准则权重，即

$$\omega_1^- = 0.276$$

$$\omega_2^- = 0.271$$

$$\omega_3^- = 0.214$$

$$\omega_4^- = 0.239$$

步骤 5　采用式（3–17）可得各方案分别以正、负理想方案为参照的加权相关系数，即

$$K_1^+ = 0.684,\ K_2^+ = 0.952,\ K_3^+ = 0.900,\ K_4^+ = 0.827,\ K_5^+ = 0.924$$

$$K_1^- = 0.932,\ K_2^- = 0.796,\ K_3^- = 0.817,\ K_4^- = 0.916,\ K_5^- = 0.791$$

故$\max\limits_i K_i^+ = 0.952$，$\min\limits_i K_i^- = 0.791$，由式（3–18）可得各方案与正、负理想方案的相对加权相关系数分别为

$$RK_1 = -0.459,\ RK_2 = -0.006,\ RK_3 = -0.087,\ RK_4 = -0.289$$

依据相对加权相关系数的大小对各方案排序，可得各方案的排序结果为

$$c_2 > c_5 > c_3 > c_4 > c_1$$

若单独采用各方案与正、负理想方案的加权相关系数进行排序，其结果与此排序结果完全一致。此外，本节决策方法与文献[192]所得排序结果也完全一致，文献[192]采用区间直觉模糊有序加权算术（几何）加权平均算子得到群体区间直觉模糊决策矩阵，由各准则的熵值确定准则权重，采用区间得分函数对区间直觉模糊数进行排序，通过各方案与理想方案的区间加权距离得到各方案的优先序，由此也说明该群决策方法的有效性。

3.3 基于灰色关联投影的区间直觉梯形模糊多准则群决策方法

随着直觉模糊集理论的不断发展，将直觉模糊集扩展到区间直觉模糊集，使由实数描述的模糊信息拓展到区间数，与一般的直觉模糊集相比，区间直觉模糊集描述模糊信息更为全面。为进一步表达不确定性对象的强模糊性，决策者要从全局出发，采用涵盖面更广的模糊数表达各准则信息，将直觉模糊集的论域由离散集合扩展到连续集合，逐步提出直觉三角模糊数[201]及直觉梯形模糊数[202]。这两类模糊数均采用连续的隶属度函数及非隶属度函数表达模糊信息，对不确定信息的描述更为有效。J. Q.Wang[203]、G. W. Wei[204]给出了多种直觉梯形模糊信息集结算子，S. P. Wan[205]将幂均算子扩展到直觉梯形模糊环境下，文献[206]将 VIKOR 法扩展到该模糊领域，并将给出的决策方法应用于多准则决策问题。在直觉梯形模糊数的基础上，将隶属度及非隶属度的取值由确定的点扩展到连续型区间，提出区间直觉梯形模糊数[207]（interval-valued intuitionistic trapezoidal fuzzy number, IITFN），它在刻画客观世界的模糊性本质上比区间直觉模糊数、直觉三角模糊数更为精细。

对区间直觉梯形模糊数多准则决策问题的研究也逐渐展开，王坚强[208]在对多准则群决策研究的综述中提出了区间直觉梯形模糊数的定义，之后万树平[209-210]给出了相应的运算规则、性质、Hamming 距离、Euclidean 距离、精确函数与记分函数等，较为全面地给出了区间直觉梯形模糊数的基础理论，并给出相应的多准则决策方法。文献[211-212]将 Bonferroni 算子[213]扩展到区间直觉梯形模糊环境下，提出多种信息集成算子并分析其性质，所提出的几种算子考虑到了准则之间的关联性，将复杂系统的多个输入变量集成为一个输入变量，集成结果介入最小与最大之间。文献[214]改进区间直觉梯形模糊数的加法运算，给出了新的区间直觉梯形模糊数加权算术平均算子、有序加权平均算子及混合集成算子，并根据集成算子的特征给出一种准则权重已知的群决策方法，所得方案排序结果精确度较高。

区间直觉梯形模糊数以梯形模糊数为评价参考，所采用的隶属度及非隶属度连续性函数依赖不同的区间数，而且准则评价信息可采用不同的量纲，与以往的直觉模糊评价相比，既精细又灵活。已有的关于此类评价信息的研究多是多准则的个体决策，对于多个决策者参与的群决策研究较少，尤其是针对未知的决策者权重与准则权重，目前并没有系统性研究。

本节研究一类决策者权重及准则权重完全未知的区间直觉梯形模糊数多准则群决策问题，首先定义区间直觉梯形模糊数及其 Hamming 距离，对各区间直觉梯形模糊决策矩阵规范化处理，由不同决策者对单个准则评价信息的比较确定负极端决策矩阵，采用区间直觉梯形模糊加权算术平均算子得到平均决策矩阵。根据各规范化矩阵与负极端决策矩阵、平均决策矩阵的距离获取决策者权重，从而得到群体区间直觉梯形模糊决策矩阵。由各方案与正、负理想方案的加权距离最小化确定各准则权重，以正理想方案为参考序列，计算各方案与参考序列关于每个准则的灰色关联系数，并计算各方案到正理想方案的灰色关联投影值，投影值越大，方案越优。将给出的群决策方法应用到市政图书馆空调系统选择算例中，以体现该决策方法的有效性与可行性。

3.3.1 区间直觉梯形模糊数及其 Hamming 距离

定义 1[208] 假设$\tilde{a}$为实数集上的一个直觉模糊数，如果其隶属度函数为

$$\mu_{\tilde{a}}(x)=\begin{cases}\dfrac{x-a}{b-a}\mu_{\tilde{a}}, & a\leqslant x<b\\ \mu_{\tilde{a}}, & b\leqslant x<c\\ \dfrac{d-x}{d-c}\mu_{\tilde{a}}, & c\leqslant x<d\\ 0, & \text{其他}\end{cases}$$

非隶属度函数为

$$\upsilon_{\tilde{a}}(x)=\begin{cases}\dfrac{b-x+\upsilon_{\tilde{a}}(x-a)}{b-a}, & a\leqslant x<b\\ \upsilon_{\tilde{a}}, & b\leqslant x<c\\ \dfrac{x-c+\upsilon_{\tilde{a}}(d-x)}{d-c}, & c\leqslant x<d\\ 0, & \text{其他}\end{cases}$$

其中，$0\leqslant\mu_{\tilde{a}}\leqslant 1$，$0\leqslant\upsilon_{\tilde{a}}\leqslant 1$，$0\leqslant\mu_{\tilde{a}}+\upsilon_{\tilde{a}}\leqslant 1$；$a,b,c,d\in R$。$\tilde{a}$的犹豫度函数为$\pi_{\tilde{a}}(x)=1-\mu_{\tilde{a}}(x)-\upsilon_{\tilde{a}}(x)$，称$\tilde{a}=<[a,b,c,d];\mu_{\tilde{a}},\upsilon_{\tilde{a}}>$为直觉梯形模糊数，当$b=c$时，$\tilde{a}$退化为直觉三角模糊数。若$\mu_{\tilde{a}}$，$\upsilon_{\tilde{a}}$均为区间[0,1]上的闭子区间，即

$\mu_{\tilde{a}}=[\underline{\mu},\bar{\mu}]\subset[0,1]$，$\upsilon_{\tilde{a}}=[\underline{\upsilon},\bar{\upsilon}]\subset[0,1]$，则称$\tilde{a}$为区间直觉梯形模糊数，具体形式为$\tilde{a}=<[a,b,c,d];[\underline{\mu},\bar{\mu}],[\underline{\upsilon},\bar{\upsilon}]>$；当$\mu_{\tilde{a}}=[1,1]$，$\upsilon_{\tilde{a}}=[0,0]$时，$\tilde{a}$退化为梯形模糊数。区间数表示的隶属度函数、非隶属度函数及犹豫度函数蕴含更为丰富的模糊决策信息。

定义 2[208] 设$\tilde{a}_i=<[a_i,b_i,c_i,d_i];[\underline{\mu}_i,\bar{\mu}_i],[\underline{\upsilon}_i,\bar{\upsilon}_i]>$，$i=1,2$为两个区间直觉梯形模糊数，它们之间的 Hamming 距离定义为

$$\begin{aligned}d(\tilde{a}_1,\tilde{a}_2)=\Big[&\left|(\underline{\mu}_1-\bar{\upsilon}_1)a_1-(\underline{\mu}_2-\bar{\upsilon}_2)a_2\right|+\left|(\bar{\mu}_1-\underline{\upsilon}_1)a_1-(\bar{\mu}_2-\underline{\upsilon}_2)a_2\right|+\\&\left|(\underline{\mu}_1-\bar{\upsilon}_1)b_1-(\underline{\mu}_2-\bar{\upsilon}_2)b_2\right|+\left|(\bar{\mu}_1-\underline{\upsilon}_1)b_1-(\bar{\mu}_2-\underline{\upsilon}_2)b_2\right|+\\&\left|(\underline{\mu}_1-\bar{\upsilon}_1)c_1-(\underline{\mu}_2-\bar{\upsilon}_2)c_2\right|+\left|(\bar{\mu}_1-\underline{\upsilon}_1)c_1-(\bar{\mu}_2-\underline{\upsilon}_2)c_2\right|+\\&\left|(\underline{\mu}_1-\bar{\upsilon}_1)d_1-(\underline{\mu}_2-\bar{\upsilon}_2)d_2\right|+\left|(\bar{\mu}_1-\underline{\upsilon}_1)d_1-(\bar{\mu}_2-\underline{\upsilon}_2)d_2\right|\Big]\Big/8\end{aligned}\tag{3-19}$$

定义 3[214] 设$\tilde{a}_i=<[a_i,b_i,c_i,d_i];[\underline{\mu}_i,\bar{\mu}_i],[\underline{\upsilon}_i,\bar{\upsilon}_i]>$，$i=1,2,\cdots,n$为一组区间直觉梯形模糊数，则称函数

$$\mathrm{IVITFMNWAA}_W(\tilde{a}_1,\tilde{a}_2,\cdots,\tilde{a}_n)=\overset{n}{\underset{i=1}{\oplus}}\omega_i\tilde{a}_i$$

$$=\left\langle\left[\sum_{i=1}^n\omega_ia_i,\sum_{i=1}^n\omega_ib_i,\sum_{i=1}^n\omega_ic_i,\sum_{i=1}^n\omega_id_i\right],\left[\frac{\sum_{i=1}^n\omega_iA(\tilde{a}_i)\underline{\mu}_i}{\sum_{i=1}^n\omega_iA(\tilde{a}_i)},\frac{\sum_{i=1}^n\omega_iA(\tilde{a}_i)\bar{\mu}_i}{\sum_{i=1}^n\omega_iA(\tilde{a}_i)}\right],\left[\frac{\sum_{i=1}^n\omega_iA(\tilde{a}_i)\underline{\upsilon}_i}{\sum_{i=1}^n\omega_iA(\tilde{a}_i)},\frac{\sum_{i=1}^n\omega_iA(\tilde{a}_i)\bar{\upsilon}_i}{\sum_{i=1}^n\omega_iA(\tilde{a}_i)}\right]\right\rangle\tag{3-20}$$

为区间直觉梯形模糊加权算术平均算子。

其中，$A(\tilde{a}_i)$为梯形模糊数$[a_i,b_i,c_i,d_i]$的期望值，即$A(\tilde{a}_i)=(a_i+b_i+c_i+d_i)/4$；$\boldsymbol{W}=(\omega_1,\omega_2,\cdots,\omega_n)$为$\alpha_i$的加权向量，且满足$\sum_{i=1}^n\omega_i=1$，$0\leqslant\omega_i\leqslant1$。

该算子的计算结果仍为区间直觉梯形模糊数，且满足幂等性、有界性及置换不变性等性质。

3.3.2 基于灰色关联投影的多准则群决策方法及步骤

探讨评价信息为区间直觉梯形模糊数的多准则群决策问题，且各决策者权重及各准则权重均完全未知，需要从多个可行性方案中选择最优方案。

首先给出决策问题，设备选方案为$c_i(i=1,2,\cdots,m)$，各评估准则为$u_j(j=1,2,\cdots,n)$，决策群体为$e_k(k=1,2,\cdots,p)$，决策者e_k针对备选方案c_i给出的关于准则u_j的评价值为

$$\tilde{a}_{ij}^k = <[h_{1i}^k(a_j), h_{2i}^k(a_j), h_{3i}^k(a_j), h_{4i}^k(a_j)];\ [\underline{\mu}_{ij}^k, \overline{\mu}_{ij}^k], [\underline{\upsilon}_{ij}^k, \overline{\upsilon}_{ij}^k]>$$

其中，$[\underline{\mu}_{ij}^k, \overline{\mu}_{ij}^k]$，$[\underline{\upsilon}_{ij}^k, \overline{\upsilon}_{ij}^k]$分别表示决策者$e_k$对方案$c_i$关于准则$u_j$的评价值属于、不属于$[h_{1i}^k(a_j), h_{2i}^k(a_j), h_{3i}^k(a_j), h_{4i}^k(a_j)]$的程度，$[\underline{\mu}_{ij}^k, \overline{\mu}_{ij}^k] \subset [0,1]$，$[\underline{\upsilon}_{ij}^k, \overline{\upsilon}_{ij}^k] \subset [0,1]$且$\overline{\mu}_{ij}^k + \overline{\upsilon}_{ij}^k \leqslant 1$，从而得到决策者$e_k$给出的区间直觉梯形模糊决策矩阵$\boldsymbol{A}^k = (\tilde{a}_{ij}^k)_{m \times n}$，$k = 1, 2, \cdots, p$。

步骤 1　模糊决策矩阵的规范化处理。

由于各个准则的评价类型不同，所使用的量纲会存在一定的差异，需要对各准则评价信息进行归一化处理，若准则u_j为效益型准则，则

$$r_{li}^k(a_j) = \frac{h_{li}^k(a_j) - \min\limits_i h_{1i}^k(a_j)}{\max\limits_i h_{4i}^k(a_j) - \min\limits_i h_{1i}^k(a_j)} \tag{3-21}$$

若准则u_j为成本型准则，则

$$r_{li}^k(a_j) = \frac{\max\limits_i h_{4i}^k(a_j) - h_{5-l,i}^k(a_j)}{\max\limits_i h_{4i}^k(a_j) - \min\limits_i h_{1i}^k(a_j)} \tag{3-22}$$

其中，$k = 1, 2, \cdots, p;\ i = 1, 2, \cdots, m;\ j = 1, 2, \cdots, n;\ l = 1, 2, 3, 4$。

式（3–22）中的下标$5 - l(l = 1, 2, 3, 4)$是为了保证规范化处理后得到的梯形模糊评价满足区间直觉梯形模糊数的定义，使$[r_{1i}^k(a_j), r_{2i}^k(a_j), r_{3i}^k(a_j), r_{4i}^k(a_j)]$仍为梯形模糊数，这样便得到规范化区间直觉梯形模糊决策矩阵$\boldsymbol{R}^k = (\tilde{r}_{ij}^k)_{m \times n}$，$k = 1, 2, \cdots, p$。

步骤 2　根据负极端决策矩阵及平均决策矩阵确定各决策者权重。

首先确定这两个决策矩阵，令

$$\begin{aligned} \tilde{r}_{ij}^- &= \left\langle \left[\min_k h_{1i}^k(a_j), \min_k h_{2i}^k(a_j), \min_k h_{3i}^k(a_j), \min_k h_{4i}^k(a_j)\right]; [0,0], [1,1] \right\rangle \\ \tilde{r}_{ij}^* &= \mathrm{IVITFMNWAA}_{\boldsymbol{w}}(\tilde{r}_{ij}^1, \tilde{r}_{ij}^2, \cdots, \tilde{r}_{ij}^p) = \frac{1}{p} \mathop{\oplus}_{k=1}^{p} \tilde{r}_{ij}^k \end{aligned} \tag{3-23}$$

从而得到负极端决策矩阵$\boldsymbol{R}^- = (\tilde{r}_{ij}^-)_{m \times n}$及平均决策矩阵$\boldsymbol{R}^* = (\tilde{r}_{ij}^*)_{m \times n}$，其中负极端决策矩阵反映各决策者针对各准则给出的评价信息的最极端意见，平均决策矩阵反映了各决策者所给意见的平均偏好。

接着计算个体决策矩阵与这两个矩阵之间的距离，即

$$d_k^- = \frac{1}{mn} \sum_{i=1}^m \sum_{j=1}^n d(\tilde{r}_{ij}^k, \tilde{r}_{ij}^-),\ d_k^* = \frac{1}{mn} \sum_{i=1}^m \sum_{j=1}^n d(\tilde{r}_{ij}^k, \tilde{r}_{ij}^*) \tag{3-24}$$

个体决策矩阵与负极端决策矩阵的距离越小，说明该决策专家给出的意见越极端，应赋予越小的权重；个体决策矩阵与平均决策矩阵的距离越小，说明该决策专家与群体评价偏好越一致，应赋予越大的权重。因此，可根据各决策矩阵与负极端矩阵及平均决策矩阵的距离大小确定各决策者权重，得到

$$\lambda_k = \frac{\lambda_k^*}{\sum_{k=1}^{p} \lambda_k^*},\ \lambda_k^* = \frac{d_k^-}{d_k^- + d_k^*} \tag{3-25}$$

其中，$k = 1, 2, \cdots, p$。

由决策者权重对各决策矩阵加权得到群体区间直觉梯形模糊决策矩阵 $\boldsymbol{R} = (\tilde{r}_{ij})_{m \times n}$，其中

$$\tilde{r}_{ij} = \text{IVITFMNWAA}_W(\tilde{r}_{ij}^1, \tilde{r}_{ij}^2, \cdots, \tilde{r}_{ij}^p) = \mathop{\oplus}_{k=1}^{p} \lambda_k \tilde{r}_{ij}^k \tag{3-26}$$

步骤 3 由群体决策矩阵确定正理想解 $\boldsymbol{R}^+ = (\tilde{r}_1^+, \tilde{r}_2^+, \cdots, \tilde{r}_n^+)$ 及负理想解 $\boldsymbol{R}^- = (\tilde{r}_1^-, \tilde{r}_2^-, \cdots, \tilde{r}_n^-)$，其中

$$\begin{aligned} \tilde{r}_j^+ &= \left\langle \left[\max_i r_{1i}(a_j), \max_i r_{2i}(a_j), \max_i r_{3i}(a_j), \max_i r_{4i}(a_j) \right];\ [1,1],[0,0] \right\rangle \\ \tilde{r}_j^- &= \left\langle \left[\min_i r_{1i}(a_j), \min_i r_{2i}(a_j), \min_i r_{3i}(a_j), \min_i r_{4i}(a_j) \right];\ [0,0],[1,1] \right\rangle \end{aligned} \tag{3-27}$$

可得各方案与正、负理想解关于每个准则的相对贴近度，即

$$s_{ij} = \frac{d_{ij}^+}{d_{ij}^-} = \frac{d(\tilde{r}_{ij}, \tilde{r}_j^+)}{d(\tilde{r}_{ij}, \tilde{r}_j^-)}$$

显然s_{ij}越小，方案c_i关于准则u_j到正理想方案的相对距离越小，与正理想方案对应准则越一致。对相对贴近度归一化处理，可得$c_{ij} = \dfrac{s_{ij}}{\max\limits_i s_{ij}}$，可根据所有方案与正理想方案的加权相对贴近度最小化原则确定各准则权重，建立如下目标规划模型：

$$\min \quad C = \sum_{i=1}^{m} \sum_{j=1}^{n} \omega_j c_{ij}$$

$$s.t. \quad \sum_{j=1}^{n} \omega_j^2 = 1,\ \omega_j \geqslant 0$$

构造 Lagrange 函数并对参数求偏导，同时对所得ω_j归一化处理，可得最优准则权重，即

$$\omega_j = \frac{\sum_{i=1}^{m} c_{ij}}{\sum_{i=1}^{m}\sum_{j=1}^{n} c_{ij}}, j = 1,2,\cdots,n \tag{3-28}$$

步骤 4　以正理想方案$\boldsymbol{R}^{+}$为参考序列，计算各方案与参考序列关于每个准则的灰色关联系数。即

$$\delta_{ij} = \frac{\min_i \min_j d_{ij}^{+} + \theta \max_i \max_j d_{ij}^{+}}{d_{ij}^{+} + \theta \max_i \max_j d_{ij}^{+}} \tag{3-29}$$

其中，$d_{ij}^{+} = d(\tilde{r}_{ij}, \tilde{r}_j^{+})$，$\theta$为分辨系数且$\theta \in [0,1]$，一般取$\theta = 0.5$。特别地，正理想方案本身与参考序列关于各准则的灰色关联系数均可看作 1。

将每个方案看成一个行向量，则各方案与正理想方案之间存在夹角，夹角越小说明方案与正理想方案的趋向越一致，即关联性越强，从而可计算每个方案到正理想方案的灰色关联投影值，即

$$T_i = \sqrt{\sum_{j=1}^{n} (\omega_j \delta_{ij})^2} \cdot \frac{\sum_{j=1}^{n} (\omega_j \delta_{ij})(\omega_j \cdot 1)}{\sqrt{\sum_{j=1}^{n} (\omega_j \delta_{ij})^2} \cdot \sqrt{\sum_{j=1}^{n} (\omega_j \cdot 1)^2}} = \frac{\sum_{j=1}^{n} \omega_j^2 \delta_{ij}}{\sqrt{\sum_{j=1}^{n} \omega_j^2}} \tag{3-30}$$

灰色关联投影值T_i越大，对应的方案越优，基于此得到所有方案排列的优先序。

3.3.3　算例分析

某城市为进一步丰富市民的文化生活，逐步培养民众读书的热情，计划建设一座市政图书馆，目前由市政府的不同职能部门牵头，组成了城市发展专员小组，其中的一个重要问题便是图书馆安装何种空调系统。考虑的主要因素有图书馆的空间结构以及空调系统需要满足的运行目标等，空调系统的相关责任人在考察图书馆的内部构造特征、各类管道设置情况、通风状况及消声器与防火阀的设置状况等具体信息的基础上，给出了五种详细的空调系统安装方案，即方案集为$\{c_1, c_2, \cdots, c_5\}$。对空调系统的评价主要有经济性（$u_1$）、功能性（$u_2$）、操作性（$u_3$）这三个一级准则，一级准则之下包含若干种二级准则，但考虑过多的评价准则会导致对决策对象的认知成本急剧上升，这里对空调系统选择问题进行简化，只考虑三个一级准则下的评估信息。

假设共有三位城市发展专员对空调系统审核并确定最终的方案，由于不同空调系统本身的效益存在差异，不确定性带来的风险不易估计。同时，城市发展专员在对各空调系统的评估认定过程中，熟悉程度的不同导致认知的模糊性较强，那么所采用的模糊数应当充分蕴含各城市发展专员给出的准则评价信息，能够有效地反映出决策个体在个人偏好及身份地位等因素影响下所产生的评价差异。三位城市发展专员最终决定采用区间直觉梯形模糊数给出关于五个空调系统方案的三个一级准则评价信息，经统计处理后的所有评价信息如表 3–7 ～表 3–9 所示。

表 3–7　城市发展专员e_1给出的评价信息

方　案	评价准则指标		
	u_1	u_2	u_3
c_1	<[4,5,6,7];[0.5,0.6],[0.2,0.4]>	<[5,6,6,7];[0.7,0.8],[0.1,0.2]>	<[4,5,5,7];[0.6,0.7],[0.1,0.3]>
c_2	<[5,6,7,8];[0.7,0.8],[0.1,0.2]>	<[6,8,8,9];[0.5,0.6],[0.3,0.4]>	<[7,8,8,9];[0.4,0.6],[0.2,0.3]>
c_3	<[7,8,8,9];[0.6,0.7],[0.2,0.3]>	<[6,7,7,8];[0.7,0.8],[0.1,0.2]>	<[5,7,7,9];[0.6,0.7],[0.2,0.3]>
c_4	<[6,7,8,9];[0.8,0.9],[0.1,0.1]>	<[3,5,5,6];[0.6,0.8],[0.1,0.2]>	<[4,5,5,6];[0.7,0.8],[0.1,0.1]>
c_5	<[2,3,4,5];[0.6,0.8],[0.1,0.2]>	<[7,8,8,9];[0.3,0.4],[0.4,0.5]>	<[6,7,8,9];[0.7,0.8],[0.1,0.2]>

表 3–8　城市发展专员e_2给出的评价信息

方　案	评价准则指标		
	u_1	u_2	u_3
c_1	<[7,8,8,9];[0.4,0.6],[0.2,0.3]>	<[3,4,5,6];[0.5,0.6],[0.2,0.3]>	<[3,4,5,6];[0.4,0.6],[0.2,0.3]>
c_2	<[4,5,6,7];[0.5,0.7],[0.1,0.2]>	<[6,7,8,9];[0.7,0.8],[0.1,0.2]>	<[7,8,9,9];[0.6,0.7],[0.1,0.3]>
c_3	<[6,7,7,8];[0.5,0.6],[0.2,0.3]>	<[4,6,7,7];[0.5,0.6],[0.2,0.4]>	<[5,6,7,9];[0.7,0.8],[0.1,0.2]>
c_4	<[5,6,7,8];[0.4,0.5],[0.3,0.4]>	<[5,7,8,9];[0.6,0.8],[0.1,0.2]>	<[4,6,7,8];[0.5,0.7],[0.2,0.3]>
c_5	<[6,8,8,9];[0.3,0.5],[0.2,0.3]>	<[5,6,8,8];[0.6,0.7],[0.1,0.3]>	<[6,7,8,8];[0.6,0.8],[0.1,0.2]>

表 3–9　城市发展专员e_3给出的评价信息

方　案	评价准则指标		
	u_1	u_2	u_3
c_1	<[4,5,6,7];[0.5,0.6],[0.2,0.4]>	<[5,6,7,7];[0.7,0.8],[0.1,0.2]>	<[4,5,5,7];[0.6,0.7],[0.1,0.3]>

续　表

方　案	评价准则指标		
	u_1	u_2	u_3
c_2	$<[6,7,8,9];[0.6,0.7],[0.1,0.3]>$	$<[7,7,8,9];[0.6,0.7],[0.1,0.2]>$	$<[6,7,7,8];[0.7,0.8],[0.1,0.2]>$
c_3	$<[4,5,7,7];[0.5,0.7],[0.2,0.3]>$	$<[5,7,8,9];[0.6,0.7],[0.2,0.3]>$	$<[3,5,5,6];[0.6,0.8],[0.1,0.2]>$
c_4	$<[5,6,8,9];[0.7,0.8],[0.1,0.2]>$	$<[4,5,6,8];[0.5,0.6],[0.2,0.3]>$	$<[7,8,8,9];[0.3,0.5],[0.4,0.5]>$
c_5	$<[3,4,5,6];[0.6,0.7],[0.2,0.3]>$	$<[6,7,7,8];[0.5,0.6],[0.2,0.4]>$	$<[6,7,8,9];[0.6,0.8],[0.1,0.2]>$

根据本节给出的区间直觉梯形模糊数多准则群决策方法对空调系统选择问题进行决策，具体决策步骤如下。

步骤 1　在三个评价准则中，经济性（u_1）为成本型准则，功能性（u_2）及操作性（u_3）为效应型准则，根据式（3-21）及式（3-22）分别对三位城市发展专员给出的决策矩阵进行规范化处理，得到如下规范化决策矩阵。

$$
\boldsymbol{R}^1=\begin{pmatrix}
<[0,1/3,2/3,1];[0.5,0.6],[0.2,0.4]> & <[1/3,2/3,2/3,1];[0.7,0.8],[0.1,0.2]> & <[0,1/3,1/3,1];[0.6,0.7],[0.1,0.3]> \\
<[1/4,1/2,3/4,1];[0.7,0.8],[0.1,0.2]> & <[1/4,3/4,3/4,1];[0.5,0.6],[0.3,0.4]> & <[1/2,3/4,3/4,1];[0.4,0.6],[0.2,0.3]> \\
<[0,1/4,1/4,1/2];[0.6,0.7],[0.2,0.3]> & <[1/4,1/2,1/2,3/4];[0.7,0.8],[0.1,0.2]> & <[0,1/2,1/2,1];[0.6,0.7],[0.2,0.3]> \\
<[0,1/6,1/3,1/2];[0.8,0.9],[0.1,0.1]> & <[0,1/3,1/3,1/2];[0.6,0.8],[0.1,0.2]> & <[1/6,1/3,1/3,1/2];[0.7,0.8],[0.1,0.1]> \\
<[4/7,5/7,6/7,1];[0.6,0.8],[0.1,0.2]> & <[5/7,6/7,6/7,1];[0.3,0.4],[0.4,0.5]> & <[4/7,5/7,6/7,1];[0.7,0.8],[0.1,0.2]>
\end{pmatrix}
$$

$$
\boldsymbol{R}^2=\begin{pmatrix}
<[0,1/6,1/6,1/3];[0.4,0.6],[0.2,0.3]> & <[0,1/6,1/3,1/2];[0.5,0.6],[0.2,0.3]> & <[0,1/6,1/3,1/2];[0.4,0.6],[0.2,0.3]> \\
<[2/5,3/5,4/5,1];[0.5,0.7],[0.1,0.2]> & <[2/5,3/5,4/5,1];[0.7,0.8],[0.1,0.2]> & <[3/5,4/5,1,1];[0.6,0.7],[0.1,0.3]> \\
<[1/5,2/5,2/5,3/5];[0.5,0.6],[0.2,0.3]> & <[0,2/5,3/5,3/5];[0.5,0.6],[0.2,0.4]> & <[1/5,2/5,3/5,1];[0.7,0.8],[0.1,0.2]> \\
<[1/5,2/5,3/5,4/5];[0.4,0.5],[0.3,0.4]> & <[1/5,3/5,4/5,1];[0.6,0.8],[0.1,0.2]> & <[0,2/5,3/5,4/5];[0.5,0.7],[0.2,0.3]> \\
<[0,1/4,1/4,3/4];[0.3,0.5],[0.2,0.3]> & <[0,1/4,3/4,3/4];[0.6,0.7],[0.1,0.3]> & <[1/4,1/2,3/4,3/4];[0.6,0.8],[0.1,0.2]>
\end{pmatrix}
$$

$$R^3=\begin{pmatrix} <[0,1/3,2/3,1];[0.5,0.6],[0.2,0.4]> & <[1/3,2/3,1,1];[0.7,0.8],[0.1,0.2]> & <[0,1/3,1/3,1];[0.6,0.7],[0.1,0.3]> \\ <[0,1/3,2/3,1];[0.6,0.7],[0.1,0.3]> & <[1/3,1/3,2/3,1];[0.6,0.7],[0.1,0.2]> & <[0,1/3,1/3,2/3];[0.7,0.8],[0.1,0.2]> \\ <[1/3,1/3,2/3,5/6];[0.5,0.7],[0.2,0.3]> & <[1/3,2/3,5/6,1];[0.6,0.7],[0.2,0.3]> & <[0,1/3,1/3,1/2];[0.6,0.8],[0.1,0.2]> \\ <[0,1/5,3/5,4/5];[0.7,0.8],[0.1,0.2]> & <[0,1/5,2/5,4/5];[0.5,0.6],[0.2,0.3]> & <[3/5,4/5,4/5,1];[0.3,0.5],[0.4,0.5]> \\ <[1/2,2/3,5/6,1];[0.6,0.7],[0.2,0.3]> & <[1/2,2/3,2/3,5/6];[0.5,0.6],[0.2,0.4]> & <[1/2,2/3,5/6,1];[0.6,0.8],[0.1,0.2]> \end{pmatrix}$$

步骤2 根据式（3–20）、式（3–23）得到的负极端决策矩阵及平均决策矩阵分别为

$$R^-=\begin{pmatrix} <[0,1/6,1/6,1/3];[0,0],[1,1]> & <[0,1/6,1/3,1/2];[0,0],[1,1]> & <[0,1/6,1/3,1/2];[0,0],[1,1]> \\ <[0,1/3,2/3,1];[0,0],[1,1]> & <[1/4,1/3,1/2,3/4];[0,0],[1,1]> & <[0,1/3,1/3,2/3];[0,0],[1,1]> \\ <[0,1/4,1/4,1/2];[0,0],[1,1]> & <[0,2/5,1/2,3/5];[0,0],[1,1]> & <[0,1/3,1/3,1/2];[0,0],[1,1]> \\ <[0,1/6,1/3,1/2];[0,0],[1,1]> & <[0,1/5,1/3,1/2];[0,0],[1,1]> & <[0,1/3,1/3,1/2];[0,0],[1,1]> \\ <[0,1/4,1/4,3/4];[0,0],[1,1]> & <[0,1/4,2/3,3/4];[0,0],[1,1]> & <[1/4,1/2,3/4,3/4];[0,0],[1,1]> \end{pmatrix}$$

$$\boldsymbol{R}^* = \begin{pmatrix} <[0,0.5,0.5,0.778];[0.486,0.6],[0.2,0.386]> \\ <[0.217,0.478,0.740,1];[0.596,0.734],[0.1,0.227]> \\ <[0.178,0.328,0.439,0.656];[0.521,0.666],[0.2,0.3]> \\ <[0.067,0.256,0.511,0.7];[0.591,0.613],[0.187,0.265]> \\ <[0.357,0.544,0.647,0.778];[0.548,0.709],[0.157,0.257]> \\ <[0.222,0.5,0.667,0.833];[0.674,0.774],[0.113,0.213]> \\ <[0.216,0.477,0.544,0.809];[0.611,0.711],[0.156,0.256]> \\ <[0.194,0.523,0.644,0.783];[0.606,0.706],[0.169,0.294]> \\ <[0.067,0.378,0.511,0.767];[0.573,0.746],[0.127,0.227]> \\ <[0.238,0.452,0.758,0.833];[0.446,0.546],[0.254,0.413]> \\ <[0,0.278,0.333,0.833];[0.554,0.677],[0.123,0.3]> \\ <[0.3,0.561,0.628,0.889];[0.574,0.716],[0.142,0.242]> \\ <[0,0.411,0.478,0.7];[0.566,0.691],[0.176,0.309]> \\ <[0.390,0.638,0.752,0.933];[0.441,0.620],[0.280,0.359]> \\ <[0.440,0.628,0.813,0.917];[0.637,0.8],[0.1,0.2]> \end{pmatrix}$$

接着采用式（3-19）、式（3-24）计算个体决策矩阵与负极端决策矩阵及平均决策矩阵对应分量之间的距离 $d(\tilde{r}_{ij}^k,\tilde{r}_{ij}^-)$，$d(\tilde{r}_{ij}^k,\tilde{r}_{ij}^*)$，这里 $k=1,2,3; i=1,2,\cdots,5; j=1,2,3$。$d(\tilde{r}_{ij}^k,\tilde{r}_{ij}^-)$，$d(\tilde{r}_{ij}^k,\tilde{r}_{ij}^*)$ 分别构成的矩阵记作 $\boldsymbol{D}_k^-$，$\boldsymbol{D}_k^*$，关于每个城市发展专员的结果为

$$\boldsymbol{D}_1^- = \begin{pmatrix} 0.292 & 0.650 & 0.438 \\ 0.875 & 0.596 & 0.521 \\ 0.350 & 0.222 & 0.492 \\ 0.438 & 0.475 & 0.508 \\ 0.745 & 0.888 & 1.034 \end{pmatrix}$$

$$\boldsymbol{D}_1^* = \begin{pmatrix} 0.035 & 0.097 & 0.044 \\ 0.070 & 0.105 & 0.101 \\ 0.039 & 0.113 & 0.047 \\ 0.056 & 0.076 & 0.083 \\ 0.207 & 0.379 & 0.074 \end{pmatrix}$$

$$D_2^- = \begin{pmatrix} 0.208 & 0.325 & 0.313 \\ 0.815 & 0.878 & 0.716 \\ 0.370 & 0.392 & 0.622 \\ 0.300 & 0.551 & 0.449 \\ 0.284 & 0.759 & 0.872 \end{pmatrix}$$

$$D_2^* = \begin{pmatrix} 0.069 & 0.237 & 0.083 \\ 0.044 & 0.187 & 0.113 \\ 0.021 & 0.176 & 0.177 \\ 0.097 & 0.085 & 0.060 \\ 0.198 & 0.124 & 0.088 \end{pmatrix}$$

$$D_3^- = \begin{pmatrix} 0.292 & 0.700 & 0.438 \\ 0.725 & 0.750 & 0.533 \\ 0.408 & 0.646 & 0.452 \\ 0.490 & 0.378 & 0.282 \\ 0.613 & 0.583 & 0.975 \end{pmatrix}$$

$$D_3^* = \begin{pmatrix} 0.034 & 0.138 & 0.042 \\ 0.080 & 0.084 & 0.079 \\ 0.054 & 0.056 & 0.013 \\ 0.108 & 0.088 & 0.173 \\ 0.055 & 0.074 & 0.022 \end{pmatrix}$$

因此，各决策矩阵与负极端矩阵、平均决策矩阵的距离及比值如下：

$$d_1^- = 0.568,\ d_1^* = 0.102,\ \lambda_1^* = 5.588$$

$$d_2^- = 0.524,\ d_2^* = 0.117,\ \lambda_2^* = 4.464$$

$$d_3^- = 0.551,\ d_3^* = 0.073,\ \lambda_3^* = 7.507$$

由式（3-25）确定的决策者权重为

$$\lambda_1 = 0.318,\ \lambda_2 = 0.254,\ \lambda_3 = 0.428$$

根据式（3-26）由决策者权重对各决策矩阵加权，得到如下群体区间直觉梯形模糊决策矩阵：

$$\boldsymbol{R}=\begin{pmatrix} <[0,0.291,0.540,0.831];[0.490,0.6],[0.2,0.390]> & <[0.249,0.540,0.725,0.873];[0.679,0.779],[0.111,0.211]> & <[0,0.291,0.333,0.873];[0.566,0.683],[0.117,0.3]> \\ <[0.181,0.483,0.785,1];[0.604,0.734],[0.1,0.236]> & <[0.324,0.534,0.727,1];[0.593,0.693],[0.168,0.267]> & <[0.311,0.584,0.635,0.857];[0.545,0.685],[0.140,0.276]> \\ <[0.194,0.324,0.466,0.668];[0.519,0.675],[0.2,0.3]> & <[0.222,0.546,0.668,0.819];[0.610,0.710],[0.172,0.290]> & <[0.051,0.403,0.454,0.786];[0.633,0.763],[0.138,0.238]> \\ <[0.051,0.267,0.595,0.811];[0.630,0.730],[0.159,0.241]> & <[0.051,0.344,0.480,0.755];[0.564,0.727],[0.137,0.237]> & <[0.439,0.671,0.767,0.949];[0.416,0.597],[0.303,0.384]> \\ <[0.396,0.576,0.693,0.937];[0.563,0.714],[0.162,0.262]> & <[0.441,0.621,0.748,0.865];[0.435,0.535],[0.265,0.424]> & <[0.459,0.640,0.820,0.937];[0.624,0.8],[0.1,0.2]> \end{pmatrix}$$

步骤 3　由群体决策矩阵及式（3-27）确定正理想解$\boldsymbol{R}^{+}$及负理想解$\boldsymbol{R}^{-}$，其中

$$\tilde{r}_1^{+}=<[0.396,0.576,0.785,1],[1,1][0,0]>$$
$$\tilde{r}_2^{+}=<[0.441,0.621,0.748,1],[1,1][0,0]>$$
$$\tilde{r}_3^{+}=<[0.459,0.671,0.820,0.949],[1,1][0,0]>$$
$$\tilde{r}_1^{-}=<[0,0.291,0.466,0.668],[0,0][1,1]>$$
$$\tilde{r}_2^{-}=<[0.051,0.344,0.480,0.755],[0,0][1,1]>$$
$$\tilde{r}_3^{-}=<[0,0.291,0.333,0.786],[0,0][1,1]>$$

接着计算各方案与正、负理想解关于每个准则的距离$d(\tilde{r}_{ij},\tilde{r}_j^{+})$, $d(\tilde{r}_{ij},\tilde{r}_j^{-})$，所构成的矩阵分别为

$$\boldsymbol{D}^{+}=\begin{pmatrix} 0.524 & 0.364 & 0.569 \\ 0.383 & 0.428 & 0.482 \\ 0.546 & 0.461 & 0.509 \\ 0.482 & 0.516 & 0.610 \\ 0.412 & 0.609 & 0.341 \end{pmatrix}$$

$$\boldsymbol{D}^{-}=\begin{pmatrix} 0.473 & 0.746 & 0.508 \\ 0.663 & 0.683 & 0.595 \\ 0.500 & 0.649 & 0.569 \\ 0.563 & 0.594 & 0.468 \\ 0.634 & 0.502 & 0.754 \end{pmatrix}$$

与正理想解各准则值的相对贴近度s_{ij}构成的矩阵为

$$S=\begin{pmatrix}1.108 & 0.488 & 1.120\\0.578 & 0.627 & 0.810\\1.092 & 0.710 & 0.895\\0.856 & 0.869 & 1.303\\0.650 & 1.213 & 0.452\end{pmatrix}$$

对相对贴近度归一化处理，根据式（3-28）可确定各准则权重为

$$\omega_1=0.365,\ \omega_2=0.304,\ \omega_3=0.331$$

步骤4 由式（3-29）得到各方案与参考序列关于每个准则的灰色关联系数δ_{ij}，构成的灰色关联系数矩阵为

$$\Delta=\begin{pmatrix}0.779 & 0.966 & 0.739\\0.939 & 0.881 & 0.821\\0.759 & 0.843 & 0.794\\0.821 & 0.787 & 0.706\\0.901 & 0.707 & 1\end{pmatrix}$$

由式（3-30）根据各准则权重计算每个方案到正理想方案的灰色关联投影值分别为

$$T_1=0.473,\ T_2=0.512,\ T_3=0.459,\ T_4=0.448,\ T_5=0.509$$

方案的灰色关联投影值越大，对应方案越优，因此方案排序结果为

$$c_2>c_5>c_1>c_3>c_4$$

本节采用的空调系统选择算例与文献[215]相同，两者所得最优备选系统均为c_2，说明本章决策方法的有效性，但两者的排序结果并不完全一致，主要原因在于文献[215]采用几何 Bonferroni 平均算子挖掘评价准则之间存在的关联性，通过定义区间直觉梯形模糊数的前景效应，得到各准则值的前景价值函数及决策权重，得到决策群体的前景决策矩阵，采用极大熵模型及 Choquet 记分测度模型确定决策者权重及准则权重，最终通过各方案的综合前景值对方案排序。而本节主要根据各评价矩阵与负极端评价矩阵、平均决策矩阵的距离大小确定决策者权重，构建各方案与正理想方案的加权相对贴近度最小化的目标规划模型以确定各准则权重，利用各方案到正理想方案的灰色关联投影值得到各方案的优先序。由此可见，两者的决策机理是不同的，今后可开发新的集结算子并考虑准则之间的关联作用，获取更多更有效的确定决策者权重及准则权重的方法。

3.4　本章小结

本章针对直觉模糊数、区间直觉模糊数、区间直觉梯形模糊数评价的多准则群决策问题，分别给出三种群决策方法。

已有直觉模糊多准则决策的研究多针对个人决策，针对直觉模糊评价信息的群体决策研究较少，3.1 节给出了一种该类评价信息的群决策方法。针对现有直觉模糊相似性度量的不足，这里采用的相似度度量方法所得结果为直觉模糊数，尽量避免直觉模糊评价信息的损失。基于两两决策者之间关于每个方案在各准则下的平均相似度得到决策者权重，由单准则体现出的决策者权重集结各决策矩阵得到群体直觉模糊决策矩阵。由直觉模糊熵确定各准则权重，单个准则下各个方案评价值的直觉模糊熵值越大，则该准则下评价信息的有效性越差，对方案排序所起的作用越小，基于此确定各准则权重。由 IFWA 算子得到各方案的综合评价值，通过综合评价值的得分函数得到各方案的优先序。投资项目选择算例体现出该群决策方法的有效性和合理性，今后可继续探讨直觉模糊决策问题中的决策者权重及准则权重确定方法，为直觉模糊决策提供更多途径。

3.2 节采用相似度测度与距离测度求解区间直觉模糊多准则群决策问题，其实质是通过对各决策者在不同方案下关于每个准则的区间直觉模糊值的比较，得到各准则评价的相似程度或偏差程度，基于各决策者评价信息的整体性对比确定决策者权重，通过构建整体相似程度最大化或偏差最大化的目标规划模型确定各准则权重，实现对各方案的排序择优。本节采用区间直觉模糊相关系数度量准则评价信息之间的相似性，本身也是一种相似性度量方法，个体决策信息与群体平均偏好关于单个准则评价的相关系数越大，所体现出的决策者权重也就越大。分别构建各方案与正理想方案的加权相关系数总和最大化、与负理想方案的加权相关系数总和最小化的目标规划模型，确定了两组准则权重向量，并采用改进的 TOPSIS 法得到各方案的相对加权相关系数，最终得到备选方案的优先序。今后可继续研究其他的相似度测度或距离测度方法，合理有效地对区间直觉模糊信息进行比较。

3.3 节针对区间直觉梯形模糊数的多准则决策问题，个体决策方法的研究较多，往往将已有决策方法（如 TOPSIS 法、VIKOR 法、灰色关联分析法等）扩展到区间直觉梯形模糊数以给出相应的决策方法，或者通过定义新的信息集结算子并基于已知的准则权重给出决策方法重的问题，本节主要采用各决策矩阵与负极端决策矩阵及平均决策矩阵的距离比较确定各决策者权重，通过计算各备选方案与正理想方案的加权相对贴近度最小化确定各准则权重。这里确定决策者权重及准则权重的方法均为客观赋权法，完全从各决策者给出的区间直觉梯形模糊评价信息出发得到权重值。以正理想方案为参考方案，计算各方案与参考方案的灰色关联投影值，投影值越大的方案越优，从而得到各方案的优先序。后续研究可重点关注准则之间存在关联性的决策问题，进一步提出新的确定决策者权重及准则权重的方法，如前景理论、证据理论等在区间直觉梯形模糊信息决策中的拓展，并通过模式识别、机器学习、市场预测等领域的应用检验决策方法的有效性与可行性。

第 4 章　考虑交叉影响的直觉不确定语言多准则群决策方法

直觉模糊集以其处理模糊评价信息的优势，在多准则决策及群决策中的应用越来越广泛，多位学者提出了一系列的直觉模糊信息集结算子对直觉模糊偏好信息进行集成，根据各方案的综合评价值对备选方案进行排序择优。对直觉模糊集进行拓展，Atanassov[122] 利用区间数表示隶属度及非隶属度信息，提出了区间直觉模糊集的概念，文献 [123, 125] 给出了多种区间直觉模糊加权算子，并将其应用于多准则决策；文献 [126] 将用区间数表示的隶属度及非隶属度拓展到三角模糊数，定义了模糊数直觉模糊集及其基本运算，模糊数直觉模糊信息集成算子及其在多准则决策中的应用也相继被提出。无论是区间直觉模糊集还是模糊数直觉模糊集，都是将实数表达的隶属度及非隶属度扩展到区间数或三角模糊数，其论域依然是离散集合，只能粗略地表示准则隶属于某模糊评价信息的程度，本身局限性较大。从另一个方向扩展直觉模糊集，直觉三角模糊数及直觉梯形模糊数被相继提出，将论域由离散集合扩展到连续集合，此时隶属度函数及非隶属度函数分别表示准则隶属于或非隶属于模糊信息的程度。

在直觉模糊集及其各种类型的拓展中，对隶属度及非隶属度的表达均为数字度量，但在实际多准则决策问题中，各决策者很难给出这类数据信息，而更可能给出语言短语或不确定语言的准则评价值，而且语言或不确定语言评价暗含准则隶属于语言信息的程度为 1，不能表达非隶属度及犹豫度信息。基于直觉模糊集及语言评价集各自的特点，王坚强 [130] 给出了直觉语言集的概念，并定义多种直觉语言信息算子，同时给出相应的多准则决策方法。由于不确定语言比语言短语对模糊信息的表达能力更强，刘培德 [131] 将直觉语言集扩展到直觉不确定语言集，提出直觉不确定语言加权算术平均算子、有序加权平均算子及混合加权平均算子及其性质，并将它们应用于直觉不确定语言多准则群决策问题中。

需要指出的是，已有的直觉不确定语言信息集结算子没有考虑隶属度与非隶属度的交叉影响，当出现隶属度为零或非隶属度为零的准则评价信息时，其将对决策结果造成重大的影响，甚至导致与实际决策情形相悖的决策结果，这显然是不合理的。为避免那些隶属度或非隶属为零的准则评价值对决策结果造成较大偏差，本节考虑直觉不确定语言数的隶属度与非隶属度之间可能存在的交叉影响，重新定义直觉不确定语言的基本运算，构建直觉不确定语言加权交叉算术平均算子、有序加权算术平均算子及混合算术平均算子，同时给出直觉不确定语言加权交叉几何平均算子、有序加权几何平均算子及混合几何平均算子，基于新定义的算子给出直觉不确定语言多准则群决策方法。

4.1 直觉不确定语言集及其基本运算

定义 1[131] 设$[s_{\theta(x)},s_{\tau(x)}]\in\bar{S}$，$\bar{S}$为拓展的连续型语言评价集，$X$为给定论域，则下式为直觉不确定语言集。

$$A=\left\{<x\left[[s_{\theta(x)},s_{\tau(x)}],\left(\mu_A(x),\upsilon_A(x)\right)\right]>\middle|x\in X\right\}$$

其中$\mu_A(x):X\rightarrow[0,1]$，$\upsilon_A(x):X\rightarrow[0,1]$分别表示$x$隶属于和非隶属于不确定语言变量$[s_{\theta(x)},s_{\tau(x)}]$的程度，且$0\leqslant\mu_A(x)+\upsilon_A(x)\leqslant1$，$\forall x\in X$，$\pi_A(x)=1-\mu_A(x)-\upsilon_A(x)$表示对不确定语言评价的犹豫度信息，也被称为直觉不确定语言模糊指数。三元组$<[s_{\theta(x)},s_{\tau(x)}],\left(\mu_A(x),\upsilon_A(x)\right)>$被称为不确定语言数。

设$\tilde{a}_1=<[s_{\theta(a_1)},s_{\tau(a_1)}],(\mu_{a_1},\upsilon_{a_1})>$，$\tilde{a}_2=<[s_{\theta(a_2)},s_{\tau(a_2)}],(\mu_{a_2},\upsilon_{a_2})>$，直觉不确定语言数的加法、数乘、乘法、幂乘运算定义如下。

（1）$\tilde{a}_1\oplus\tilde{a}_2=<[s_{\theta(a_1)+\theta(a_2)},s_{\tau(a_1)+\tau(a_2)}],\left(1-(1-\mu_{a_1})(1-\mu_{a_2}),\upsilon_{a_1}\upsilon_{a_2}\right)>$。

（2）$\lambda\tilde{a}_1=<[s_{\lambda\theta(a_1)},s_{\lambda\tau(a_1)}],\left(1-(1-\mu_{a_1})^{\lambda},\upsilon_{a_1}^{\lambda}\right)>$。

（3）$\tilde{a}_1\otimes\tilde{a}_2=<[s_{\theta(a_1)\theta(a_2)},s_{\tau(a_1)\tau(a_2)}],\left(\mu_{a_1}\mu_{a_2},\upsilon_{a_1}+\upsilon_{a_2}-\upsilon_{a_1}\upsilon_{a_2}\right)>$。

（4）$\tilde{a}_1^{\lambda}=<[s_{(\theta(a_1))^{\lambda}},s_{(\tau(a_1))^{\lambda}}],\left(\mu_{a_1}^{\lambda},1-(1-\upsilon_{a_1})^{\lambda}\right)>$。

显然，这四种基本运算的计算结果仍然为直觉不确定语言数，但对于较为特殊的直觉不确定语言数，该运算的定义会出现不合理的计算结果。例如，令$\tilde{a}_1=<[s_1,s_2],(0.4,0.3)>$，$\tilde{a}_2=<[s_1,s_3],(0,0.2)>$，此时$\tilde{a}_1\otimes\tilde{a}_2=<[s_1,s_6],(0,0.44)>$；同时，令$\tilde{a}_3=<[s_1,s_3],(0.2,0)>$，则$\tilde{a}_1\oplus\tilde{a}_3=<[s_2,s_5],(0.52,0)>$。从计算结果可以

看出，当两个直觉不确定语言数中至少有一个的隶属度为零时，两者乘积的隶属度即为零，而不管另一个直觉不确定语言数的隶属度为多少，即另一个模糊数的隶属度对乘积的隶属度不起任何作用，这显然是不合理的；同时，当有一个不确定语言数的非隶属度为零时，两者之和的非隶属度即为零，即另一个模糊数的非隶属度对和的非隶属度不起任何作用，这显然也是不合理的。以上两种情形会对集结运算结果中不确定语言评价的隶属度及非隶属度信息造成认知偏差，甚至导致与实际情形相悖的决策结果。

出现这两种不合理的运算结果，究其原因主要是没有考虑到直觉不确定语言数的隶属度与非隶属度之间可能存在的交叉影响。当不考虑交叉影响时，若有$\mu_{a_1}=0$，则$\mu_{\tilde{a}_1\otimes\tilde{a}_2}=0$；若有$\upsilon_{a_1}=0$，则$\upsilon_{\tilde{a}_1\oplus\tilde{a}_2}=0$。若考虑到两个直觉不确定语言数的隶属度和非隶属度之间的交叉影响，就要尽可能地避免这一结果的出现。由此给出如下考虑交叉影响的直觉不确定语言数的基本运算法则。

定义 2　设$\tilde{a}_1=<[s_{\theta(a_1)},s_{\tau(a_1)}],(\mu_{a_1},\upsilon_{a_1})>$，$\tilde{a}_2=<[s_{\theta(a_2)},s_{\tau(a_2)}],(\mu_{a_2},\upsilon_{a_2})>$，考虑交叉影响的直觉不确定语言数的加法、数乘、乘法、幂乘运算定义如下：

（1）$$\begin{aligned}&\tilde{a}_1\oplus\tilde{a}_2\\&=<[s_{\theta(a_1)+\theta(a_2)},s_{\tau(a_1)+\tau(a_2)}],\\&\left(1-(1-\mu_{a_1})(1-\mu_{a_2}),(1-\mu_{a_1})(1-\mu_{a_2})-(1-\mu_{a_1}-\upsilon_{a_1})(1-\mu_{a_2}-\upsilon_{a_2})\right)>;\end{aligned}$$

（2）$$\lambda\tilde{a}_1=<[s_{\lambda\theta(a_1)},s_{\lambda\tau(a_1)}],\left(1-(1-\mu_{a_1})^{\lambda},(1-\mu_{a_1})^{\lambda}-(1-\mu_{a_1}-\upsilon_{a_1})^{\lambda}\right)>;$$

（3）$$\begin{aligned}&\tilde{a}_1\otimes\tilde{a}_2=\\&<[s_{\theta(a_1)\theta(a_2)},s_{\tau(a_1)\tau(a_2)}],\\&\left((1-\upsilon_{a_1})(1-\upsilon_{a_2})-(1-\mu_{a_1}-\upsilon_{a_1})(1-\mu_{a_2}-\upsilon_{a_2}),1-(1-\upsilon_{a_1})(1-\upsilon_{a_2})\right)>;\end{aligned}$$

（4）$$\tilde{a}_1^{\lambda}=<[s_{(\theta(a_1))^{\lambda}},s_{(\tau(a_1))^{\lambda}}],\left((1-\upsilon_{a_1})^{\lambda}-(1-\mu_{a_1}-\upsilon_{a_1})^{\lambda},1-(1-\upsilon_{a_1})^{\lambda}\right)>。$$

由新定义的直觉不确定语言数基本运算，可得$\tilde{a}_1\otimes\tilde{a}_2=<[s_1,s_6],(0.32,0.44)>$，$\tilde{a}_1\oplus\tilde{a}_3=<[s_2,s_5],(0.52,0.24)>$。显然，考虑到隶属度与非隶属度之间的交叉影响后，当偏好信息中出现隶属度或非隶属度为零的直觉不确定语言数时，所得运算结果有着较好的可解释性，避免了这些较为特殊的模糊数对集结运算结果的决定性作用。

对于新定义的基本运算，关于任意两个直觉不确定语言数$\tilde{a}_1,\tilde{a}_2$，易知如下计算法则成立：

（1）$\tilde{a}_1\oplus\tilde{a}_2=\tilde{a}_2\oplus\tilde{a}_1$；

（2）$\tilde{a}_1 \otimes \tilde{a}_2 = \tilde{a}_2 \otimes \tilde{a}_1$;

（3）$\lambda(\tilde{a}_1 \oplus \tilde{a}_2) = \lambda\tilde{a}_1 \oplus \lambda\tilde{a}_2, \lambda \geqslant 0$;

（4）$\lambda_1\tilde{a}_1 \oplus \lambda_2\tilde{a}_1 = (\lambda_1 + \lambda_2)\tilde{a}_1, \lambda_1, \lambda_2 \geqslant 0$;

（5）$\tilde{a}_1^{\lambda_1} \otimes \tilde{a}_1^{\lambda_2} = \tilde{a}_1^{\lambda_1+\lambda_2}, \lambda_1, \lambda_2 \geqslant 0$;

（6）$\tilde{a}_1^{\lambda_1} \otimes \tilde{a}_2^{\lambda_1} = (\tilde{a}_1 \otimes \tilde{a}_2)^{\lambda_1}$。

定义 3[131] 设$\tilde{a}_1 =< [s_{\theta(a_1)}, s_{\tau(a_1)}], (\mu_{a_1}, \upsilon_{a_1}) >$为直觉不确定语言数，则$\bar{a}_1$的期望值为

$$E(\tilde{a}_1) = \frac{\mu_{a_1} + 1 - \upsilon_{a_1}}{2} s_{(s_{\theta(a_1)} + s_{\tau(a_1)})/2} = s_{(s_{\theta(a_1)} + s_{\tau(a_1)})(\mu_{a_1} + 1 - \upsilon_{a_1})/4} \tag{4-1}$$

其中$E(\tilde{a}_1) \in [s_0, s_{\tau(a_1)}]$。若$E(\tilde{a}_1)$越大，则$\tilde{a}_1$越大，特别地，若$E(\tilde{a}_1) = s_{\tau(a_1)}$，那么$\tilde{a}_1$取最大值，即$\tilde{a}_1 =< [s_{\theta(a_1)}, s_{\tau(a_1)}], (1,0) >$，准则完全隶属于不确定语言$[s_{\theta(a_1)}, s_{\tau(a_1)}]$；若$E(\tilde{a}_1) = s_0$，那么$\tilde{a}_1$取最小值，即$\tilde{a}_1 =< [s_{\theta(a_1)}, s_{\tau(a_1)}], (0,1) >$，准则完全非隶属于不确定语言$[s_{\theta(a_1)}, s_{\tau(a_1)}]$。

人们可以通过直觉不确定语言数的期望值对一组模糊数进行排序，但是也会出现无法比较的情况，此时可进一步采用记分函数及精确函数排序。

定义 4[216] 设$\tilde{a}_1 =< [s_{\theta(a_1)}, s_{\tau(a_1)}], (\mu_{a_1}, \upsilon_{a_1}) >$为直觉不确定语言数，$\tilde{a}_1$的记分函数及精确函数定义为

$$S(\tilde{a}_1) = (\mu_{a_1} - \upsilon_{a_1}) s_{(s_{\theta(v)} + s_{\tau(a_1)})/2} = s_{(s_{\theta(a_1)} + s_{\tau(a_1)})(\mu_{a_1} - \upsilon_{a_1})/2} \tag{4-2}$$

$$H(\tilde{a}_1) = (\mu_{a_1} + \upsilon_{a_1}) s_{(s_{\theta(a_1)} + s_{\tau(a_1)})/2} = s_{(s_{\theta(a_1)} + s_{\tau(a_1)})(\mu_{a_1} + \upsilon_{a_1})/2} \tag{4-3}$$

对于直觉不确定语言数$\tilde{a}_1, \tilde{a}_2$，（1）若$E(\tilde{a}_1) > E(\tilde{a}_2)$，则$\tilde{a}_1 > \tilde{a}_2$；（2）若$E(\tilde{a}_1) = E(\tilde{a}_2)$，当$S(\tilde{a}_1) > S(\tilde{a}_2)$时，$\tilde{a}_1 > \tilde{a}_2$；（3）若$E(\tilde{a}_1) = E(\tilde{a}_2)$且$S(\tilde{a}_1) = S(\tilde{a}_2)$，当$H(\tilde{a}_1) > H(\tilde{a}_2)$时，$\tilde{a}_1 > \tilde{a}_2$。如此，就能实现对一组直觉不确定语言数的大小排序。

4.2 直觉不确定语言加权交叉影响算术集结算子

根据考虑交叉影响的直觉不确定语言数的加法、数乘、乘法及幂乘运算，定义如下直觉不确定语言加权交叉影响算术平均算子、有序算术平均算子及混合算术平均算子。

定义 5　设$\tilde{a}_i =<[s_{\theta(a_i)}, s_{\tau(a_i)}],(\mu_{a_i}, \upsilon_{a_i})>(i=1,2,...,n)$为一组直觉不确定语言数，$\Omega$是直觉不确定语言集，$\boldsymbol{W}=(\omega_1,\omega_2,\cdots,\omega_n)$为这组直觉不确定语言数的加权向量，且$\omega_i \in [0,1], \sum_{i=1}^{n}\omega_i = 1$。设IULWIAA: $\Omega^n \to \Omega$，则称函数

$$\text{IULWIAA}_W(\tilde{a}_1,\tilde{a}_2,\cdots,\tilde{a}_n)=\sum_{i=1}^{n}\omega_i\tilde{a}_i \tag{4-4}$$

为直觉不确定语言加权交叉影响算术平均算子。

定理 1　式（4–4）的运算结果为直觉不确定语言数，其表达式为

$$\begin{aligned}&\text{IULWIAA}_W(\tilde{a}_1,\tilde{a}_2,\cdots,\tilde{a}_n)=\sum_{i=1}^{n}\omega_i\tilde{a}_i\\&=\left\langle\left[s_{\sum_{i=1}^{n}\omega_i\theta(a_i)}, s_{\sum_{i=1}^{n}\omega_i\tau(a_i)}\right],\left(1-\prod_{i=1}^{n}(1-\mu_{a_i})^{\omega_i}, \prod_{i=1}^{n}(1-\mu_{a_i})^{\omega_i}-\prod_{i=1}^{n}\left[1-(\mu_{a_i}+\upsilon_{a_i})\right]^{\omega_i}\right)\right\rangle\end{aligned} \tag{4-5}$$

证明：运用数学归纳法证明该表达式。

首先，当$n=1$时，即只有一个直觉不确定语言数，此时$\omega_1=1$，式（4–5）显然成立。其次，假设当$n=k$时，式（4–5）成立，即

$$\begin{aligned}&\text{IULWIAA}_W(\tilde{a}_1,\tilde{a}_2,\cdots,\tilde{a}_k)\\&=\left\langle\left[s_{\sum_{i=1}^{k}\omega_i\theta(a_i)}, s_{\sum_{i=1}^{k}\omega_i\tau(a_i)}\right],\left(1-\prod_{i=1}^{k}(1-\mu_{a_i})^{\omega_i}, \prod_{i=1}^{k}(1-\mu_{a_i})^{\omega_i}-\prod_{i=1}^{k}\left[1-(\mu_{a_i}+\upsilon_{a_i})\right]^{\omega_i}\right)\right\rangle\end{aligned}$$

那么当$n=k+1$时，有

$$\begin{aligned}&\text{IULWIAA}_W(\tilde{a}_1,\tilde{a}_2,\cdots,\tilde{a}_k,\tilde{a}_{k+1})\\&=\text{IULWIAA}_W(\tilde{a}_1,\tilde{a}_2,\cdots,\tilde{a}_k)+\omega_{k+1}\tilde{a}_{k+1}\\&=\left\langle\left[s_{\sum_{i=1}^{k}\omega_i\theta(a_i)}, s_{\sum_{i=1}^{k}\omega_i\tau(a_i)}\right],\left(1-\prod_{i=1}^{k}(1-\mu_{a_i})^{\omega_i}, \prod_{i=1}^{k}(1-\mu_{a_i})^{\omega_i}-\prod_{i=1}^{k}\left[1-(\mu_{a_i}+\upsilon_{a_i})\right]^{\omega_i}\right)\right\rangle+<[s_{\omega_{k+1}\theta(a_{k+1})}, s_{\omega_{k+1}\tau(a_{k+1})}],\\&\left(1-(1-\mu_{a_{k+1}})^{\omega_{k+1}},(1-\mu_{a_{k+1}})^{\omega_{k+1}}-(1-\mu_{a_{k+1}}-\upsilon_{a_{k+1}})^{\omega_{k+1}}\right)>\\&=\left\langle\left[s_{\sum_{i=1}^{k}\omega_i\theta(a_i)+\omega_{k+1}\theta(a_{k+1})}, s_{\sum_{i=1}^{k}\omega_i\tau(a_i)+\omega_{k+1}\tau(a_{k+1})}\right],\left(1-\prod_{i=1}^{k}(1-\mu_{a_i})^{\omega_i}\cdot(1-\mu_{a_{k+1}})^{\omega_{k+1}}, \prod_{i=1}^{k}(1-\mu_{a_i})^{\omega_i}\cdot(1-\mu_{a_{k+1}})^{\omega_{k+1}}-\right.\right.\\&\left.\left.\prod_{i=1}^{k}(1-\mu_{a_i}-\upsilon_{a_i})^{\omega_i}\cdot(1-\mu_{a_{k+1}}-\upsilon_{a_{k+1}})^{\omega_{k+1}}\right\rangle\\&=\left\langle\left[s_{\sum_{i=1}^{k+1}\omega_i\theta(a_i)}, s_{\sum_{i=1}^{k+1}\omega_i\tau(a_i)}\right],\left(1-\prod_{i=1}^{k+1}(1-\mu_{a_i})^{\omega_i}, \prod_{i=1}^{k+1}(1-\mu_{a_i})^{\omega_i}-\prod_{i=1}^{k+1}(1-\mu_{a_i}-\upsilon_{a_i})^{\omega_i}\right)\right\rangle.\end{aligned}$$

即当$n=k+1$时，式（4-5）成立。因此，对任意正整数n，式（4-5）均是成立的。

定义 6 设$\tilde{a}_i=<[s_{\theta(a_i)},s_{\tau(a_i)}],(\mu_{a_i},\upsilon_{a_i})>$（$i=1,2,\cdots,n$）为一组直觉不确定语言数，其中$\Omega$是直觉不确定语言集，设IULOWIAA: $\Omega^n\to\Omega$，则称函数

$$\text{IULOWIAA}_W(\tilde{a}_1,\tilde{a}_2,\cdots,\tilde{a}_n)=\sum_{i=1}^{n}\omega_i\tilde{a}_{\sigma_i}$$

$$=\left\langle\left[s_{\sum_{i=1}^{n}\omega_i\theta(a_{\sigma_i})},s_{\sum_{i=1}^{n}\omega_i\tau(a_{\sigma_i})}\right],\left(1-\prod_{i=1}^{n}(1-\mu_{a_{\sigma_i}})^{\omega_i},\prod_{i=1}^{n}(1-\mu_{a_{\sigma_i}})^{\omega_i}-\prod_{i=1}^{n}\left[1-(\mu_{a_{\sigma_i}}+\upsilon_{a_{\sigma_i}})\right]^{\omega_i}\right)\right\rangle \quad (4\text{-}6)$$

为直觉不确定语言加权交叉影响有序算术平均算子。其中$\boldsymbol{W}=(\omega_1,\omega_2,\cdots,\omega_n)$是与算子相关的加权向量，且$\omega_i\in[0,1],\sum_{i=1}^{n}\omega_i=1$；$(\sigma_1,\sigma_2,\cdots,\sigma_n)$是$(1,2,\cdots,n)$的一个置换，使对任意的$i$，均有$\tilde{a}_{\sigma_{i-1}}\geqslant\tilde{a}_{\sigma_i}$。

特别地，若$\boldsymbol{W}=(\frac{1}{n},\frac{1}{n},\cdots,\frac{1}{n})$，则IULOWIAA算子退化为直觉不确定语言加权交叉影响平均算子，也就是IULWIAA算子的特殊情形。位置加权向量$\boldsymbol{W}$可以由模糊语义量化算子得到，亦可以由组合数确定，即$\omega_{i+1}=\frac{C_{n-1}^{i}}{2^{n-1}}(i=0,1,\cdots,n-1)$。IULOWIAA算子表达式的证明过程与定理1类似，这里不再赘述。同时，IULOWIAA算子满足置换不变性、幂等性、单调性及介值性等性质。

综合两类算子的特点，同时考虑直觉不确定语言数自身的重要性及所在排序位置的重要性，给出如下直觉不确定语言加权交叉影响混合算术平均算子。

定义 7 设$\tilde{a}_i=<[s_{\theta(a_i)},s_{\tau(a_i)}],(\mu_{a_i},\upsilon_{a_i})>$（$i=1,2,\cdots,n$）为一组直觉不确定语言数，其中$\Omega$是直觉不确定语言集，设IULHIA: $\Omega^n\to\Omega$，则称函数

$$\text{IULHIA}_{W,\omega}(\tilde{a}_1,\tilde{a}_2,\cdots,\tilde{a}_n)=\sum_{i=1}^{n}\omega_i\tilde{b}_{\sigma_i}$$

$$=\left\langle\left[s_{\sum_{i=1}^{n}\omega_i\theta(\tilde{b}_{\sigma_i})},s_{\sum_{i=1}^{n}\omega_i\tau(\tilde{b}_{\sigma_i})}\right],\left(1-\prod_{i=1}^{n}(1-\mu_{\tilde{b}_{\sigma_i}})^{\omega_i},\prod_{i=1}^{n}(1-\mu_{\tilde{b}_{\sigma_i}})^{\omega_i}-\prod_{i=1}^{n}\left[1-(\mu_{\tilde{b}_{\sigma_i}}+\upsilon_{\tilde{b}_{\sigma_i}})\right]^{\omega_i}\right)\right\rangle \quad (4\text{-}7)$$

为直觉不确定语言加权交叉影响混合算术平均算子。其中$\boldsymbol{W}=(\omega_1,\omega_2,\cdots,\omega_n)$是与算子相关的加权向量，且$\omega_i\in[0,1],\sum_{i=1}^{n}\omega_i=1$；令$\tilde{b}_k=n\omega_k^*\tilde{a}_k$，

$\boldsymbol{\omega}=(\omega_1^*,\omega_2^*,\cdots,\omega_n^*)$ 是 $\tilde{a}_k$ 的加权向量，且 $\omega_i^*\in[0,1],\sum_{i=1}^{n}\omega_i^*=1$，$n$ 为平衡因子，$(\sigma_1,\sigma_2,\cdots,\sigma_n)$ 是 $(1,2,\cdots,n)$ 的一个置换，使对任意 i，均有 $\tilde{b}_{\sigma_{i-1}}\geqslant\tilde{b}_{\sigma_i}$。

特别地，若 $\boldsymbol{W}=(\frac{1}{n},\frac{1}{n},\cdots,\frac{1}{n})$，则 IULHIA 算子退化为 IULWIAA 算子，只针对 $\tilde{a}_i$ 按各自权重进行加权；若 $\boldsymbol{\omega}=(\frac{1}{n},\frac{1}{n},\cdots,\frac{1}{n})$，则 IULHIA 算子退化为 IULOWIAA 算子，只对 $\tilde{a}_i$ 按大小排列次序进行加权，即 IULWIAA 算子与 IULOWIAA 算子均为 IULHIA 算子的特殊情况。

4.3　直觉不确定语言加权交叉影响几何集结算子

直觉不确定语言加权交叉影响算术平均算子主要根据考虑交叉影响的加法及数乘运算法则给出，以下基于改进的乘法及幂乘运算给出直觉不确定语言加权交叉影响几何集结算子。

定义 8　设 $\tilde{a}_i=<[s_{\theta(a_i)},s_{\tau(a_i)}],(\mu_{a_i},\upsilon_{a_i})>$（$i=1,2,\cdots,n$）为一组直觉不确定语言数，其中 Ω 是直觉不确定语言集，$\boldsymbol{W}=(\omega_1,\omega_2,\cdots,\omega_n)$ 为这组直觉不确定语言数的加权向量，且 $\omega_i\in[0,1],\sum_{i=1}^{n}\omega_i=1$。设 IULWIGA: $\Omega^n\rightarrow\Omega$，则称函数

$$\text{IULWIGA}_{\boldsymbol{W}}(\tilde{a}_1,\tilde{a}_2,\cdots,\tilde{a}_n)=\sum_{i=1}^{n}\tilde{a}_i^{\omega_i} \tag{4-8}$$

为直觉不确定语言加权交叉影响几何平均算子。

定理 2　式（4–8）的运算结果为直觉不确定语言数，其表达式为

$$\text{IULWIGA}_{\boldsymbol{W}}(\tilde{a}_1,\tilde{a}_2,\cdots,\tilde{a}_n)=\sum_{i=1}^{n}\tilde{a}_i^{\omega_i}$$
$$=\left\langle\left[s_{\sum_{i=1}^{n}\theta(a_i)^{\omega_i}},s_{\sum_{i=1}^{n}\tau(a_i)^{\omega_i}}\right],\left(\prod_{i=1}^{n}(1-\upsilon_{a_i})^{\omega_i}-\prod_{i=1}^{n}(1-\mu_{a_i}-\upsilon_{a_i})^{\omega_i},1-\prod_{i=1}^{n}(1-\upsilon_{a_i})^{\omega_i}\right)\right\rangle \tag{4-9}$$

证明：运用数学归纳法证明该表达式。

首先，当 $n=1$ 时，即只有一个直觉不确定语言数，此时 $\omega_1=1$，式（4–9）

显然成立。其次，假设当$n=k$时，式（4-9）成立，即

$$\mathrm{IULWIGA}_W(\tilde{a}_1,\tilde{a}_2,\cdots,\tilde{a}_k)=\sum_{i=1}^{k}\tilde{a}_i^{\omega_i}$$

$$=\left\langle\left[s_{\sum_{i=1}^{k}\theta(a_i)^{\omega_i}},s_{\sum_{i=1}^{k}\tau(a_i)^{\omega_i}}\right],\left(\prod_{i=1}^{k}(1-\upsilon_{a_i})^{\omega_i}-\prod_{i=1}^{k}(1-\mu_{a_i}-\upsilon_{a_i})^{\omega_i},1-\prod_{i=1}^{k}(1-\upsilon_{a_i})^{\omega_i}\right)\right\rangle$$

那么当$n=k+1$时，有

$$\mathrm{IULWIGA}_W(\tilde{a}_1,\tilde{a}_2,\cdots,\tilde{a}_k,\tilde{a}_{k+1})$$

$$=\mathrm{IULWIGA}_W(\tilde{a}_1,\tilde{a}_2,\cdots,\tilde{a}_k)+\omega_{k+1}\tilde{a}_{k+1}$$

$$=\left\langle\left[s_{\sum_{i=1}^{k}\theta(a_i)^{\omega_i}},s_{\sum_{i=1}^{k}\tau(a_i)^{\omega_i}}\right],\left(\prod_{i=1}^{k}(1-\upsilon_{a_i})^{\omega_i}-\prod_{i=1}^{k}(1-\mu_{a_i}-\upsilon_{a_i})^{\omega_i},1-\prod_{i=1}^{k}(1-\upsilon_{a_i})^{\omega_i}\right)\right\rangle+<[s_{\theta(a_{k+1})^{\omega_{k+1}}},s_{\tau(a_{k+1})^{\omega_{k+1}}}],$$

$$\left((1-\upsilon_{a_{k+1}})^{\omega_{k+1}}-(1-\mu_{a_{k+1}}-\upsilon_{a_{k+1}})^{\omega_{k+1}},1-(1-\upsilon_{a_{k+1}})^{\omega_{k+1}}\right)>$$

$$=\left\langle\left[s_{\sum_{i=1}^{k}\theta(a_i)^{\omega_i}\cdot\theta(a_{k+1})^{\omega_{k+1}}},s_{\sum_{i=1}^{k}\tau(a_i)^{\omega_i}\cdot\tau(a_{k+1})^{\omega_{k+1}}}\right],\left(\prod_{i=1}^{k}(1-\upsilon_{a_i})^{\omega_i}\cdot(1-\upsilon_{a_{k+1}})^{\omega_{k+1}}-\prod_{i=1}^{k}(1-\mu_{a_i}-\upsilon_{a_i})^{\omega_i}\cdot(1-\mu_{a_{k+1}}-\upsilon_{a_{k+1}})^{\omega_{k+1}}\right.\right.$$

$$\left.\left.,1-\prod_{i=1}^{k}(1-\upsilon_{a_i})^{\omega_i}\cdot(1-\upsilon_{a_{k+1}})^{\omega_{k+1}}\right)\right\rangle$$

$$=\left\langle\left[s_{\sum_{i=1}^{k+1}\theta(a_i)^{\omega_i}},s_{\sum_{i=1}^{k+1}\tau(a_i)^{\omega_i}}\right],\left(\prod_{i=1}^{k+1}(1-\upsilon_{a_i})^{\omega_i}-\prod_{i=1}^{k+1}(1-\mu_{a_i}-\upsilon_{a_i})^{\omega_i},1-\prod_{i=1}^{k+1}(1-\upsilon_{a_i})^{\omega_i}\right)\right\rangle$$

即当$n=k+1$时，式（4-9）成立。因此，对任意正整数n，式（4-9）均是成立的。

定义 9　设$\tilde{a}_i=<[s_{\theta(a_i)},s_{\tau(a_i)}],(\mu_{a_i},\upsilon_{a_i})>$（$i=1,2,\cdots,n$）为一组直觉不确定语言数，其中$\Omega$是直觉不确定语言集，设IULOWIGA: $\Omega^n\to\Omega$，则称函数

$$\mathrm{IULOWIGA}_W(\tilde{a}_1,\tilde{a}_2,\cdots,\tilde{a}_n)$$

$$=\sum_{i=1}^{n}\tilde{a}_{\sigma_i}^{\omega_i} \tag{4-10}$$

$$=\left\langle\left[s_{\sum_{i=1}^{n}\theta(a_{\sigma_i})^{\omega_i}},s_{\sum_{i=1}^{n}\tau(a_{\sigma_i})^{\omega_i}}\right],\left(\prod_{i=1}^{n}(1-\upsilon_{a_{\sigma_i}})^{\omega_i}-\prod_{i=1}^{n}(1-\mu_{a_{\sigma_i}}-\upsilon_{a_{\sigma_i}})^{\omega_i},1-\prod_{i=1}^{n}(1-\upsilon_{a_{\sigma_i}})^{\omega_i}\right)\right\rangle$$

为直觉不确定语言加权交叉影响有序几何平均算子。其中$\boldsymbol{W}=(\omega_1,\omega_2,\cdots,\omega_n)$是与算子相关的加权向量，且$\omega_i\in[0,1],\sum_{i=1}^{n}\omega_i=1$；$(\sigma_1,\sigma_2,\cdots,\sigma_n)$是$(1,2,\cdots,n)$

的一个置换，使对任意i，均有$\tilde{a}_{\sigma_{i-1}} \geqslant \tilde{a}_{\sigma_i}$。特别地，若$\boldsymbol{W}=(\frac{1}{n},\frac{1}{n},\cdots,\frac{1}{n})$，则IULOWIGA算子退化为直觉不确定语言交叉影响几何平均算子，也就是IULOWIGA算子的特殊情形。

位置加权向量$\boldsymbol{W}$可以由模糊语义量化算子得到，亦可以由组合数确定，即$\omega_{i+1}=\frac{C_{n-1}^{i}}{2^{n-1}}(i=0,1,\cdots,n-1)$。IULOWIGA算子的表达式的证明过程与定理2类似，这里不再赘述。同时，IULOWIGA算子满足置换不变性、幂等性、单调性及介值性等性质。

综合两类算子的特点，同时考虑直觉不确定语言数自身的重要性及所在排序位置的重要性，给出如下直觉不确定语言加权交叉影响混合交叉几何平均算子。

定义 10　设$\tilde{a}_i=<[s_{\theta(a_i)},s_{\tau(a_i)}],(\mu_{a_i},\upsilon_{a_i})>$（$i=1,2,\cdots,n$）为一组直觉不确定语言数，其中$\Omega$是直觉不确定语言集，设IULHGIA: $\Omega^n \to \Omega$，则称函数

$$\mathrm{IULHGIA}_{W,\omega}(\tilde{a}_1,\tilde{a}_2,\cdots,\tilde{a}_n)=\sum_{i=1}^{n}\tilde{b}_{\sigma_i}^{\omega_i}$$
$$=\left\langle\left[s_{\sum\limits_{i=1}^{n}\theta(\tilde{b}_{\sigma_i})^{\omega_i}},s_{\sum\limits_{i=1}^{n}\tau(\tilde{b}_{\sigma_i})^{\omega_i}}\right],\left(\prod_{i=1}^{n}(1-\upsilon_{\tilde{b}_{\sigma_i}})^{\omega_i}-\prod_{i=1}^{n}(1-\mu_{\tilde{b}_{\sigma_i}}-\upsilon_{\tilde{b}_{\sigma_i}})^{\omega_i},1-\prod_{i=1}^{n}(1-\upsilon_{\tilde{b}_{\sigma_i}})^{\omega_i}\right)\right\rangle \quad (4\text{-}11)$$

为直觉不确定语言加权交叉影响混合交叉几何平均算子。其中$\boldsymbol{W}=(\omega_1,\omega_2,\cdots,\omega_n)$是与算子相关的加权向量，且$\omega_i\in[0,1],\sum\limits_{i=1}^{n}\omega_i=1$；令$\tilde{b}_k=\tilde{a}_k^{n\omega_k^*}$，$\omega=(\omega_1^*,\omega_2^*,\cdots,\omega_n^*)$是$\tilde{a}_k$的加权向量，且$\omega_i^*\in[0,1],\sum\limits_{i=1}^{n}\omega_i^*=1$，$n$为平衡因子，$(\sigma_1,\sigma_2,\cdots,\sigma_n)$是$(1,2,\cdots,n)$的一个置换，使对任意$i$，均有$\tilde{b}_{\sigma_{i-1}}\geqslant\tilde{b}_{\sigma_i}$。

特别地，若$\boldsymbol{W}=(\frac{1}{n},\frac{1}{n},\cdots,\frac{1}{n})$，则IULHGIA算子退化为IULWIGA算子，即只针对$\tilde{a}_i$按各自权重进行加权；若$\omega=(\frac{1}{n},\frac{1}{n},\cdots,\frac{1}{n})$，则IULHGIA算子退化为IULOWIGA算子，即只对$\tilde{a}_i$按大小排列次序进行加权，即IULWIGA算子与IULOWIGA算子均为IULHGIA算子的特殊情况。

4.4 考虑交叉影响的直觉不确定语言群决策步骤

在多准则群决策问题中，决策者集为$E=\{e_k|k=1,2,\cdots,l\}$，方案集为$C=\{c_i|i=1,2,\cdots,m\}$，准则集为$U=\{u_j|j=1,2,\cdots,n\}$，决策者e_k对备选方案c_i关于准则u_j进行测度，得到决策矩阵$\boldsymbol{R}^k=(r_{ij}^k)_{m\times n}$,$(k=1,2,\cdots,l)$，其中$r_{ij}^k=<[a_{ij}^{kL},a_{ij}^{kU}],(\mu_{ij}^k,\upsilon_{ij}^k)>$表示直觉不确定语言评价值，$a_{ij}^{kL},a_{ij}^{kU}$为连续型语言评价集$\bar{S}$中的语言变量，且$a_{ij}^{kL}\leqslant a_{ij}^{kU}$。基于定义的直觉不确定加权交叉算术平均算子或几何平均算子，给出如下直觉不确定语言多准则群决策步骤。

步骤 1 根据IULWIAA算子（或IULWIGA算子）对决策矩阵$\boldsymbol{R}^k$各方案的所有准则评价值进行加权，得到决策者e_k对备选方案c_i的综合评价值r_i^k，即

$$r_i^k=\mathrm{IULWIAA}_{\boldsymbol{W}}(r_{i1}^k,r_{i2}^k,\cdots,r_{in}^k) \tag{4-12}$$

或

$$r_i^k=\mathrm{IULWIGA}_{\boldsymbol{W}}(r_{i1}^k,r_{i2}^k,\cdots,r_{in}^k) \tag{4-13}$$

其中，$\boldsymbol{W}=(\omega_1,\omega_2,\cdots,\omega_n)$为准则权重向量。

步骤 2 采用IULHIA算子（或IULHGIA算子）对各决策者确定的综合评价值r_i^k进行集结，得到备选方案c_i的群体综合评价值r_i，即

$$r_i=\mathrm{IULHIA}_{\boldsymbol{W},\boldsymbol{\omega}}(r_i^1,r_i^2,\cdots,r_i^l) \tag{4-14}$$

或

$$r_i^k=\mathrm{IULHGIA}_{\boldsymbol{W},\boldsymbol{\omega}}(r_i^1,r_i^2,\cdots,r_i^l) \tag{4-15}$$

其中$\boldsymbol{\omega}=(\omega_1^*,\omega_2^*,\cdots,\omega_n^*)$为决策者权重向量，该步骤中的未知权重向量$\boldsymbol{W}=(\omega_1,\omega_2,\cdots,\omega_n)$由组合数确定。

步骤 3 针对各备选方案的群体综合评价值r_i，计算其期望值、得分函数及精确函数，得到各备选方案的排序结果，从而确定最优方案。

4.5　算例分析

评估企业的技术创新能力主要采用创新资源投入能力（u_1）、创新管理能力（u_2）、创新倾向（u_3）及研究开发能力（u_4）这四项评价指标，其准则权重为$(0.32,0.26,0.18,0.24)$。经过初步筛选、短期拜访及深度调查分析，确定了四个备选企业，即$C=\{c_1,c_2,c_3,c_4\}$，三位专家对这四个待评估企业进行评价，专家权重向量为$(0.4,0.32,0.28)$，所使用到的语言评价集为$S=\{s_0,s_1,s_2,s_3,s_4,s_5,s_6\}$，并将其扩展到连续型语言变量集$\bar{S}=\{s_i \mid i\in[0,6]\}$。各专家给出的各准则评价信息均为直觉不确定语言数，具体评价信息如表 4–1、表 4–2、表 4–3 所示。

表 4–1　专家e_1针对 4 个待评估企业给出的评价值

待评估企业	准则指标			
	u_1	u_2	u_3	u_4
c_1	$<[s_5,s_5],(0.2,0.7)>$	$<[s_2,s_3],(0.4,0.5)>$	$<[s_5,s_6],(0.5,0.4)>$	$<[s_3,s_4],(0.2,0.6)>$
c_2	$<[s_4,s_5],(0.4,0.5)>$	$<[s_5,s_5],(0.4,0.5)>$	$<[s_3,s_4],(0.1,0.8)>$	$<[s_4,s_4],(0.5,0.4)>$
c_3	$<[s_3,s_4],(0.2,0.7)>$	$<[s_4,s_4],(0.2,0.7)>$	$<[s_4,s_5],(0.3,0.5)>$	$<[s_4,s_5],(0.2,0.7)>$
c_4	$<[s_6,s_6],(0.5,0.4)>$	$<[s_2,s_3],(0.2,0.6)>$	$<[s_3,s_4],(0.2,0.6)>$	$<[s_3,s_3],(0.3,0.6)>$

表 4–2　专家e_2针对 4 个待评估企业给出的评价值

待评估企业	准则指标			
	u_1	u_2	u_3	u_4
c_1	$<[s_4,s_4],(0.1,0.7)>$	$<[s_3,s_4],(0.2,0.7)>$	$<[s_3,s_4],(0.3,0.6)>$	$<[s_6,s_6],(0.4,0.5)>$
c_2	$<[s_5,s_6],(0.4,0.5)>$	$<[s_3,s_4],(0.3,0.6)>$	$<[s_4,s_5],(0.2,0.6)>$	$<[s_3,s_4],(0.2,0.7)>$
c_3	$<[s_4,s_5],(0.2,0.6)>$	$<[s_4,s_4],(0.2,0.7)>$	$<[s_2,s_3],(0.3,0.6)>$	$<[s_3,s_4],(0.2,0.7)>$
c_4	$<[s_5,s_5],(0.3,0.6)>$	$<[s_4,s_5],(0.4,0.5)>$	$<[s_2,s_3],(0.3,0.6)>$	$<[s_4,s_4],(0.2,0.6)>$

表 4-3　专家e_3针对 4 个待评估企业给出的评价值

待评估企业	准则指标			
	u_1	u_2	u_3	u_4
c_1	$<[s_5,s_5],(0.2,0.6)>$	$<[s_3,s_4],(0.2,0.6)>$	$<[s_4,s_5],(0.4,0.5)>$	$<[s_4,s_4],(0.2,0.7)>$
c_2	$<[s_4,s_5],(0.2,0.7)>$	$<[s_5,s_5],(0.3,0.6)>$	$<[s_2,s_3],(0.1,0.8)>$	$<[s_3,s_4],(0.3,0.6)>$
c_3	$<[s_4,s_4],(0.2,0.7)>$	$<[s_5,s_5],(0.3,0.6)>$	$<[s_1,s_3],(0.1,0.8)>$	$<[s_4,s_4],(0.2,0.7)>$
c_4	$<[s_3,s_4],(0.2,0.5)>$	$<[s_3,s_4],(0.1,0.7)>$	$<[s_4,s_5],(0.3,0.6)>$	$<[s_5,s_5],(0.4,0.5)>$

首先，采用直觉不确定语言加权交叉影响算术算子（即IULWIAA算子、IULHIA算子）给出具体决策步骤。

步骤 1　由式（4-12），根据IULWIAA算子对决策矩阵$\boldsymbol{R}^k$每一行对应所有准则的评价值进行加权，分别得到决策者e_k对备选方案c_i的综合评价值r_i^k，即

$$r_1^1=<[s_{3.74},s_{4.42}],(0.318,0.564)>,\ r_2^1=<[s_{4.08},s_{4.58}],(0.382,0.518)>$$
$$r_3^1=<[s_{3.68},s_{4.42}],(0.219,0.668)>,\ r_4^1=<[s_{3.70},s_{4.14}],(0.333,0.531)>$$
$$r_1^2=<[s_{4.04},s_{4.48}],(0.243,0.632)>,\ r_2^2=<[s_{3.82},s_{4.82}],(0.295,0.592)>$$
$$r_3^2=<[s_{3.40},s_{4.14}],(0.219,0.656)>,\ r_4^2=<[s_{3.96},s_{4.40}],(0.306,0.576)>$$
$$r_1^3=<[s_{4.06},s_{4.50}],(0.240,0.610)>,\ r_2^3=<[s_{3.66},s_{4.40}],(0.236,0.664)>$$
$$r_3^3=<[s_{3.72},s_{4.08}],(0.211,0.689)>,\ r_4^3=<[s_{3.66},s_{4.42}],(0.248,0.581)>$$

步骤 2　由式（4-4），采用IULHIA算子对各决策者关于各方案的综合评价值r_i^k进行集结，位置权重向量取为(0.25,0.5,0.25)，从而得到备选方案c_i的群体综合评价值r_i，分别为

$$r_1=<[s_{3.914},s_{4.467}],(0.264,0.606)>，r_2=<[s_{3.826},s_{4.612}],(0.308,0.553)$$
$$r_3=<[s_{3.517},s_{4.170}],(0.216,0.666)>，r_4=<[s_{3.780},s_{4.282}],(0.300,0.564)>$$

步骤 3　计算四个备选方案的综合群体综合评价值的期望值，得到

$$E(r_1)=s_{1.379},E(r_2)=s_{1.593},E(r_3)=s_{1.057},E(r_4)=s_{1.483}$$

因此，四个备选企业的优劣排序为$c_2>c_4>c_1>c_3$，即企业c_2的技术创新能力是最强的。

其次，采用直觉不确定语言加权交叉影响几何平均算子（即IULWIGA算子、IULHGIA算子）给出具体决策步骤。

步骤 1　由式（4-13），根据IULWIGA算子对决策矩阵$\boldsymbol{R}^k$每一行对应所有

准则的评价值进行加权，分别得到决策者e_k对备选方案c_i的综合评价值r_i^k，即

$r_1^1 =<[s_{3.486}, s_{4.288}],(0.316,0.584)>$，$r_2^1 =<[s_{4.025}, s_{4.553}],(0.343,0.557)>$

$r_3^1 =<[s_{3.648}, s_{4.393}],(0.216,0.671)>$，$r_4^1 =<[s_{3.370}, s_{3.944}],(0.320,0.545)>$

$r_1^2 =<[s_{3.885}, s_{4.409}],(0.232,0.643)>$，$r_2^2 =<[s_{3.721}, s_{4.741}],(0.288,0.599)>$

$r_3^2 =<[s_{3.295}, s_{4.079}],(0.222,0.654)>$，$r_4^2 =<[s_{3.792}, s_{4.323}],(0.306,0.576)>$

$r_1^3 =<[s_{3.987}, s_{4.472}],(0.239,0.611)>$，$r_2^3 =<[s_{3.492}, s_{4.323}],(0.222,0.678)>$

$r_3^3 =<[s_{3.303}, s_{4.025}],(0.201,0.700)>$，$r_4^3 =<[s_{3.572}, s_{4.393}],(0.250,0.579)>$

步骤 2　由式（4–15），采用IULHGIA算子对各决策者关于各方案的综合评价值r_i^k进行集结，根据已知的决策者权重及位置权重向量(0.25, 0.5, 0.25)，得到备选方案c_i的群体综合评价值r_i，分别为

$r_1 =<[s_{3.732}, s_{4.321}],(0.260,0.616)>$，$r_2 =<[s_{3.711}, s_{4.523}],(0.314,0.613)>$

$r_3 =<[s_{3.359}, s_{4.101}],(0.217,0.666)>$，$r_4 =<[s_{3.567}, s_{4.158}],(0.299,0.564)>$

步骤 3　计算四个备选方案的综合群体综合评价值的期望值，得到

$$E(r_1) = s_{1.297},\ E(r_2) = s_{1.443},\ E(r_3) = s_{1.028},\ E(r_4) = s_{1.420}$$

可知四个备选企业的优劣排序为$c_2 > c_4 > c_1 > c_3$，即企业c_2的技术创新能力是最强的，与采用交叉影响算术算子所得各方案的优劣次序是完全一样的，同时也与文献 [131] 中所得排序结果完全相同。这说明了考虑隶属度与非隶属度交叉影响的直觉不确定语言算子应用于多准则群决策问题的有效性与可行性。

若三位决策专家关于各方案给出的准则评价值中出现一个或多个隶属度为零或非隶属度为零的情形，采用本节给出的考虑交叉影响的直觉不确定语言信息集成算子对各准则偏好信息进行集结，所得各方案的综合评价值具有较好的稳健性，对那些隶属度为零或非隶属度为零的特殊准则值，综合评价值是不敏感的，所造成的波动性保持在较低的水平，不会对方案排序结果造成实质的影响。

4.6　本章小结

直觉不确定语言数兼顾了直觉模糊集与语言评价集的不同特点，既让决策者较易给出不确定语言评价信息，也能够刻画准则非隶属于不确定语言的程度及决策者的犹豫程度，易于对模糊信息进行表达且方便决策者直接给出。考虑

到直觉不确定语言数的隶属度与非隶属度之间可能存在的交叉影响，重新定义直觉不确定语言数的加法、数乘、乘法及幂乘运算法则，能避免那些隶属度或非隶属度为零的直觉不确定语言数造成集成结果的较大偏差。同时，定义直觉不确定语言加权交叉算术算子及几何算子，算子的稳健性较好，使那些较为特殊的直觉不确定语言数对集结运算结果造成的影响在可控的范围内。最终给出考虑交叉影响的多准则群决策方法，通过算例分析说明该群决策方法的有效性与可行性。

第 5 章　混合多种类型评价信息的多准则群决策方法

已有的混合多种数据类型的多准则群决策的研究给出了多种确定准则权重及决策者权重的方法。赵树平[217]基于混合评价矩阵之间关于各准则评价的偏差程度确定决策部门客观权重，采用 TOPSIS 法得到方案优先序。龚承柱[218]将具有精确数、区间数及语言短语三种信息的决策矩阵转化为前景决策矩阵，通过建立可变模糊模式识别模型并构造松弛函数进行交叉迭代计算，得到每个方案的最优隶属度及各准则权重。文献[138]把不同粒度的语言评价集转换为直觉模糊集，由单个决策矩阵的熵值及不同决策矩阵整体之间的差距确定决策者权重。文献[219]将准则值为区间数、语言短语、直觉模糊数的三类不同类型评价信息一致化为直觉模糊数，在熵权法确定准则客观权重的基础上，根据准则值模糊度最小化原则确定准则组合权重。文献[220]将供应链绩效评估中的精确数和区间数一致转化为二元语义，并采用偏差最大化法确定准则权重。基于期望效用理论及前景理论的混合评价方法的研究也逐渐展开[221-223]。

本章探讨精确数、区间数、语言短语、不确定语言变量及直觉模糊数这五种不同数据类型评价信息混合的多准则群决策问题，给出两类群决策方法并通过制造类企业的供应商选择算例说明所给群决策方法的有效性与可行性。

5.1　基于直觉模糊交叉熵及灰色关联的混合评价信息群决策方法

针对多种类型评价信息（如精确数、区间数、语言短语、不确定语言变量及直觉模糊数等）的混合，如何对多类型的准则信息进行融合是此类决策问题的难点。直觉模糊集同时考虑了隶属度、非隶属度及犹豫度三方面的信息，比传统模糊集在处理模糊性和不确定性方面更具灵活性与实用性，能更加准确地反映客观实际，且有利于决策者理解运用，更具合理性。因此，基于直觉模糊集在处理模糊评价信息方面的优势，可将不同类型的混合评价信息统一转化为直觉模糊信息，并在此基础上确定决策者权重及各准则权重，采用直觉模糊交叉熵确定各方案关于每个准则评价值的灰色关联系数，根据各方案的灰色关联度对各方案排序择优。

5.1.1 直觉模糊数的得分函数及直觉模糊交叉熵

定义 1[180] 设X为给定论域，则X上的一个直觉模糊集A定义为

$$A=\left\{<x,\mu_A(x),\upsilon_A(x)>\middle|x\in X\right\}$$

其中$\mu_A(x),\upsilon_A(x)$分别表示X中元素x属于A的隶属度与非隶属度，$\mu_A:X\to[0,1]$，$\upsilon_A:X\to[0,1]$，且满足条件$0\leqslant\mu_A(x)+\upsilon_A(x)\leqslant1,x\in X$。$\pi_A(x)=1-\mu_A(x)-\upsilon_A(x)$表示$X$中元素$x$属于$A$的犹豫度。将有限论域$X$上的全体直觉模糊集记为$\mathrm{IFS}(X)$。

直觉模糊集A的隶属度$\mu_A(x)$，非隶属度$\upsilon_A(x)$及犹豫度$\pi_A(x)$分别表示元素x属于A的支持、反对和中立这三种证据的程度，有序对$<\mu_A(x),\upsilon_A(x)>$被称为直觉模糊数，简记为$<\mu_A,\upsilon_A>$。

定义 2[180] 设$\alpha_i=<\mu_{\alpha_i},\upsilon_{\alpha_i}>(i=1,2,\cdots,n)$为一组直觉模糊数，且$\alpha_i\in\mathrm{IFS}(X)$，$\boldsymbol{W}=(\omega_1,\omega_2,\cdots,\omega_n)$为$\alpha_i$的加权向量，且满足$\sum_{i=1}^{n}\omega_i=1,0\leqslant\omega_i\leqslant1$，则称函数

$$\mathrm{IFWA}_W(\alpha_1,\alpha_2,\cdots,\alpha_n)=\mathop{\oplus}_{i=1}^{n}\omega_i\alpha_i=\left\langle1-\prod_{i=1}^{n}(1-\mu_{\alpha_i})^{\omega_i},\prod_{i=1}^{n}(\upsilon_{\alpha_i})^{\omega_i}\right\rangle \tag{5-1}$$

为直觉模糊加权算术平均算子，其结果仍为直觉模糊数，且该算子具有幂等性、有界性及置换不变性等性质。

文献[180]定义了直觉模糊集上的加法、数乘、乘法及幂乘运算，同时给出了直觉模糊数的得分函数及精确函数的定义，可对直觉模糊数进行运算及大小排序，但所定义的得分函数不够精细，有时甚至难以区分。在此之后，Ye[224]及王坚强[189]以某种比例关系将犹豫度分配到隶属度及非隶属度中，得到新的得分函数，但对犹豫度的比例分配主观性较强，在不同比例分配下，直觉模糊数的排序结果不完全一致。排序结果不完全一致的主要原因在于单独考虑每个直觉模糊数得到对其犹豫度的分配比例，不同分配比例之间没有直接关系。因此，要实现对直觉模糊数的精细排序，需要从整体上把握直觉模糊数彼此之间

的关系，由某直觉模糊数与其他所有直觉模糊数的对比得到该直觉模糊数犹豫度的分配比例。新的得分函数定义如下。

定义 3 设$\alpha_i =< \mu_{\alpha_i},\upsilon_{\alpha_i} > (i=1,2,\cdots,n)$为一组直觉模糊数，且$\alpha_i \in \mathrm{IFS}(X)$，则$\alpha_i$的得分函数定义为

$$S(\alpha_i)=\mu_{\alpha_i}-\upsilon_{\alpha_i}+\frac{\sigma_{\alpha_i}-1}{\sigma_{\alpha_i}+1}\pi_{\alpha_i} \tag{5-2}$$

其中，$\sigma_{\alpha_i}=\dfrac{\mathrm{shi}(\alpha_i)}{\mathrm{shi}(\alpha)}$，$\mathrm{shi}(\alpha_i)=\dfrac{\mu_{\alpha_i}}{\upsilon_{\alpha_i}}$，$\mathrm{shi}(\alpha)=\dfrac{\sum_{i=1}^{m}\mu_{\alpha_i}}{\sum_{i=1}^{m}\upsilon_{\alpha_i}}$

$\mathrm{shi}(\alpha_i)$表示直觉模糊数α_i的隶属度与非隶属度的比值，也被称为隶属度与非隶属度的集对势；$\mathrm{shi}(\alpha)$表示这一组直觉模糊数的整体隶属度与整体非隶属度的集对势；σ_{α_i}表示在整体考虑这一组直觉模糊数的情况下，α_i的隶属度与非隶属度的相对集对势。

若$\sigma_{\alpha_i}>1$，即$\mathrm{shi}(\alpha_i)>\mathrm{shi}(\alpha)$，说明直觉模糊数$\alpha_i$的集对势高于这一组直觉模糊数的整体集对势，即整体考虑这一组直觉模糊数，评价信息α_i处于优势地位，此时新定义的得分函数值比传统定义的得分函数值要大；相反，若$\sigma_{\alpha_i}<1$，则说明该信息处于劣势地位。特别地，若这组直觉模糊数中只含有 1 个元素，此时$\sigma_{\alpha_i}=1$，新定义的得分函数退化为传统意义上的得分函数。

若将一组直觉模糊数看作所有方案在单个准则下的直觉模糊评价值，可将直觉模糊评价值转化为其得分函数值。该得分函数既考虑到直觉模糊数的隶属度和非隶属度的差值，又从单个准则评价的整体角度将某一个直觉模糊数与其他所有直觉模糊数的对比融入得分函数的定义，分辨效果较好。

定义 4[225] 论域X上的两个直觉模糊集A,B之间的直觉模糊交叉熵为

$$\begin{aligned}I(A,B)=&\frac{\mu_A(x_i)+1-\upsilon_A(x_i)}{2}\log_2\frac{\mu_A(x_i)+1-\upsilon_A(x_i)}{[(\mu_A(x_i)+1-\upsilon_A(x_i))+(\mu_B(x_i)+1-\upsilon_B(x_i))]/2}+\\&\frac{1-\mu_A(x_i)+\upsilon_A(x_i)}{2}\log_2\frac{1-\mu_A(x_i)+\upsilon_A(x_i)}{[(1-\mu_A(x_i)+\upsilon_A(x_i))+(1-\mu_B(x_i)+\upsilon_B(x_i))]/2}\end{aligned} \tag{5-3}$$

由于直觉模糊交叉熵$I(A,B)$不满足对称性，因此将直觉模糊集A和B之间的模糊交叉熵距离定义为$D(A,B)=I(A,B)+I(B,A)$。直觉模糊交叉熵距离$D(A,B)$具有如下性质：

（1）$D(A,B)\geq 0$，直觉模糊集A和B之间偏差越大，则交叉熵距离越大，特别地，若$A=B$，则有$D(A,B)=0$；

（2）$D(A^c,B^c)=D(A,B)$；

（3）$D(A,B)=D(B,A)$。

5.1.2 多种类型评价信息的直觉模糊转化

1. 精确数与区间数的直觉模糊转化

针对以上提到的五类评价信息混合的多准则群决策问题，首先需要对客观评价信息进行规范化处理，主要有精确数与区间数两类信息。

对于精确数准则值$r_{ij}(i=1,2,\cdots,m;j=n_1+1,n_1+2,\cdots,n)$，采用向量规范法处理，即

$$\overline{r}_{ij}=\begin{cases} r_{ij}\Big/\sum_{i=1}^{m}r_{ij}, r_{ij}\in I_1 \\ (1/r_{ij})\Big/\left(\sum_{i=1}^{m}1/r_{ij}\right), r_{ij}\in I_2 \end{cases} \tag{5-4}$$

对于区间数准则值$r_{ij}=[r_{ij}^L,r_{ij}^U]$，规范化后记为$\overline{r}_{ij}=[\overline{r}_{ij}^L,\overline{r}_{ij}^U]$，即

$$[\overline{r}_{ij}^L,\overline{r}_{ij}^U]=\begin{cases} \left[r_{ij}^L\Big/\sum_{i=1}^{m}r_{ij}^U, r_{ij}^U\Big/\sum_{i=1}^{m}r_{ij}^L\right],\ r_{ij}\in I_1 \\ \left[(1/r_{ij}^U)\Big/\left(\sum_{i=1}^{m}1/r_{ij}^L\right),(1/r_{ij}^L)\Big/\left(\sum_{i=1}^{m}1/r_{ij}^U\right)\right],\ r_{ij}\in I_2 \end{cases} \tag{5-5}$$

其中I_1表示效益型准则，I_2表示成本型准则。规范化后的客观评价信息均为正向指标信息，消除了信息之间的不可共度性，且准则值均在[0,1]范围内。

规范化的区间数$\overline{r}_{ij}$可直接转化为直觉模糊数$\overline{r}'_{ij}=<\mu_{ij},\upsilon_{ij}>$，其中$\mu_{ij}=\overline{r}_{ij}^L,\upsilon_{ij}=1-\overline{r}_{ij}^U$。而规范化的精确数$\overline{r}_{ij}$可看作特殊的区间数，即上、下限相等的区间数，从而转化得到的直觉模糊数为$\overline{r}'_{ij}=<\overline{r}_{ij},1-\overline{r}_{ij}>$。

2. 语言变量与不确定语言变量的直觉模糊转化

假设决策部门定性测度采用的语言评价集为$S=\{s_0,s_1,\cdots,s_T\}$，其中T为偶数，其粒度为$T+1$。例如，粒度为 9 的语言评价集定义为$S=\{s_0=EP$（极差），$s_1=VP$（非常差），$s_2=P$（差），$s_3=MP$（偏差），$s_4=F$（一般），$s_5=MG$（偏好），$s_6=G$（好），$s_7=VG$（非常好），$s_8=EG$（非常好）$\}$。设s_α,s_β为S中的语言变

量，且$\alpha \leqslant \beta$，则$[s_\alpha, s_\beta]$为不确定语言变量，区间的两端点分别为不确定语言变量的下限和上限。文献[226]给出了语言变量与直觉模糊数之间的相互转化关系，如表 5-1 所示。

表 5-1　语言变量与直觉模糊数的转化关系

语言变量	直觉模糊数
s_0	$<0.05, 0.95>$
s_1	$<0.15, 0.80>$
s_2	$<0.25, 0.65>$
s_3	$<0.35, 0.55>$
s_4	$<0.50, 0.40>$
s_6	$<0.65, 0.25>$
s_7	$<0.85, 0.10>$
s_8	$<0.95, 0.05>$

对于不确定语言变量$[s_\alpha, s_\beta]$，其上下限均为语言变量，可分别转化为直觉模糊数，则s_α, s_β转化后的直觉模糊数分别为$<\mu_\alpha, \upsilon_\alpha>, <\mu_\beta, \upsilon_\beta>$。此外，不确定语言变量为语言区间，本身涵盖了若干标准语言短语，可基于 IFWA 算子对不确定语言变量的上下限所代表直觉模糊数进行加权集成，即

$$\mathrm{IFWA}_\lambda(<\mu_\alpha, \upsilon_\alpha>, <\mu_\beta, \upsilon_\beta>) = \theta <\mu_\alpha, \upsilon_\alpha> \oplus (1-\theta) <\mu_\beta, \upsilon_\beta> \tag{5-6}$$

其中$0 \leqslant \theta \leqslant 1$，一般取$\theta = 0.5$，从而将不确定语言变量转化为直觉模糊数。

5.1.3　群决策方法及步骤

在混合多类型评价信息的多准则群决策问题中，联合评价小组对选定的多种评价信息混合的主、客观准则赋值，根据各决策部门给出的定性评价信息及通过统计分析获取的定量评价信息，共同对备选的多个方案进行排序择优。假设决策部门构成的决策者集为$E = \{e_k | k = 1, 2, \cdots, l\}$，备选方案构成的方案集为$C = \{c_i | i = 1, 2, \cdots, m\}$，各个主、客观准则构成的准则集为$U = \{u_j | j = 1, 2, \cdots, n\}$，其中$U_1 = \{u_1, u_2, \cdots, u_{n_1}\}$为主观准则集，$U_2 = \{u_{n_1+1}, u_{n_1+2}, \cdots, u_n\}$为客观准则集。决

策者e_k根据各主观评价准则的类型特征，对决策方案c_i关于主观评价准则u_j进行测度，得到主观评价矩阵$\boldsymbol{R}^k=(r_{ij}^k)_{m\times n_1}$（$k=1,2,\cdots,l$），其中$r_{ij}^k$表示决策者$e_k$给出的方案$c_i$关于准则$u_j$的评价值；统计得到的客观评价矩阵记为$\boldsymbol{R}'=(r_{ij})_{m\times(n-n_1)}$。

需要说明的是，各个决策部门给出的均是定性的主观评价信息，客观评价信息从统计分析中直接获取，所有的准则分为效益型和成本型两类，主、客观评价信息之间不存在关联。所要解决的混合多准则供应商选择群决策问题的核心在于如何确定决策者权重及主、客观准则权重，并在此基础上对主、客观准则评价信息进行集结，最终得到备选方案的排序结果。具体步骤如下。

步骤 1　将各决策者给出的混合的多种主观评价信息统一转化为直觉模糊评价。

决策者e_k给出的混合主观评价矩阵为$\boldsymbol{R}^k=(r_{ij}^k)_{m\times n_1}$，其中包含语言短语、不确定语言变量及直觉模糊数三种主观评价信息，根据表 5–1 及式（5–6）将语言变量及不确定语言变量统一转化为直觉模糊数，得到所有评价信息转化为直觉模糊数的主观评价矩阵$\overline{\boldsymbol{R}}^k=(\overline{r}_{ij}^k)_{m\times n_1}$。

步骤 2　由得分函数及评价整体偏差确定各决策者权重。

直觉模糊主观评价矩阵之间的偏差可以由转化而来的得分函数矩阵之间的偏差体现。由式（5–2）计算各直觉模糊评价信息的得分函数，从而得到$\overline{\boldsymbol{R}}^k$对应的得分函数矩阵$\boldsymbol{S}^k=\left(S(\overline{r}_{ij}^k)\right)_{m\times n_1}$。决策群体关于决策方案$c_i$在主观评价准则$u_j$下的得分函数值的均值为

$$S(\overline{r}_{ij})=\frac{1}{l}\sum_{k=1}^{l}S(\overline{r}_{ij}^k) \tag{5-7}$$

从而可得决策者e_k与决策群体关于所有方案在每个主观评价准则下的平均偏差为

$$H_k=\frac{1}{mn}\sum_{i=1}^{m}\sum_{j=1}^{n}\left|S(\overline{r}_{ij}^k)-S(\overline{r}_{ij})\right| \tag{5-8}$$

若决策者e_k的评价信息与决策群体平均评价信息的偏差越大，从总体上看，该决策者与决策群体评价意见的分歧越大，难以达成一致，因此该决策者应赋予越小的权重；反之，若决策者e_k与决策群体的平均评价偏差越小，则该决策者与决策群体评价意见的一致性程度越高，应赋予越大的权重。基于此，各决策者的权重为

$$\lambda_k = \frac{1-H_k}{\sum_{k=1}^{l}(1-H_k)} (k=1,2,\cdots,l) \tag{5-9}$$

步骤 3　确定群体直觉模糊主观评价矩阵，并与规范化的客观评价信息合并，获取群体直觉模糊混合主、客观评价矩阵。

由直觉模糊主观评价矩阵$\bar{\boldsymbol{R}}^k$及各决策者权重λ_k，基于 IFWA 算子得到群体直觉模糊主观评价矩阵$\bar{\boldsymbol{R}} = (\bar{r}_{ij})_{m\times n_1}$，其中$\bar{r}_{ij} = \mathrm{IFWA}_{\lambda_k}(\bar{r}_{ij}^1, \bar{r}_{ij}^2, \cdots, \bar{r}_{ij}^l)$。根据式（5-4）及式（5-5）对包含精确数及区间数的客观评价信息进行规范化处理，同时将规范化处理后的评价值转化为直觉模糊数，得到相应的直觉模糊客观评价矩阵$\bar{\boldsymbol{R}}' = (\bar{r}_{ij})_{m\times(n-n_1)}$，将群体直觉模糊主观评价矩阵与客观评价矩阵合并，得到混合主、客观评价信息的群体直觉模糊评价矩阵$\bar{\boldsymbol{R}} = (\bar{r}_{ij})_{m\times n} = (<\bar{\mu}_{ij}, \bar{\upsilon}_{ij}>)_{m\times n}$。

步骤 4　基于直觉模糊熵确定各准则权重。

各准则评价值的直觉模糊熵为

$$E(\bar{r}_{ij}) = \frac{1-\left|\bar{\mu}_{ij} - \bar{\upsilon}_{ij}\right| + \bar{\pi}_{ij}}{1+\left|\bar{\mu}_{ij} - \bar{\upsilon}_{ij}\right| + \bar{\pi}_{ij}} \tag{5-10}$$

各准则值的直觉模糊熵构成的矩阵为$E = \left(E(\bar{r}_{ij})\right)_{m\times n}$。$E(\bar{r}_{ij})$越大，则直觉模糊数$\bar{r}_{ij}$的不确定性程度越大；与此同时，如果各方案关于单个准则的直觉模糊熵越大，说明该准则评价信息的有效性越差，该准则对方案排序所起的作用也就越小，应赋予越小的权重。将各方案平等对待，可得各方案关于单个准则的平均直觉模糊熵，即

$$E(\bar{r}_j) = \frac{1}{m}\sum_{i=1}^{m} E(\bar{r}_{ij}) \tag{5-11}$$

各准则的权重为

$$\omega_j = \frac{1-E(\bar{r}_j)}{\sum_{j=1}^{n}\left(1-E(\bar{r}_j)\right)} \tag{5-12}$$

步骤 5　基于直觉模糊交叉熵距离及灰色关联对各方案排序择优。

将直觉模糊交叉熵作为直觉模糊数之间的距离度量，针对群体直觉模糊评价矩阵$\bar{\boldsymbol{R}}$，在确定正理想方案的基础上，计算各方案与正理想方案的灰关联度，灰关联度越大的方案越优。确定的正理想方案为

$$\boldsymbol{R}^{+}=(r_1^{+},r_2^{+},\cdots,r_n^{+})=\left(\max_i r_{i1},\max_i r_{i2},\cdots,\max_i r_{in}\right),\quad (i=1,2,\cdots,m) \tag{5-13}$$

$D(r_j^{+},\overline{r}_{ij})$表示方案$c_i$关于准则$u_j$的综合评价值与正理想方案中准则$u_j$评价值的直觉模糊交叉熵，则各方案的每个准则值与正理想方案对应准则的灰色关联系数为

$$\delta_{ij}=\frac{\min_i\min_j D(r_j^{+},\overline{r}_{ij})+\rho\max_i\max_j D(r_j^{+},\overline{r}_{ij})}{D(r_j^{+},\overline{r}_{ij})+\rho\max_i\max_j D(r_j^{+},\overline{r}_{ij})} \tag{5-14}$$

其中$i=1,2,\cdots,m$，$j=1,2,\cdots,n$，$\rho\in[0,1]$为分辨系数，一般取$\rho=0.5$。

由关联系数及各准则权重可得每个方案与正理想方案的关联度，即

$$\delta_i=\sum_{j=1}^{n}\omega_j\delta_{ij} \tag{5-15}$$

根据各方案与正理想方案的关联度大小对各方案排序，得到各方案的排序结果。

5.1.4 算例分析

在供应链管理，选择供应商对提高整个供应链的竞争力发挥着越来越重要的作用[227-228]，与企业之间的竞争相比，不同供应链之间的竞争逐渐突显，而多变的市场需求也要求供应链不断提升自身核心竞争力，与此同时，企业的关注点也逐步转移到供应链结点上的供应商选择优化上。在采购企业供应链中，企业主要通过外界供应商采购获取非核心资源，采购成本居高不下，对于制造类企业尤其如此。因此，如何合理地选择供应商在供应链管理中至关重要，优质供应商能够有效降低企业采购成本，逐步增加供应链的管理柔性，并不断提高企业的核心竞争力。

要对供应商进行评价、选择，首先需要确定评价标准及评价指标体系。De Boer L[229]较为完整地阐述了供应商选择框架，就供应商选择过程中的资格预审、评价指标构建及最终评价等各个阶段进行了综述分析。Dickson G. W.[230]和 Weber C. A.[231]采用实证研究方法提取出 23 种供应商评价准则，评价准则主要分为两类，其中客观评价准则为定量评价信息，主要通过统计供应商的实际表现水平得到，如产品价格、采购成本等；主观评价准则为定性评价信息，由决策者或决策部门根据经验和调查分析对备选供应商进行主观判断，如财务状况、服务质量、技术开发能力等。在不同视角下对这些准则的重要性进

行统计分析，发现产品价格、准时送货率、产品质量较为重要。随着经济、社会环境的急剧变化，企业供应链的运作模式层出不穷，供应商选择的评价指标也与时俱进，逐步完善。袁宇[232]对近年来描述供应商选择评价准则较为完整的多篇文献进行统计分析，结果表明准时送货率、产品质量、企业综合能力这三项准则在评价中出现的频率较高。随着时间的推移，企业供应链的特征逐渐演化，反映到供应商选择评价中体现为不同准则重要度排序的不断变化。

其次，需要确定合理的供应商选择方法。供应商选择评价需要企业的生产、采购、物流等多个部门的联合参与，评价指标体系庞大且包含主、客观两类评价准则，准则的数据类型多样化且准则值之间存在不可共度性，故而供应商选择决策主要倾向于混合评价信息下的多准则群决策问题。文献[232]给出一种基于混合 VIKOR 法的供应商选择决策模型，通过准则权重的扰动说明模型不敏感，对比分析说明 VIKOR 法从整体上明显优于 TOPSIS 法。Sanayei A.[233]、Shemshadi A.[234]针对纯语言评价信息的供应商选择问题，将语言短语转化为三角模糊数或梯形模糊数，通过模糊数的隶属函数实现模糊数的精确化，并基于 VIKOR 方法对供应商排序择优，所采用的评价信息只有语言变量一种，较为单一，不仅忽略了客观评价准则且对主观评价准则的认知较为粗糙。耿秀丽[235]将语言变量转化为直觉模糊数，利用变精度粗糙集获取各准则的信息量及被依赖度，将两者加权求和得到准则权重，其中使用直觉模糊集有利于更加灵活地处理评价信息的模糊性及不确定性[236]。事实上，可进一步对主、客观评价准则细分，主观评价准则值可以是语言短语（如产品质量）、不确定语言变量（如财务状况）、直觉模糊数（如技术开发能力）等，客观评价信息有精确值（如准时送货率）和区间数（如采购成本）等。此外，评价指标体系中各准则的重要度存在差异，已有供应商选择评价往往基于已知的准则权重或实证研究中的结论对供应商排序，这与实际企业供应链的情形不完全相符，再加上决策群体给出的主观评价信息，导致决策者权重难以确定，使供应商选择评价的不确定性大大增加。因此，确定评价准则权重及决策者权重合理与否将影响着混合评价信息下的供应商选择决策的有效性。

供应商选择评价指标体系中所含准则类型的多样性，决定了不可能采用单一的数据类型对各主、客观评价信息进行赋值。准时送货率、产品价格可采用精确数表示；采购成本会在一定的范围内波动，用区间数表示较为合理；产品质量、服务质量等定性准则宜采用语言评价信息进行描述；用语言区间说明财务状况及与供应商的关系这两个定性准则更符合决策者的思维判断模式；而对于技术开发能力、需求反映能力，决策者会有一定的犹豫度，用直觉模糊数表示更为灵活。多种不同数据类型的使用体现出各种主、客观评价准则的特点，能较为全面且准确地描述各个备选供应商的综合表现。供应商选择评价指标体系的各项指标及其数据类型如表 5–2 所示。

表 5–2 供应商选择评价指标体系

评价准则	准则类型	数据类型	分　类
产品质量u_1	定性	语言短语	效益型
综合能力u_2	定性	直觉模糊数	效益型
财务状况u_3	定性	不确定语言变量	效益型
技术支持u_4	定性	直觉模糊数	效益型
服务质量u_5	定性	语言短语	效益型
与供应商的关系u_6	定性	不确定语言变量	效益型
技术开发能力u_7	定性	直觉模糊数	效益型
需求反应能力u_8	定性	直觉模糊数	效益型
送货准时率u_9	定量	精确数	效益型
生产柔性u_{10}	定量	精确数	效益型
产品价格u_{11}	定量	精确数	成本型
采购成本u_{12}	定量	区间数	成本型

以下针对制造类企业的供应商选择算例，采用本节给出的混合多种评价信息群决策方法进行求解，最终得到最优的备选供应商。

在制造业企业供应链中，企业应选择具备一定竞争力的供应商作为供应链的重要一环。起初具备供应能力的供应商的数量是较多的，经过初步筛选、短期拜访及深度调查分析后，确定了四个备选供应商，即$C=\{c_1,c_2,c_3,c_4\}$。企业的质量部门、采购部门和物流部门通力协作，共同组建评价小组对这四个备选供应商进行评价。这里采用文献[232]中使用的供应商选择评价指标体系，评价体系中共有 12 个准则指标，其中定性的主观评价指标有产品质量（u_1）、综合能力（u_2）、财务状况（u_3）、技术支持（u_4）、服务质量（u_5）、与供应商的关系（u_6）、技术开发能力（u_7）、需求反应能力（u_8），定量的客观评价指标有送货准时率（u_9）、生产柔性（u_{10}）、产品价格（u_{11}）、采购成本（u_{12}），且 u_{11},u_{12}为成本型准则，其余均为效益型准则。按指标数据类型划分，u_1,u_5为语言短语；u_3,u_6为不确定语言变量；u_2,u_4,u_7,u_8为直觉模糊数；u_9,u_{10},u_{11}为精确数；u_{12}为区间数。语言短语及不确定语言变量均采用 9 粒度（即$T=8$）的语言评价集，即$S=\{s_0,s_1,s_2,s_3,s_4,s_5,s_6,s_7,s_8\}$。三个决策部门（即$E=\{e_1,e_2,e_3\}$）给出的主观评价信息如表 5–3 至表 5–5 所示，通过统计调查得到的客观评价信息如表 5–6 所示。

表 5–3　企业质量部门给出的四个备选供应商主观评价值

备选供应商	主观定性准则指标							
	u_1	u_2	u_3	u_4	u_5	u_6	u_7	u_8
c_1	s_5	$<0.8,0.1>$	$[s_5,s_7]$	$<0.5,0.4>$	s_7	$[s_3,s_5]$	$<0.6,0.1>$	$<0.8,0.2>$
c_2	s_7	$<0.7,0.1>$	$[s_5,s_7]$	$<0.6,0.3>$	s_6	$[s_4,s_6]$	$<0.5,0.4>$	$<0.8,0.1>$
c_3	s_6	$<0.7,0.2>$	$[s_4,s_6]$	$<0.7,0.2>$	s_7	$[s_4,s_6]$	$<0.5,0.5>$	$<0.9,0.1>$
c_4	s_5	$<0.6,0.2>$	$[s_4,s_6]$	$<0.7,0.2>$	s_6	$[s_5,s_7]$	$<0.6,0.4>$	$<0.8,0.2>$

表 5–4　企业采购部门给出的四个备选供应商主观评价值

备选供应商	主观定性准则指标							
	u_1	u_2	u_3	u_4	u_5	u_6	u_7	u_8
c_1	s_7	$<0.7,0.1>$	$[s_4,s_6]$	$<0.6,0.1>$	s_6	$[s_3,s_5]$	$<0.5,0.3>$	$<0.9,0.1>$
c_2	s_6	$<0.6,0.2>$	$[s_5,s_7]$	$<0.7,0.1>$	s_7	$[s_3,s_5]$	$<0.7,0.1>$	$<0.8,0.1>$
c_3	s_6	$<0.7,0.2>$	$[s_3,s_5]$	$<0.6,0.2>$	s_7	$[s_5,s_7]$	$<0.4,0.2>$	$<0.7,0.2>$
c_4	s_5	$<0.6,0.2>$	$[s_5,s_7]$	$<0.7,0.1>$	s_6	$[s_3,s_5]$	$<0.5,0.2>$	$<0.8,0.1>$

表 5–5　企业物流部门给出的四个备选供应商主观评价值

备选供应商	主观定性准则指标							
	u_1	u_2	u_3	u_4	u_5	u_6	u_7	u_8
c_1	s_6	$<0.7,0.1>$	$[s_5,s_7]$	$<0.6,0.2>$	s_4	$[s_5,s_7]$	$<0.6,0.1>$	$<0.7,0.1>$

续 表

备选供应商	主观定性准则指标							
	u_1	u_2	u_3	u_4	u_5	u_6	u_7	u_8
c_2	s_6	$<0.8,0.1>$	$[s_4,s_6]$	$<0.6,0.2>$	s_5	$[s_4,s_6]$	$<0.5,0.3>$	$<0.8,0.1>$
c_3	s_5	$<0.6,0.1>$	$[s_6,s_8]$	$<0.7,0.1>$	s_5	$[s_4,s_6]$	$<0.5,0.2>$	$<0.7,0.1>$
c_4	s_5	$<0.8,0.1>$	$[s_5,s_7]$	$<0.7,0.1>$	s_4	$[s_5,s_7]$	$<0.6,0.2>$	$<0.7,0.2>$

表 5-6 统计观测所得四个备选供应商的客观评价值

备选供应商	客观定量准则指标			
	u_9	u_{10}	u_{11}	u_{12}
c_1	85	10	285	[14,16]
c_2	95	12	293	[18,19]
c_3	90	8	278	[14,15]
c_4	88	5	280	[16,17]

首先根据表 5-1 及式（5-6）将语言变量及不确定语言变量统一转化为直觉模糊数，得到所有主观评价信息均为直觉模糊数的主观评价矩阵，分别为

$$\overline{R}^1=\begin{pmatrix} <0.65,0.25> & <0.8,0.1> & <0.771,0.158> & <0.5,0.4> & <0.85,0.1> & <0.523,0.371> & <0.6,0.1> & <0.8,0.2> \\ <0.85,0.10> & <0.7,0.1> & <0.771,0.158> & <0.6,0.3> & <0.75,0.15> & <0.646,0.245> & <0.5,0.4> & <0.8,0.1> \\ <0.75,0.15> & <0.7,0.2> & <0.646,0.245> & <0.7,0.2> & <0.85,0.1> & <0.646,0.245> & <0.5,0.5> & <0.9,0.1> \\ <0.65,0.25> & <0.6,0.2> & <0.646,0.245> & <0.7,0.2> & <0.75,0.15> & <0.771,0.158> & <0.6,0.4> & <0.8,0.2> \end{pmatrix}$$

$$\overline{R}^2=\begin{pmatrix} <0.85,0.1> & <0.7,0.1> & <0.646,0.245> & <0.6,0.1> & <0.75,0.15> & <0.523,0.371> & <0.5,0.3> & <0.9,0.1> \\ <0.75,0.15> & <0.6,0.2> & <0.771,0.158> & <0.7,0.1> & <0.85,0.1> & <0.523,0.371> & <0.7,0.1> & <0.8,0.1> \\ <0.75,0.15> & <0.7,0.2> & <0.523,0.371> & <0.6,0.2> & <0.85,0.1> & <0.771,0.158> & <0.4,0.2> & <0.7,0.2> \\ <0.65,0.25> & <0.6,0.2> & <0.771,0.158> & <0.7,0.1> & <0.75,0.15> & <0.523,0.371> & <0.5,0.2> & <0.8,0.1> \end{pmatrix}$$

$$\overline{R}^3=\begin{pmatrix} <0.75,0.15> & <0.7,0.1> & <0.771,0.158> & <0.6,0.2> & <0.5,0.4> & <0.771,0.158> & <0.6,0.1> & <0.7,0.1> \\ <0.75,0.15> & <0.8,0.1> & <0.646,0.245> & <0.6,0.2> & <0.65,0.25> & <0.646,0.245> & <0.5,0.3> & <0.8,0.1> \\ <0.65,0.25> & <0.6,0.1> & <0.888,0.087> & <0.7,0.1> & <0.65,0.25> & <0.646,0.245> & <0.5,0.2> & <0.7,0.1> \\ <0.65,0.25> & <0.8,0.1> & <0.771,0.158> & <0.7,0.1> & <0.5,0.4> & <0.771,0.158> & <0.6,0.2> & <0.7,0.2> \end{pmatrix}。$$

对应的得分函数矩阵分别为

$$S^1=\begin{pmatrix}0.380 & 0.726 & 0.625 & 0.071 & 0.757 & 0.111 & 0.676 & 0.6\\ 0.769 & 0.640 & 0.625 & 0.294 & 0.588 & 0.403 & 0.089 & 0.719\\ 0.613 & 0.486 & 0.385 & 0.521 & 0.757 & 0.403 & 0 & 0.8\\ 0.380 & 0.357 & 0.385 & 0.521 & 0.588 & 0.635 & 0.2 & 0.6\end{pmatrix}$$

$$S^2=\begin{pmatrix}0.780 & 0.661 & 0.396 & 0.521 & 0.588 & 0.138 & 0.155 & 0.8\\ 0.604 & 0.379 & 0.631 & 0.630 & 0.757 & 0.138 & 0.691 & 0.711\\ 0.604 & 0.497 & 0.115 & 0.346 & 0.757 & 0.645 & 0.146 & 0.471\\ 0.372 & 0.379 & 0.631 & 0.630 & 0.588 & 0.138 & 0.293 & 0.711\end{pmatrix}$$

$$S^3=\begin{pmatrix}0.618 & 0.600 & 0.614 & 0.364 & 0.083 & 0.625 & 0.611 & 0.619\\ 0.618 & 0.705 & 0.370 & 0.364 & 0.419 & 0.385 & 0.151 & 0.716\\ 0.385 & 0.472 & 0.810 & 0.647 & 0.419 & 0.385 & 0.286 & 0.619\\ 0.385 & 0.705 & 0.614 & 0.647 & 0.083 & 0.625 & 0.409 & 0.475\end{pmatrix}$$

计算决策群体关于备选供应商c_i在主观评价准则u_j下评价值的得分函数的均值，构成的得分函数均值矩阵为

$$S=\begin{pmatrix}0.593 & 0.661 & 0.545 & 0.319 & 0.476 & 0.291 & 0.481 & 0.673\\ 0.663 & 0.575 & 0.542 & 0.429 & 0.588 & 0.309 & 0.310 & 0.715\\ 0.534 & 0.485 & 0.437 & 0.505 & 0.644 & 0.478 & 0.144 & 0.630\\ 0.379 & 0.480 & 0.544 & 0.599 & 0.419 & 0.466 & 0.301 & 0.600\end{pmatrix}$$

每个决策者与决策群体关于所有备选供应商在每个主观评价准则下的平均偏差分别为

$$H_1=0.113$$
$$H_2=0.138$$
$$H_3=0.132$$

各决策者的权重分别为

$$\lambda_1=0.339$$
$$\lambda_2=0.329$$
$$\lambda_3=0.332$$

基于 IFWA 算子得到的群体直觉模糊主观评价矩阵为

$$\overline{\boldsymbol{R}}=\begin{pmatrix} <0.763,0.156> & <0.739,0.1> & <0.736,0.183> & <0.569,0.201> \\ <0.790,0.131> & <0.712,0.126> & <0.735,0.183> & <0.636,0.183> \\ <0.721,0.178> & <0.670,0.159> & <0.733,0.199> & <0.670,0.159> \\ <0.65,0.25> & <0.682,0.159> & <0.735,0.183> & <0.7,0.127> \end{pmatrix.$$

$$\begin{matrix} <0.735,0.181> & <0.626,0.280> & <0.570,0.144> & <0.818,0.127> \\ <0.764,0.156> & <0.610,0.281> & <0.577,0.230> & <0.8,0.1> \\ <0.801,0.136> & <0.693,0.212> & <0.469,0.273> & <0.793,0.126> \\ <0.685,0.208> & <0.708,0.209> & <0.570,0.253> & <0.771,0.159> \end{matrix}\right)$$

由包含精确数及区间数的客观评价信息转化得到的直觉模糊评价矩阵为

$$\overline{\boldsymbol{R}}'=\begin{pmatrix} <0.237,0.763> & <0.286,0.714> & <0.249,0.751> & <0.240,0.703> \\ <0.265,0.735> & <0.343,0.657> & <0.242,0.758> & <0.202,0.769> \\ <0.251,0.749> & <0.229,0.771> & <0.255,0.745> & <0.256,0.703> \\ <0.246,0.754> & <0.143,0.857> & <0.254,0.746> & <0.226,0.740> \end{pmatrix}$$

将群体直觉模糊主观评价矩阵与客观评价矩阵合并，同时计算各综合准则评价值的直觉模糊熵，所有的直觉模糊熵构成的矩阵为

$$\boldsymbol{E}=\begin{pmatrix} 0.281 & 0.291 & 0.323 & 0.540 & 0.323 & 0.519 & 0.503 & 0.209 & 0.311 & 0.401 & 0.332 & 0.391 \\ 0.242 & 0.330 & 0.324 & 0.445 & 0.280 & 0.543 & 0.549 & 0.222 & 0.361 & 0.522 & 0.319 & 0.290 \\ 0.340 & 0.392 & 0.333 & 0.392 & 0.230 & 0.389 & 0.730 & 0.236 & 0.335 & 0.297 & 0.342 & 0.399 \\ 0.467 & 0.378 & 0.325 & 0.343 & 0.397 & 0.369 & 0.576 & 0.272 & 0.326 & 0.167 & 0.341 & 0.336 \end{pmatrix}$$

各方案关于单个准则的平均直觉模糊熵为

$E(\overline{r_1})=0.332$，$E(\overline{r_2})=0.348$，$E(\overline{r_3})=0.326$，$E(\overline{r_4})=0.430$，$E(\overline{r_5})=0.307$，$E(\overline{r_6})=0.455$，$E(\overline{r_7})=0.590$，$E(\overline{r_8})=0.235$，$E(\overline{r_9})=0.333$，$E(\overline{r_{10}})=0.347$，$E(\overline{r_{11}})=0.333$，$E(\overline{r_{12}})=0.354$。

所确定的准则权重向量为

$\boldsymbol{W}=(0.088,\ 0.086,\ 0.089,\ 0.075,\ 0.091,\ 0.072,\ 0.054,\ 0.101,\ 0.088,\ 0.086,\ 0.087,\ 0.085)$。

确定的正理想方案为

$$\boldsymbol{R}^{+}=(<0.790,0.131>,<0.739,0.1>,<0.736,0.183>,<0.7,0.127>,<0.801,0.136>,<0.708,0.209>,<0.570,0.144>,<0.8,0.1>)$$

计算各备选供应商的每个准则值与正理想方案对应准则值的灰色关联系数，构成的关联系数矩阵为

$$\boldsymbol{R}=\begin{pmatrix} 0.914 & 1 & 1 & 0.462 & 0.705 & 0.623 & 1 & 0.997 & 0.919 & 0.759 & 0.996 & 0.993 \\ 1 & 0.914 & 1 & 0.708 & 0.895 & 0.572 & 0.867 & 1 & 1 & 1 & 0.981 & 0.708 \\ 0.691 & 0.659 & 0.990 & 0.895 & 1 & 0.990 & 0.446 & 0.960 & 0.979 & 0.424 & 1 & 1 \\ 0.333 & 0.703 & 0.999 & 1 & 0.471 & 1 & 0.773 & 0.776 & 0.961 & 0.175 & 0.999 & 0.890 \end{pmatrix}$$

各备选供应商与正理想方案的关联度分别为

$$\delta_1 = 0.869,\ \delta_2 = 0.897,\ \delta_3 = 0.849,\ \delta_4 = 0.750$$

备选供应商的优先序为$c_2 > c_1 > c_3 > c_4$，即c_2为最优的备选供应商，与文献[232]确定的最优供应商相同，但排序结果不完全一致，主要原因在于确定决策者权重及准则权重的方法不同。文献[232]采用 VIKOR 法对各方案排序，有追求利润最大化的决策倾向；而本节使用的灰关联法倾向于规避风险对决策结果的影响。此外，文献[232]对方案排序的群体效用值优先序与本书结果完全一致，反映出各方案与理想方案的接近程度。不同决策群体可根据自身需求采取合理的决策方法因地制宜地对备选方案进行排序。

5.2　基于距离测度及支持度的混合评价信息群决策方法

一般确定准则权重的方法都需要对不同类型的混合评价信息进行一致化处理，在转化为同一类型的基础上确定准则权重，在一致化评价信息的过程中难免会造成信息损失，对所确定准则权重的精确性造成一定的影响。鉴于此，本节针对具有精确数、区间数、语言短语、不确定语言变量、直觉模糊数这五类主、客观评价信息混合的多准则群决策问题，在准则权重与决策部门权重完全未知的情形下，提出一种基于距离测度及支持度的群决策方法。该群决策方法不需要对多种类型的评价信息进行一致化，能避免评价信息一致化所导致的信息缺失，并通过制造业企业供应商选择算例说明该方法的有效性和适用性。

5.2.1　混合评价信息的距离测度及大小比较

一般情况下，不同方案关于单个准则u_j的评价值之间存在差异，可定义同一准则评价值之间的距离测度来度量准则值之间的偏差程度，首先给出距离测度的定义。

定义 5　设A为非空集合，$\forall x, y \in A$，两者之间的距离测度定义为$d(x, y)$，满足如下性质：

（1）非负性：$d(x, y) \geqslant 0$，且$d(x, y) = 0$当且仅当$x = y$；

（2）对称性：$d(x, y) = d(y, x)$；

（3）三角不等式：$\forall z \in A, d(x, z) \leqslant d(x, y) + d(y, z)$。

以下给出各种类型评价信息的距离测度定义及大小比较方法。

1. 区间数评价信息

定义 6[237] 两个区间数定义为$a=[a^L,a^U],b=[b^L,b^U]$，其中$a^L\leqslant a^U,b^L\leqslant b^U$，两者之间的距离定义为

$$d(a,b)=\sqrt{\frac{1}{2}[(a^L-b^L)^2+(a^U-b^U)^2]} \tag{5-16}$$

设$l_a=a^U-a^L,l_b=b^U-b^L$分别表示两个区间数的长度，称

$$p(a\geqslant b)=\frac{1}{2}\left(1+\frac{\left|a^U-b^L\right|-\left|a^L-b^U\right|}{l_a+l_b}\right) \tag{5-17}$$

为$a\geqslant b$的可能度。

对于给定的一组区间数$a_i=\left[a_i^L,a_i^U\right](i=1,2,\cdots,m)$，根据区间数比较的可能度公式，可得所有区间数相互比较的可能度$p_{ij}=p(a_i\geqslant a_j)(i,j=1,2,\cdots,m)$，得到可能度矩阵$\boldsymbol{P}=(p_{ij})_{m\times m}$。$\boldsymbol{P}$为模糊互补判断矩阵，根据模糊互补判断矩阵的排序公式

$$A_i=\frac{1}{m(m-1)}\left(\sum_{j=1}^{m}p_{ij}+\frac{m}{2}-1\right)(i=1,2,\cdots,m) \tag{5-18}$$

对区间数进行排序，其中A_i表示区间数a_i优于其他所有区间数的总可能度。

当$a^L=a^U$, $b^L=b^U$时，两区间数退化为精确数，两者之间的大小及距离可直接得到。

2. 不确定语言变量评价信息

假设决策部门定性测度采用的语言评价集为$S=\{s_0,s_1,\cdots,s_T\}$，其中T为偶数，其粒度为$T+1$。例如，粒度为9的语言评价集定义为$S=\{s_0=EP$（极差），$s_1=VP$（非常差），$s_2=P$（差），$s_3=MP$（偏差），$s_4=F$（一般），$s_5=MG$（偏好），$s_6=G$（好），$s_7=VG$（非常好），$s_8=EG$（非常好）$\}$。语言评价集中的语言短语s_i与其下标i之间存在严格单调递增关系，设下标函数为$i=f(s_i)$，若$s_i<s_j$，则有$i<j$，反之亦然；下标函数的反函数为$s_i=f^{-1}(i)$，若$i<j$，则有$s_i<s_j$，反之亦然；即下标函数与其反函数均为严格单调递增函数。为最大限度地减少评价信息的丢失，将定义的离散语言评价集S拓展为连续的语言评价集$S^T=\{s_\alpha\left|\alpha\in[0,T]\right.\}$，拓展后的语言评价集$S^T$仍然满足严格单调递增关系且相关

的运算性质保持不变。设s_α,s_β为S^T中的语言变量，且$\alpha\leqslant\beta$，则$[s_\alpha,s_\beta]$为不确定语言变量，区间的两端点分别为不确定语言变量的下限和上限，当$\alpha=\beta$时，不确定语言变量退化为连续语言评价集中的语言变量。

定义 7 设$\tilde{s}_1=[s_{\alpha_1},s_{\beta_1}],\tilde{s}_2=[s_{\alpha_2},s_{\beta_2}]$为两个不确定语言变量，同时令$\mathrm{len}(\tilde{s}_1)=\beta_1-\alpha_1,\mathrm{len}(\tilde{s}_2)=\beta_2-\alpha_2$，两者之间的距离定义为

$$d(\tilde{s}_1,\tilde{s}_2)=\frac{|\alpha_1-\alpha_2|+|\beta_1-\beta_2|}{2T} \tag{5-19}$$

$\tilde{s}_1\geqslant\tilde{s}_2$的可能度定义为

$$p(\tilde{s}_1\geqslant\tilde{s}_2)=\frac{\max\{0,\mathrm{len}(\tilde{s}_1)+\mathrm{len}(\tilde{s}_2)-\max\{\beta_2-\alpha_1,0\}\}}{\mathrm{len}(\tilde{s}_1)+\mathrm{len}(\tilde{s}_2)} \tag{5-20}$$

针对一组不确定语言变量$\tilde{s}_i=[s_{\alpha_i},s_{\beta_i}],(i=1,2,\cdots,m)$，与区间数的排序方法类似，可通过式（5-20）得到这组不确定语言变量的排序结果。当不确定语言变量退化为语言短语时，即$s_{\alpha_1}=s_{\beta_1}=s_\alpha,s_{\alpha_2}=s_{\beta_2}=s_\beta$，两者之间的大小可通过语言评价集的有序性得到，两者之间的距离定义为

$$d(\tilde{s}_1,\tilde{s}_2)=\frac{|\alpha-\beta|}{T} \tag{5-21}$$

3. 直觉模糊数评价信息

定义 8[120] 设X为给定的有限论域，则X上的直觉模糊集定义为

$$A=\{<x,\mu_A(x),\upsilon_A(x)>|x\in X\}$$

其中$\mu_A(x),\upsilon_A(x)$分别表示X中元素x属于A的隶属度与非隶属度，$\mu_A:X\to[0,1]$, $\upsilon_A:X\to[0,1]$，且满足条件$0\leqslant\mu_A(x)+\upsilon_A(x)\leqslant1$。$\pi_A(x)=1-\mu_A(x)-\upsilon_A(x)$表示$X$中元素$x$属于$A$的犹豫度。将有限论域$X$上的全体直觉模糊集记为$\mathrm{IFS}(X)$。

直觉模糊数的主要部分由其隶属度与非隶属度构成的有序对表示，其一般形式为$a=<\mu_a,\upsilon_a>$，$0\leqslant\mu_a+\upsilon_a\leqslant1$，其得分函数为$S(a)=\mu_a-\upsilon_a$，精确函数为$H(a)=\mu_a+\upsilon_a$。任意两个直觉模糊数定义为$a=<\mu_a,\upsilon_a>,b=<\mu_b,\upsilon_b>$，得分函数值越大，直觉模糊数就越大；若得分函数值相等，则比较两者之间的精确函数值，精确函数值越大，则对应的直觉模糊数越大。

定义 9[238] 任意两个直觉模糊数$a=<\mu_a,\upsilon_a>,b=<\mu_b,\upsilon_b>$之间的距离为

$$d(a,b)=\sqrt{\frac{1}{2}[(\mu_a-\mu_b)^2+(\upsilon_a-\upsilon_b)^2+(\pi_a-\pi_b)^2]} \tag{5-22}$$

其中$\pi_a=1-\mu_a-\upsilon_a,\pi_b=1-\mu_b-\upsilon_b$。

5.2.2 群决策方法及步骤

根据构建的供应商选择评价指标体系，各个决策部门对每个备选供应商的主观评价准则进行主观判断，得到所有的主观评价信息；与此同时，基于长期对各个供应商的跟踪调查，得到所有客观评价准则的统计数据，从而获取符合各个主、客观评价准则特征的评价信息。针对此类混合评价信息下的供应商选择群决策问题，首先需要对客观评价信息进行规范化处理，主要有精确数与区间数两类信息。

对于精确数准则值$r_{ij}(i=1,2,\cdots,m;j=n_1+1,n_1+2,\cdots,n)$，采用向量规范法处理，即

$$\bar{r}_{ij}=\begin{cases} r_{ij}\Big/\sum\limits_{i=1}^{m}r_{ij},r_{ij}\in I_1 \\ (1/r_{ij})\Big/\left(\sum\limits_{i=1}^{m}1/r_{ij}\right),r_{ij}\in I_2 \end{cases} \tag{5-23}$$

对于区间数准则值$r_{ij}=[r_{ij}^L,r_{ij}^U]$，规范化后记为$\bar{r}_{ij}=[\bar{r}_{ij}^L,\bar{r}_{ij}^U]$，即

$$[\bar{r}_{ij}^L,\bar{r}_{ij}^U]=\begin{cases} \left[r_{ij}^L\Big/\sum\limits_{i=1}^{m}r_{ij}^U,r_{ij}^U\Big/\sum\limits_{i=1}^{m}r_{ij}^L\right],\ r_{ij}\in I_1 \\ \left[(1/r_{ij}^U)\Big/\left(\sum\limits_{i=1}^{m}1/r_{ij}^L\right),(1/r_{ij}^L)\Big/\left(\sum\limits_{i=1}^{m}1/r_{ij}^U\right)\right],\ r_{ij}\in I_2 \end{cases} \tag{5-24}$$

其中I_1表示效益型准则，I_2表示成本型准则。规范化后的客观评价信息均为正向指标信息，消除了信息之间的不可共度性，且准则值均在[0,1]范围内。

根据各决策者给出的定性评价信息确定决策者权重。决策者e_p,e_q对方案c_i关于准则u_j赋予评价信息，根据距离测度的定义，可得两决策者之间对方案c_i关于准则u_j评价的相互支持度，即

$$Sup(r_{ij}^p,r_{ij}^q)=1-d(r_{ij}^p,r_{ij}^q) \tag{5-25}$$

其中$d(r_{ij}^p,r_{ij}^q)$表示两决策者关于单个准则评价值的距离测度。支持度$Sup(r_{ij}^p\ ,\ r_{ij}^q)$满足以下 3 个性质：

（1）$0 \leqslant Sup(r_{ij}^p, r_{ij}^q) \leqslant 1$，特别地，当$p=q$时，$Sup(r_{ij}^p, r_{ij}^q)=1$；

（2）$Sup(r_{ij}^p, r_{ij}^q)=Sup(r_{ij}^q, r_{ij}^p)$；

（3）若$Sup(r_{ij}^p, r_{ij}^q) \geqslant Sup(r_{ij}^p, r_{ij}^t)$，其中$p,q,t \in E$，则$r_{ij}^q$比$r_{ij}^t$更支持$r_{ij}^p$。

如此，可得决策者两两之间关于各方案的所有准则评价信息的相互支持度矩阵，即

$$S^{pq}=\left(Sup(r_{ij}^p, r_{ij}^q)\right)_{m \times n_1}$$

其中$p \neq q$，否则支持度矩阵没有意义。另外，根据支持度的性质可知$S^{pq}=S^{qp}$。

支持度反映了不同决策者之间关于单个准则评价信息的一致性程度，是一种相似性测度，两决策者关于单个准则评价越相似，相互之间的支持度也就越大，由此可得其他所有决策者对决策者e_p在备选方案c_i下关于准则u_j的总支持度，即

$$Sup(r_{ij}^p)=\sum_{q=1,q \neq p}^{l} Sup(r_{ij}^p, r_{ij}^q)=\sum_{q=1,q \neq p}^{l}\left[1-d(r_{ij}^p, r_{ij}^q)\right] \tag{5-26}$$

总支持度$Sup(r_{ij}^p)(p=1,2,\cdots,l;\ i=1,2,\cdots,m;\ j=1,2,\cdots,n_1)$体现出决策者$e_p$给出的单个准则评价信息受决策群体的支持程度，支持度越大表明该决策者提供的评价信息的有效性越高，针对单个准则的决策者权重就越大。若某决策者对方案c_i关于准则u_j给出了过高或过低的评价信息，此时该决策者关于准则u_j获取的支持度就偏小，关于该准则反映出的决策者权重也就越小。在群体决策过程中，单个决策者关于准则u_j获取的总支持度能减弱那些评价过高或过低的准则信息对整体决策的影响，使所得决策结果更为合理。基于此，得到决策群体对方案c_i下准则u_j的群体评价值，即

$$r_{ij}=\frac{\sum_{p=1}^{l}\left[\left(1+Sup(r_{ij}^p)\right)r_{ij}^p\right]}{\sum_{p=1}^{l}\left(1+Sup(r_{ij}^p)\right)} \tag{5-27}$$

令$\lambda_{ij}^p=\dfrac{\left(1+Sup(r_{ij}^p)\right)}{\sum_{p=1}^{l}\left(1+Sup(r_{ij}^p)\right)}(p=1,2,\cdots,l)$，则有$\sum_{p=1}^{l}\lambda_{ij}^p=1$，从而有$r_{ij}=\sum_{p=1}^{l}\lambda_{ij}^p r_{ij}^p$。

根据不同类型的主观评价准则，可得群体准则评价值的具体表达式：

（1）若 r_{ij}^p 为语言短语，设 $r_{ij}^p = s_\alpha$，其中 $\alpha = x_{ij}^p$，则 $r_{ij} = s_{\alpha^*}$，其中 $\alpha^* = \sum_{p=1}^{l} \lambda_{ij}^p x_{ij}^p$；

（2）若 r_{ij}^p 为不确定语言变量，设 $r_{ij}^p = [s_\alpha, s_\beta]$，其中 $\alpha = x_{ij}^p, \beta = y_{ij}^p$，则有 $r_{ij} = [s_{\alpha^*}, s_{\beta^*}]$，其中 $\alpha^* = \sum_{p=1}^{l} \lambda_{ij}^p x_{ij}^p, \beta^* = \sum_{p=1}^{l} \lambda_{ij}^p y_{ij}^p$；

（3）若 r_{ij}^p 为直觉模糊数，设 $r_{ij}^p = <\mu_{ij}^p, \upsilon_{ij}^p, \pi_{ij}^p>$，则有

$$r_{ij} = <\mu_{ij}, \upsilon_{ij}, \pi_{ij}> = \left\langle 1 - \prod_{p=1}^{l} (1-\mu_{ij}^p)^{\lambda_{ij}^p}, \prod_{p=1}^{l} (\upsilon_{ij}^p)^{\lambda_{ij}^p}, \prod_{p=1}^{l} (1-\mu_{ij}^p)^{\lambda_{ij}^p} - \prod_{p=1}^{l} (\upsilon_{ij}^p)^{\lambda_{ij}^p} \right\rangle$$

由所有方案下的各准则群体评价值可得混合主观评价信息下的群决策矩阵 $(r_{ij})_{m\times n_1}$，将该矩阵与规范化后的客观评价准则信息融合，得到涵盖所有主客观评价信息的群决策矩阵 $(r_{ij})_{m\times n}$。

接着需要确定各个主客观评价准则的权重。根据群决策矩阵可得各方案关于单个准则的评价信息及其均值，根据离差最大化原则，若某准则下的各评价值与其均值偏差越大，则该准则对方案排序择优所起的作用就越大，应当赋予越大的权重，反之亦然；特别地，若各方案在单个准则下的评价值完全相同，则该准则对方案排序不起任何作用，其权重应当为零。各决策方案的单个准则评价值与其均值的平均距离及标准距离为

$$d_{j1} = \frac{1}{m}\sum_{i=1}^{m} d(r_{ij}, \bar{r}_j),\ d_{j2} = \sqrt{\frac{1}{m}\sum_{i=1}^{m}[d(r_{ij}, \bar{r}_j)]^2} \tag{5-28}$$

其中 $\bar{r}_j = \frac{1}{m}\sum_{i=1}^{m} r_{ij}$，可根据各准则的不同数据类型得到。

平均距离与标准距离共同反映了各方案对单个准则评价的差异程度，距离值越大的准则应赋予越大的权重，将平均距离与标准距离同等看待，可得各准则权重，即

$$\omega_j = \frac{d_{j1} + d_{j2}}{\sum_{j=1}^{n}(d_{j1} + d_{j2})} (j = 1, 2, \cdots, n) \tag{5-29}$$

由于群决策矩阵所含评价信息的类型较多，这里采用灰色关联分析法对备选方案排序择优，在确定正理想方案的基础上，计算各方案与正理想方案的灰色关联度，灰色关联度越大的方案越优。所确定的正理想方案为

$$\boldsymbol{R}^{+}=(r_1^{+},r_2^{+},\cdots,r_n^{+})=\left(\max_i r_{i1},\max_i r_{i2},\cdots,\max_i r_{in}\right)(i=1,2,\cdots,m) \tag{5-30}$$

各方案的每个准则值到正理想方案的关联系数为

$$\delta_{ij}=\frac{\min_i\min_j d_{ij}+\rho\max_i\max_j d_{ij}}{d_{ij}+\rho\max_i\max_j d_{ij}} \tag{5-31}$$

其中$d_{ij}=d(r_{ij},r_j^{+})(i=1,2,\cdots,m;\ j=1,2,\cdots,n)$，$\rho\in[0,1]$为分辨系数，一般取$\rho=0.5$。

由关联系数及各准则权重可得各方案与正理想方案的关联度，即

$$\delta_i=\sum_{j=1}^{n}\omega_j\delta_{ij} \tag{5-32}$$

根据各方案与正理想方案的关联度大小对各方案排序，得到最优质的备选方案。

基于以上分析，混合评价信息下的供应商选择决策步骤如下。

步骤 1　利用式（5–23）、（5–24）对客观定量评价信息进行规范化处理。

步骤 2　根据式（5–16）、（5–19）、（5–21）、（5–22）及（5–25）计算两两决策者之间关于各种不同类型主观评价准则的相互支持度，并得到两两决策者之间的支持度矩阵。

步骤 3　由式（5–26）得到每个决策者在单个准则下的总支持度，并由式（5–27）求得决策群体对方案c_i下准则u_j的群体评价值。

步骤 4　根据式（5–28）求出各决策方案的单个准则评价值到其均值的平均距离及标准距离，从而根据式（5–29）得到各准则权重。

步骤 5　由式（5–17）、（5–18）、（5–19）、（5–20）获取正理想方案的各准则值，并由式（5–31）、（5–32）求得各方案关于每个准则的关联系数及各方案与正理想方案的关联度，根据关联度大小得到各方案的优先序。

5.2.3　算例分析

以下针对 5.1.4 节中制造业企业供应商选择算例，采用本节给出的混合评价信息下的供应商选择决策方法解决该问题，具体步骤如下。

步骤 1　根据采集并统计分析所得的四种备选供应商下的四种客观定量准则指标值，利用式 (5–23)、(5–24) 对评价信息进行规范化处理，得到如下规范化的定量指标矩阵。

$$\mathbf{R}_1=\begin{pmatrix} 0.237 & 0.286 & 0.249 & [0.240,0.297] \\ 0.265 & 0.343 & 0.242 & [0.202,0.231] \\ 0.251 & 0.229 & 0.255 & [0.256,0.297] \\ 0.246 & 0.143 & 0.254 & [0.226,0.260] \end{pmatrix}$$

步骤 2 计算两决策者之间关于各种不同类型主观评价准则的相互支持度 $Sup(r_{ij}^{p},r_{ij}^{q})$，其中 $i=1,2,3,4;\ j=1,2,\cdots,8;\ p,q=1,2,3$ 且 $p\neq q$，并得到两两决策者之间的支持度矩阵 $\mathbf{S}^{pq}$，分别为

$$\mathbf{S}^{12}=\mathbf{S}^{21}=\begin{pmatrix} 0.75 & 0.9 & 0.875 & 0.735 & 0.875 & 1 & 0.827 & 0.9 \\ 0.875 & 0.9 & 1 & 0.827 & 0.875 & 0.875 & 0.735 & 1 \\ 1 & 1 & 0.875 & 0.9 & 1 & 0.875 & 0.639 & 0.827 \\ 1 & 1 & 0.875 & 0.9 & 1 & 0.75 & 0.735 & 0.9 \end{pmatrix}$$

$$\mathbf{S}^{13}=\mathbf{S}^{31}=\begin{pmatrix} 0.875 & 0.9 & 1 & 0.827 & 0.625 & 0.75 & 1 & 0.827 \\ 0.875 & 0.9 & 0.875 & 0.9 & 0.875 & 1 & 0.9 & 1 \\ 0.875 & 0.827 & 0.75 & 0.9 & 0.75 & 1 & 0.7 & 0.8 \\ 1 & 0.827 & 0.875 & 0.9 & 0.75 & 1 & 0.8 & 0.9 \end{pmatrix}$$

$$\mathbf{S}^{23}=\mathbf{S}^{32}=\begin{pmatrix} 0.875 & 1 & 0.875 & 0.9 & 0.75 & 0.75 & 0.827 & 0.8 \\ 1 & 0.827 & 0.875 & 0.9 & 0.75 & 0.875 & 0.8 & 1 \\ 0.875 & 0.827 & 0.625 & 0.9 & 0.75 & 0.875 & 0.9 & 0.9 \\ 1 & 0.827 & 1 & 1 & 0.75 & 0.75 & 0.9 & 0.9 \end{pmatrix}$$

步骤 3 由计算所得的相互支持度矩阵可得每个决策者关于各备选供应商在单个准则下的总支持度 $Sup(r_{ij}^{p})(p=1,2,3;\ i=1,2,3,4;\ j=1,2,\cdots,8)$，并由式 (5–27) 求得决策群体对供应商 c_i 下准则 u_j 的评价值，构成的主观评价信息群决策矩阵为

$$\mathbf{R}_2=\begin{pmatrix} s_6 & <0.737,0.1> & [s_{4.676},s_{6.676}] & <0.570,0.199> & s_{5.7} & [s_{3.625},s_{5.626}] & <0.571,0.142> & <0.819,0.127> \\ s_{6.324} & <0.712,0.126> & [s_{4.676},s_{6.676}] & <0.636,0.182> & s_6 & [s_{3.676},s_{5.676}] & <0.576,0.232> & <0.8,0.1> \\ s_{5.677} & <0.671,0.160> & [s_{4.300},s_{6.300}] & <0.670,0.159> & s_{6.376} & [s_{4.323},s_{6.323}] & <0.468,0.266> & <0.790,0.127> \\ s_5 & <0.680,0.160> & [s_{4.676},s_{6.676}] & <0.7,0.125> & s_{5.376} & [s_{4.376},s_{6.376}] & <0.569,0.25> & <0.771,0.159> \end{pmatrix}$$

将主观评价群决策矩阵与规范化客观决策矩阵合并，得到涵盖所有主客观

评价信息的群体决策矩阵。

步骤 4　采用式 (5–28) 求出各供应商的单个准则评价值到其均值的平均距离及标准距离：

$$d_{11}=0.052,d_{12}=0.061;\ d_{21}=0.024,d_{22}=0.026;\ d_{31}=0.018,d_{32}=0.020$$

$$d_{41}=0.038,d_{42}=0.04;\ d_{51}=0.041,d_{52}=0.046;\ d_{61}=0.044,d_{62}=0.044$$

$$d_{71}=0.055,d_{72}=0.057;\ d_{81}=0.021,d_{82}=0.023;\ d_{91}=0.008,d_{92}=0.010$$

$$d_{10,1}=0.064,d_{72}=0.074;\ d_{11,1}=0.005,d_{11,2}=0.005;\ d_{12,1}=0.022,d_{12,2}=0.024$$

根据式 (5–29) 确定的准则权重向量为

$$\omega=(0.137,\ 0.061,\ 0.046,\ 0.098,\ 0.105,\ 0.106,\ 0.136,\ 0.053,\ 0.022,\ 0.168,\ 0.012,\ 0.056)$$

步骤 5　由式 (5–30) 确定的正理想供应商为

$$\mathbf{R}^{+}=\begin{pmatrix} s_{6.324},<0.737,0.1>,[s_{4.676},s_{6.676}],<0.7,0.125>, \\ s_{6.376},[s_{4.376},s_{6.376}],<0.576,0.232>,<0.8,0.1>, \\ 0.265,0.343,0.255,[0.256,0.297] \end{pmatrix}$$

由式（5–31）、（5–32）计算各供应商关于每个准则的关联系数，关联系数构成的矩阵$\mathbf{R}_3=(\delta_{ij})_{4\times12}$为

$$\mathbf{R}_3=\begin{pmatrix} 0.671 & 1 & 1 & 0.423 & 0.495 & 0.469 & 0.472 & 0.674 & 0.747 & 0.592 & 0.932 & 0.880 \\ 1 & 0.764 & 1 & 0.577 & 0.638 & 0.486 & 1 & 1 & 1 & 1 & 0.864 & 0.579 \\ 0.506 & 0.57 & 0.638 & 0.720 & 1 & 0.926 & 0.464 & 0.778 & 0.855 & 0.421 & 1 & 1 \\ 0.333 & 0.585 & 1 & 1 & 0.398 & 1 & 0.841 & 0.618 & 0.813 & 0.293 & 0.988 & 0.711 \end{pmatrix}$$

各备选供应商与正理想供应商的关联度为

$$\delta_1=0.618,\ \delta_2=0.826,\ \delta_3=0.669,\ \delta_4=0.639$$

从而得到四个备选供应商的优劣排序为$c_2>c_3>c_4>c_1$，即应当选择c_2作为制造业企业的核心资源供应商。

在得到包含主、客观评价信息的群决策矩阵及准则权重的条件下，若采用VIKOR法对备选供应商排序，四个备选供应商的群效用值分别为$S_1=0.568,\ S_2=0.283,\ S_3=0.477,\ S_4=0.589$，个体遗憾值分别为$T_1=0.132,\ T_2=0.099,\ T_3=0.136,\ T_4=0.168$，折衷系数取为0.5，备选供应商的折衷评价值分别为$Q_1=0.707,\ Q_2=0,\ Q_3=0.590,\ Q_4=1$。根据各方案的整体评价值及折衷评价规则，可知$c_2$为最优备选供应商，且方案排序结果为$c_2>c_3>c_1>c_4$。需要指出的是，文献[232]在确定正、负理想方案时

出现错误，产品价格指标与采购成本指标虽为成本型指标，但已通过规范化处理转化为正向指标，因此对于所有准则，其正理想准则值为准则评价的最大值，负理想准则值为准则评价的最小值，本节所得各供应商的折衷评价值存在一定的误差。若采用 TOPSIS 法对各方案排序，在获取正、负理想方案的基础上得到各方案到正理想方案的加权距离，分别为 $D_1^+=0.061, D_2^+=0.025, D_3^+=0.055, D_4^+=0.080$，同时计算各方案到负理想方案的加权距离，分别为$D_1^-=0.072, D_2^-=0.092, D_3^-=0.062, D_4^-=0.038$，由此可得各备选供应商的贴近度，分别为$\eta_1=0.542, \eta_2=0.784, \eta_3=0.533, \eta_4=0.324$，根据贴近度大小可得排序结果为$c_2>c_1>c_3>c_4$。

灰色关联分析法与 VIKOR 法、TOPSIS 法所得最优供应商均为c_2，但四个供应商的排序却不完全一致，导致这一结果的主要原因在于三种方案排序方法的决策机制不同。灰色关联分析法是基于空间曲线间的相似程度及变化大小的接近性对方案间的关联程度进行度量的，与正理想方案关联度越大的方案越优，即灰色关联分析法倾向于按照各方案与正理想方案的接近程度得到各方案的优先序。VIKOR 法通过计算各方案的群效用值、个体遗憾值及折衷评价值，并基于折衷原则对方案排序，最终得到妥协最优方案，适用于处理具有不可共度性的多类型混合评价信息。TOPSIS 法通过计算各方案与正、负理想方案之间的距离，并基于贴近度大小对各方案排序，若方案c_i,c_j到正、负理想方案的加权距离分别满足$D_i^+<D_i^-, D_j^+=D_j^-$，则有$\eta_i>0.5$，$\eta_j=0.5$，即c_i优于c_j，但D_i^+却可能大于D_j^+；若采用灰色关联色法对方案c_i,c_j排序，其结果很可能会是c_j优于c_i。对决策群体而言，VIKOR 法有追求利润最大化的决策倾向，灰色关联色法倾向于规避风险对决策结果的影响，而 TOPSIS 法兼具有利润最大化和风险规避的双重效应，不同决策群体可根据自身需求采取合理的决策方法对备选方案进行排序。

5.3　混合信息群决策方法在风险投资项目选择中的应用

5.3.1　风险投资概述及在中国的发展现状

风险投资（Venture Capital Investment）也被称为创业投资，主要指专业的风险投资机构（公司）或风险投资家将大量资金投向具有商业发展潜力且能够快速发展壮大的创新型产业或项目的一种特殊的投资行为。在国内，投资公司在其自身承担投资风险的条件下，根据一定的评估指标体系对创新型产业进行评估，将资本投向发展潜力巨大的项目。投资公司的目标是实现资本价值的升值，此类投资充满着较大的不确定性，需要谨慎选择投资对象。

中国市场经济的稳健发展带来高新技术产业的蓬勃发展，需要大量的资金将高新技术转化为商品并进入市场经济的各个环节，已有的融资方式难以满足高新技术企业对资金的强烈需求，于是风险投资逐步兴起。多年以来，高新技术产业的发展表明高新技术企业的融资需要风险投资产业的强力支撑，风险投资公司所能筹集到的资本总额逐年攀升，那些能够获取风险资本投资的高新技术企业为中国经济发展带来了巨大的推动力。风险投资对经济发展的影响力愈来愈大，成为影响经济发展难以忽略的重大因素。与此同时，国务院出台一系列政策支持高新技术产业开发区设立风险投资公司，主要目的是为创新型产业或新兴产业提供资金支持或贷款担保，并进一步促进高新技术产业的发展。尽管 2000 年至 2004 年的金融危机对风险投资产生了难以估计的影响，但国家相应政策的调整使风险投资发展到一个新的阶段，高新技术产业的自主创新能力、自我调整能力也得到大幅度的提升。

风险投资作为中国经济发展的助推剂，其主要作用有以下几个方面：①风险投资企业对高新技术等创新型企业的资本注入，助推了创新型企业的快速发展，为增强中国经济的国际竞争力做出重要贡献；②风险投资企业在提升技术及获取高额利润的指引下，往往会选择技术创新或产品创新程度高的企业作为注资对象，在促进企业发展的同时带来新技术的蓬勃发展，促使整个行业不断进步；③风险投资企业选择投资对象的过程存在着激烈的竞争，竞争的结果使资本向发展潜力巨大的创新型企业流动，主动性地调整市场产业结构，实现社会资源的良性循环并维持高效的资源利用效率。

与欧美国家特别是美国相比，我国风险投资业相对落后，其中市场经济的发展相对滞后是一个重要的原因。我国对风险投资的关注、相关行业的发展、政策制定等是近二十多年以来才有的，客观上造成对风险投资业发展的制约，导致某些新兴企业发展缓慢甚至得不到应有的资金支持而破产，一些有创新思维的企业家也很难以积极的心态发展创新型产业。风险投资对高新技术产业的推动作用至今并不明显，对经济发展的贡献率低于西方发达国家的平均水平，但我国风险投资业可预计的上升空间值得期待。

风险投资的构成要素主要有风险资本、投资对象、风险投资人、投资期限、投资方式及投资目的。其中，风险资本指投资机构投向创新型企业的资金，主要以购买企业股份或贷款的方式提供，期望企业能够尽其所能将新兴技术转化为商品并进入市场流通；投资对象是那些被评估为潜力巨大、发展前景较好的新兴企业；风险投资人主要指实际控制投资机构的资本家或对投资机构的投资方向有决定权的风险投资团队；投资期限指从投入资本到最后撤出资本的整个时间跨度，此期限往往比一般的投资行为产生的时间间隔要长；投资方式主要有直接投资、提供贷款担保或两者兼而有之，提供投资资金的方式主要有两种，一种是将计划投资资金一次性注入被投资企业，另一种是在企业运作的过程中，分批次将资金注入；投资目的是为了获取投资收益，期待投资资本的升值，在投资期限到来之时，以抛售被投资企业股权的方式获得实际收益。

风险投资需要对待投资的企业进行准确的评估，找到明确的投资对象。投资可能带来高收益的同时伴随着高风险，与传统的投资行为相比，风险投资具有如下特点：①投资风险高，主要以购买股权（一般不拥有控股权）的方式参与到企业的运作当中；②投资行为由专业的投资团队具体操作，具备承担投资失败带来的损失的能力；③投资期较长，通过较长时间的投资期完成被投资企业从创业阶段到发展成熟阶段的整个过程；④投资行为往往伴随被投资企业发展的每个阶段，在不同的阶段因地制宜地采用合理的投资方式。

风险投资机构通过一定的渠道筹集资本或者其本身就是资本的拥有者，采用构建的评估指标体系对待选的投资项目进行谨慎的选择，最终做出明确的投资意向，由专业的管理团队参与到被投资项目的生产运作过程中，使所投资本尽可能的增值，达到良好的投资效果。其主要运作流程如下。

（1）投资对象的筛查。可投资的项目需要进行严格的、全方位的筛查，包括项目的技术水平、项目前期参与人的管理能力及项目的市场获利前景。由于待选的投资项目较多，最终得到的是这些待投资项目的投资的优先次序，风险投资机构可按照各项目的优先序进行注资。

（2）筹集投资资金。对某一个项目注资的未必只有一个风险投资机构，多元化的投资来源能够降低投资风险，被投资企业获得的资金也会源源不断，对其后续发展极为有利。

（3）谈判和签订投资协议。当投资机构定好了投资对象或一些投资对象的优先次序后，开始与待投资对象开展协商谈判，最终形成具有法律效力的合同条款，约束投融资双方的行为并维护各自的权益。

（4）资本投入和企业运营。投资行为发生以后，投资者会积极参与企业的运作，适时地对企业的技术水平、产品开发、市场营销及财务状况等进行监控，其目的是及时发现问题，不至于使所投资本出现不必要的损失。

（5）风险资本的退出。经过一定时间跨度的投资后，风险投资者经由某种方式撤出资金，实现投资资本的变现，在获得收益的同时可将资本继续投资到新的风险项目，在不断投资、变现的循环过程中使资本一次又一次的升值。

5.3.2　高新技术企业的风险投资项目选择决策

在风险投资行为发生的整个过程中可能遇到一定的不确定性及风险性，需要在多个层面做出科学合理的决策，尽可能在降低风险的同时获取高额利润。如何选择一个满足较高利润而又风险小的投资企业或项目成为投资行为获益的关键。

在实际选择投资对象的过程中，风险机构主要关注项目的发生潜力、市场前景、投资回报率、企业经营管理者的技术水平、经验及对项目的风险评价。决策意义主要体现在三个方面：首先，决策能力的高低在某种程度上决定了投资机构获取资金的数额，再筛选那些可投资的项目；其次，决策行为可降低投资风险，进一步保障投资收益；最后，投资决策过程可发现一些潜在高收益的投资项目，对这些项目的评估结果也可增加投资回报。

我国对风险投资决策的研究相对较晚，主要偏重于从理论或技术层面对风险投资过程进行描述，更多的是从宏观发展的角度分析的，缺乏客观数据的支持。文献[239]对台湾地区的风险投资产业发展做了严谨的统计调查，总结归纳出风险投资公司整体的运作特征及运营策略，对一般性的投资决策流程及评价准则做了说明。之后，风险投资项目筛选定量化的数据分析方法逐步展开，多位学者分别从层次分析法、期权定价理论、敏感性分析法、灰色系统理论的角度评估风险投资项目，给出了各有侧重的风险投资项目选择综合评价准则体系，评价体系所含各层次指标的类型时有差异，基于不同的角度给出对风险项目的评估准则。针对高新技术项目的特点，宋逢明[240]从企业自身能力、市场环境的优良性及被投资项目特征出发，构建投资高新技术项目的评估指标体系；万树平[241]采用模糊理论的定量化方法研究具有不同类型信息的投资企业决策问题。已有定量化的数据分析方法往往采用较为单一的数据类型对风险投资对象进行刻画，对影响风险投资项目各类因素的特征把握不够准确。而且已有研究更多地关注单人决策问题，面对风险投资企业的不确定性与复杂性，单个决策者的评估能力及视野是有限的，需要在多位决策者的共同参与下对风险投资项目进行选择决策。

高新技术企业是风险投资的主体，此类企业有将商业潜力巨大的技术转化为商品投放到市场的本领，具备领先的技术水平及良好的发展前景，但缺乏资金的支持，也需要专业管理人员的持续扶持。此外，它们在市场产生利润之前，没有资格通过发行股票或债券获得资金，也不具备向银行贷款的资质。因此，高新技术产业成为风险投资项目的主要投资对象，投资行为成为此类企业实现技术转化为商品的合理途径。

高新技术企业需要大量的资金支持，整个产业的运作周期较长，技术转化为产品的成功率相对较低，因此对高新技术产业的投资需要承担较高的风险。投资机构对此类企业的选择会异常谨慎，对高新技术企业的筛选、全方位的评估、投资项目的审批程序等都需要严格对待，确保风险投资的稳健性。

风险投资公司一般会在尽可能降低决策风险并获取足够高额利润的指导原则下，对那些风险投资需求强烈的高新技术企业进行全面的综合评价分析，依据评价指标体系对被投资的风险项目进行评价，最终筛选出合适的投资对象或对得到的多个考察对象进行风险投资的优先次序。首先，选择评估主要依据构建的评估指标体系，通过被投资企业各指标的评价值得到各企业的总体评价结果，整个评估过程是一个多准则决策问题。其次，被评估的创新型企业是复杂多变的，指标体系的构成也较为复杂，单一的决策者很难把握风险投资选择的整个过程，需要多位经验丰富的决策者参与其中，综合多个决策专家的评估意见并根据一定的理论计算做出最终的选择，也就是说，采用群体决策的方式更为合理。最后，风险投资决策指标体系所包含的数据类型是多种多样的，主要分为定性准则信息和定量准则信息，针对具体指标的特征可采取合理的数据类型给予表示，若将所有的评价指标转化为同一类型，会明显增加项目评价的不确定性，给决策问题带来更大的复杂度。因此，对混合多种类型的评价信息采用分门别类的方法进行处理是十分必要的。

综上所述，高新技术企业风险投资项目选择决策问题更多地表现为一类混合多种评价信息的多准则群决策问题，需要采用合理的多准则群决策方法给予解决。

5.3.3　高新技术项目风险投资选择决策的指标体系构建

要选出最优的高新技术产业投资项目，建立一套科学且行之有效的风险投资项目选择指标体系是关键。下面给出指标体系的构建原则并构建风险项目选择指标体系。

指标体系是由一系列综合反映投资对象效益、投资产出关系的定量或定性指标构成的，目的是用来比较不同可投资项目在各项指标下的差异，对项目的投资可行性、盈利能力及可能的风险做出综合性的评判。

指标的构建需要满足如下原则。

（1）评价指标的全面性。所设计的决策指标体系要考虑到影响投资效益的各种因素，同时要避免指标之间出现交叉重叠。

（2）评价指标的针对性。定性或定量的指标是多种多样的，需要针对指标特点使用不同的数据类型，而且指标体系不是一成不变的，当投资机构针对另一批待选的投资项目进行评估时，可根据需要调整指标体系。

（3）指标体系的科学性。

（4）指标体系的实用性。所构建的指标体系要具备实际的可操作性，能够无障碍地应用到实际的投资决策选择问题中。

（5）决策指标的可比性。要对各项可投资项目进行比较，细化到每一个指标，就要求各指标能够直接比较，并且在比较的过程中不发生指标值的改变。

结合当前中国风险投资项目选择的实际情况及发展阶段，针对高新技术产业对资本的需求状况，给出如下评价指标。

（1）高新技术企业家的个人素质。企业家作为管理者，其个人素质高低在某种程度上决定企业项目的运行效率，在某些情况下可有效降低投资风险并提高项目中技术转化为商品的能力。

（2）投资项目的市场吸引力。所投资项目应当具备足够的吸引力，才能吸引风险投资机构的注意。应牢牢地把控风险投资机构的投资意向，为该项目的投资成功打下坚实的基础。

（3）项目具备的竞争力。项目的差异化优势及成本优势构成项目的竞争力，直接影响到项目后期的经营状况，竞争力越强的企业后期资本获利的幅度会越大。

（4）项目的获利能力。项目的获利能力直接反映一项投资行为是否成功，也是风险投资机构投资项目的终极目的。

（5）项目的技术能力。项目的技术能力体现出项目的运营效率，是项目创新性水平的基础。同时，技术能力的高低决定着技术能否转化为商品，进而带来高额的收益。

（6）项目的风险控制能力。风险投资机构在评估项目时，会充分考虑项目的风险控制能力，控制能力越强对可能出现的风险的应对措施越强，使风险造成的后果在可控的范围内。

（7）项目的自我调节能力。好的项目应当具备良好的自我调节能力，能够合理地处理各种出现的突发状况，避免造成不必要的损失。

在实际的风险投资项目选择决策问题中，风险投资企业会聘请相关领域的风险评估师以构建的评价指标体系为依据，对待选的高新技术企业风险项目进行综合评估，最终决定将资本注入哪一项风险项目中。由于评价指标的多样性，评价指标体系中的七种指标需要采用不同的数据类型给出评估信息。对于定量指标可以采用实数、区间数或三角模糊数给出具体评估值，如项目的风险控制能力往往有一个整体的把握，采用实数表示较为合适；项目的技术能力或获利能力在项目的不同发展阶段会有一定的波动性，用区间数或三角模糊数表示更为合适。对于定性指标，可采用语言短语、不确定语言变量或直觉模糊数表示。例如，对企业家个人素质的评价，采用“高”“较高”“一般”等语言短语较为合适；企业投资者对项目市场吸引力的评价的满意或不满意的程度，也会存在无法确定的情况，此时采用直觉模糊数表示就比较合理。由以上分析可知，风险评估师可针对不同评估指标的特点，使用合理的数据类型给出相应的评估值，为接下来的决策分析做准备。

5.3.4　节能环保企业的风险投资项目选择决策

1. 待评估的四项节能环保企业简介及决策问题描述

节能环保产业是一类新兴的综合性产业，已经渗透到其他经济领域，近年来得到国家政策的大力支持，在多个学科、多个领域及多个地区发挥着巨大的作用。目前是节能环保产业的高速增长期，市场潜力巨大，其已逐渐成为风险投资企业关注与追踪的焦点。该行业内涌现出多个发展前景喜人的企业，其中四个新兴企业是本章着重考虑的评估对象。

（1）深圳市合创伟投资发展有限公司以石油化工废料、废旧塑料的再生利用及环保治理为主业，采用现在科技手段处理大量的污染物，拥有雄厚的专利技术水平。目前该公司正加紧开发新的工艺技术以进一步提高治理环保的效率及再生能源的利用效率，技术上明显处于领先地位。

（2）广东博芳环保科技有限公司是以生产、销售水污染治理设备、大型供水设备为主业的高科技企业。该公司的客户群体极为庞大，业务量的增长速度惊人，无论是技术水平、检测手段还是开发新产品的研制能力都稳定在一个较高的水准，在近几年荣获多个污染物治理资质认证。

（3）深圳安联环保有限公司主要研发生活垃圾、餐厨垃圾等综合处理设备，运用先进的技术手段实现垃圾分类处理及有机物的循环使用，目前在垃圾处理领域拥有多项实用新型专利。

（4）深圳世能科泰能源管理技术有限公司致力于节能环保领域创新科技产品的研发，如VUES专利产品技术能够达到较好的节能减排效果，受到环保部门、创业投资机构的大力支持，所研发技术入选了国家发改委重点节能技术推广目录。

这四项节能环保产业新兴企业主要致力于新产品、新工艺、新技术的研发和应用，它们的技术优势、研发能力逐渐突显，在整个节能环保产业中发展迅速，发展潜力与效益增值空间难以估计。

在此情形下，联想投资有限公司认为环保行业的发展优势巨大，经过前期严谨的论证分析，有意向对这四个环保企业中最优的企业项目进行注资，把这四个企业各自的研发项目作为待选的投资项目，设为$\{c_1,c_2,c_3,c_4\}$。联想投资公司聘请了三位经验丰富的风险投资项目评估专家，组成评估小组对四项投资项目展开评估，专家组设为$\{e_1,e_2,e_3\}$。所构建的指标体系中共有七种准则指标，设为$\{u_1,u_2,\cdots,u_7\}$，其中指标u_1,u_4采用三角模糊数表达；指标u_2采用直觉模糊数表达；指标u_3采用不确定语言变量表示，指标u_6采用语言短语表示，所使用的语言短语评价集为$\{s_1,s_2,\cdots,s_7\}=\{$很差, 差, 较差, 一般，较高, 高, 很高$\}$；指标$u_5$采用区间数表达，指标$u_7$采用精确数表达。根据构建的评估指标体系并考虑到当前节能环保行业的实际阶段，三位评估专家给出四个节能环保研发项目关于各项指标的数据信息，经统计处理分析后，得到如表 5-7、表 5-8、表 5-9 示所的评估信息。

表 5-7　评估专家e_1给出的四个节能环保研发项目在七项评估指标下的评估信息

待投资的节能环保项目	评估指标						
	u_1	u_2	u_3	u_4	u_5	u_6	u_7
c_1	(5,5,6)	$<0.8,0.2>$	$[s_4,s_5]$	(6,7,8)	[2,3]	很高	2.0
c_2	(8,8,9)	$<0.6,0.1>$	$[s_5,s_6]$	(3,4,5)	[3,5]	较高	2.6
c_3	(8,9,9)	$<0.7,0.2>$	$[s_5,s_6]$	(7,8,8)	[4,5]	高	1.7
c_4	(5,6,7)	$<0.6,0.2>$	$[s_2,s_3]$	(5,6,7)	[2,4]	一般	2.2

表 5-8　评估专家e_2给出的四个节能环保研发项目在七项评估指标下的评估信息

待投资的节能环保项目	评估指标						
	u_1	u_2	u_3	u_4	u_5	u_6	u_7
c_1	(3,5,6)	$<0.7,0.1>$	$[s_3,s_5]$	(6,6,7)	[2,4]	高	2.0
c_2	(3,4,7)	$<0.8,0.2>$	$[s_2,s_4]$	(5,6,7)	[2,3]	一般	2.5
c_3	(4,5,6)	$<0.5,0.3>$	$[s_5,s_7]$	(7,7,8)	[3,5]	很高	1.8
c_4	(3,4,5)	$<0.6,0.2>$	$[s_6,s_7]$	(3,4,5)	[2,3]	一般	2.2

表 5-9　评估专家e_3给出的四个节能环保研发项目在七项评估指标下的评估信息

待投资的节能环保项目	评估指标						
	u_1	u_2	u_3	u_4	u_5	u_6	u_7
c_1	(4,5,6)	$<0.9,0.1>$	$[s_5,s_6]$	(3,4,5)	[3,5]	一般	2.0
c_2	(5,7,8)	$<0.7,0.2>$	$[s_5,s_7]$	(4,5,6)	[2,3]	差	2.4
c_3	(6,6,7)	$<0.6,0.2>$	$[s_5,s_6]$	(6,7,8)	[3,5]	高	1.9
c_4	(3,4,4)	$<0.8,0.1>$	$[s_5,s_7]$	(2,3,4)	[2,4]	一般	2.2

2. 节能环保研发项目的风险投资选择决策步骤

在选择风险投资项目的过程中，核心的问题是采取何种风险项目选择决策方法对各投资企业项目进行评价，最终从备选的各节能环保企业研发项目中选出最为合适的注资对象。当多位决策者参与到风险决策问题中时，首要问题便是确定决策者的话语权，也就是各个决策专家权重大小的问题。由于整个市场环境的复杂性，对各决策参与人也有时间上的严格要求，加上所构建的评价指标体系本身具有的复杂性，很难先验地给出各位决策专家的权重值。多类型的准则指标客观上要求采用不同的量纲表示，各准则的权重事先也难以确定。因此，如何确定未知的各专家权重及各准则权重是风险投资项目选择问题的重中之重。这里采用第 5 章第 5.2 节的混合多类型评价信息多准则群决策方法对四项节能环保企业的风险投资项目做出选择，具体决策步骤如下。

步骤 1　根据三位评估专家分别给出的四个节能环保研发项目的七项指标评估信息，对各类型评估信息规范化处理，得到三位专家所给评估矩阵对应的规范化决策矩阵．

$$\boldsymbol{R}_1=\begin{pmatrix}(0.161,0.179,0.231) & <0.8,0.2> & [s_4,s_5] & (0.214,0.280,0.381) & [0.118,0.273] & s_7 & 0.235\\(0.258,0.286,0.346) & <0.6,0.1> & [s_5,s_6] & (0.107,0.160,0.238) & [0.177,0.455] & s_4 & 0.306\\(0.258,0.321,0.346) & <0.7,0.2> & [s_5,s_6] & (0.250,0.320,0.381) & [0.235,0.455] & s_6 & 0.200\\(0.161,0.214,0.269) & <0.6,0.2> & [s_2,s_3] & (0.179,0.240,0.333) & [0.117,0.364] & s_4 & 0.259\end{pmatrix}$$

$$\boldsymbol{R}_2=\begin{pmatrix}(0.125,0.278,0.462) & <0.7,0.1> & [s_3,s_5] & (0.222,0.261,0.333) & [0.133,0.444] & s_6 & 0.235\\(0.125,0.222,0.539) & <0.8,0.2> & [s_2,s_4] & (0.185,0.261,0.333) & [0.133,0.333] & s_4 & 0.294\\(0.167,0.278,0.462) & <0.5,0.3> & [s_5,s_7] & (0.259,0.304,0.381) & [0.200,0.556] & s_7 & 0.212\\(0.125,0.222,0.385) & <0.6,0.2> & [s_6,s_7] & (0.111,0.174,0.238) & [0.133,0.429] & s_4 & 0.259\end{pmatrix}$$

$$\boldsymbol{R}_3=\begin{pmatrix}(0.160,0.227,0.333) & <0.9,0.1> & [s_5,s_6] & (0.130,0.211,0.333) & [0.177,0.500] & s_4 & 0.235\\(0.200,0.318,0.444) & <0.7,0.2> & [s_5,s_7] & (0.174,0.263,0.400) & [0.118,0.300] & s_2 & 0.282\\(0.240,0.273,0.389) & <0.6,0.2> & [s_5,s_6] & (0.261,0.368,0.533) & [0.177,0.500] & s_6 & 0.224\\(0.120,0.182,0.222) & <0.8,0.1> & [s_5,s_7] & (0.087,0.231,0.267) & [0.118,0.400] & s_4 & 0.259\end{pmatrix}$$

步骤 2　计算两两评估专家之间关于各种不同类型评价指标的相互支持度 $Sup(r_{ij}^p,r_{ij}^q)$，其中 $i=1,2,3,4$，$j=1,2,\cdots,7$，$p,q=1,2,3$ 且 $p\neq q$，从而得到两两评估专家之间的相互支持度矩阵 S^{pq}，分别为

$$\boldsymbol{S}^{12}=\boldsymbol{S}^{21}=\begin{pmatrix}0.853 & 0.827 & 0.929 & 0.970 & 0.879 & 0.857 & 0.988\\0.860 & 0.735 & 0.643 & 0.908 & 0.908 & 1 & 1\\0.911 & 0.827 & 0.929 & 0.989 & 0.924 & 0.857 & 0.988\\0.930 & 1 & 0.429 & 0.922 & 0.953 & 1 & 1\end{pmatrix}$$

$$S^{13}=S^{31}=\begin{pmatrix} 0.935 & 0.900 & 0.857 & 0.931 & 0.834 & 0.571 & 1 \\ 0.932 & 0.827 & 0.857 & 0.883 & 0.883 & 0.714 & 0.976 \\ 0.961 & 0.900 & 1 & 0.908 & 0.948 & 1 & 0.976 \\ 0.959 & 0.827 & 0.500 & 0.922 & 0.974 & 1 & 1 \end{pmatrix}$$

$$S^{23}=S^{32}=\begin{pmatrix} 0.917 & 0.800 & 0.786 & 0.939 & 0.950 & 0.714 & 1 \\ 0.911 & 0.900 & 0.571 & 0.961 & 0.974 & 0.714 & 0.988 \\ 0.940 & 0.900 & 0.929 & 0.905 & 0.957 & 0.857 & 0.988 \\ 0.903 & 0.827 & 0.929 & 0.961 & 0.977 & 1 & 1 \end{pmatrix}$$

步骤 3 由计算所得的相互支持度矩阵可得各评估专家关于 4 个待投资研发项目在每个指标下的总支持度$Sup(r_{ij}^{p})(p=1,2,3;\ i=1,2,3,4,j=1,2,\cdots,7)$，$Sup(r_{ij}^{p})$构成的矩阵分别为

$$S^{1}=S^{12}+S^{13}=\begin{pmatrix} 1.788 & 1.727 & 1.786 & 1.901 & 1.713 & 1.428 & 1.988 \\ 1.792 & 1.562 & 1.500 & 1.791 & 1.791 & 1.714 & 1.976 \\ 1.872 & 1.727 & 1.929 & 1.897 & 1.872 & 1.857 & 1.964 \\ 1.889 & 1.827 & 0.929 & 1.844 & 1.927 & 2 & 2 \end{pmatrix}$$

$$S^{2}=S^{21}+S^{23}=\begin{pmatrix} 1.770 & 1.627 & 1.715 & 1.909 & 1.829 & 1.571 & 1.988 \\ 1.771 & 1.635 & 1.214 & 1.869 & 1.882 & 1.714 & 1.988 \\ 1.851 & 1.727 & 1.858 & 1.894 & 1.881 & 1.714 & 1.976 \\ 1.833 & 1.827 & 1.358 & 1.883 & 1.930 & 2 & 2 \end{pmatrix}$$

$$S^{3}=S^{31}+S^{32}=\begin{pmatrix} 1.852 & 1.700 & 1.643 & 1.870 & 1.784 & 1.285 & 2 \\ 1.843 & 1.727 & 1.428 & 1.844 & 1.857 & 1.428 & 1.964 \\ 1.901 & 1.800 & 1.929 & 1.813 & 1.905 & 1.857 & 1.964 \\ 1.862 & 1.654 & 1.429 & 1.883 & 1.951 & 2 & 2 \end{pmatrix}$$

这样可得 3 位评估专家在单个准则下所体现出的决策者权重，如表 5-10 至 5-13 所示。

表 5-10 3 个评估专家关于研发项目c_1在单个准则下的决策者权重

评估专家	可投资环保企业c_1						
	u_1	u_2	u_3	u_4	u_5	u_6	u_7
e_1	0.332	0.339	0.342	0.334	0.326	0.333	0.333
e_2	0.329	0.326	0.333	0.335	0.340	0.353	0.333
e_3	0.339	0.335	0.325	0.331	0.334	0.314	0.334

表 5-11　3 个评估专家关于研发项目c_2在单个准则下的决策者权重

评估专家	可投资环保企业c_2						
	u_1	u_2	u_3	u_4	u_5	u_6	u_7
e_1	0.332	0.323	0.350	0.328	0.327	0.345	0.333
e_2	0.330	0.333	0.310	0.337	0.338	0.345	0.335
e_3	0.338	0.344	0.340	0.334	0.335	0.310	0.332

表 5-12　3 个评估专家关于研发项目c_3在单个准则下的决策者权重

评估专家	可投资环保企业c_3						
	u_1	u_2	u_3	u_4	u_5	u_6	u_7
e_1	0.333	0.331	0.336	0.337	0.332	0.339	0.333
e_2	0.331	0.330	0.328	0.336	0.333	0.322	0.334
e_3	0.336	0.339	0.336	0.327	0.335	0.339	0.333

表 5-13　3 个评估专家关于研发项目c_4在单个准则下的决策者权重

评估专家	可投资环保企业c_4						
	u_1	u_2	u_3	u_4	u_5	u_6	u_7
e_1	0.337	0.340	0.287	0.330	0.332	0.333	0.333
e_2	0.330	0.340	0.351	0.335	0.333	0.334	0.333
e_3	0.333	0.320	0.362	0.335	0.335	0.333	0.334

按单个准则下的决策者权重对四个待投资项目c_i的准则指标值u_j加权，得到三位评估专家作为决策群体的群体决策矩阵为

$$\boldsymbol{R}=\begin{pmatrix} (0.145,0.228,0.335) & <0.815,0.100> & [s_{3.326},s_{5.325}] & (0.189,0.251,0.349) & [0.143,0.407] & s_{5.705} & 0.235 \\ (0.195,0.276,0.443) & <0.712,0.160> & [s_{4.070},s_{5.720}] & (0.156,0.228,0.324) & [0.142,0.362] & s_{3.380} & 0.294 \\ (0.222,0.291,0.399) & <0.609,0.229> & [s_{5},s_{6.328}] & (0.257,0.330,0.431) & [0.232,0.504] & s_{6.322} & 0.212 \\ (0.136,0.206,0.292) & <0.680,0.260> & [s_{4.490},s_{5.852}] & (0.125,0.215,0.273) & [0.123,0.398] & s_{4.852} & 0.259 \end{pmatrix}$$

步骤 4　四个待投资环保项目的每个准则指标与其均值的距离定义为$d(r_{ij},\bar{r}_j)$，构成的矩阵为

$$D=\begin{pmatrix} 0.028 & 0.091 & 0.098 & 0.006 & 0.014 & 0.122 & 0.015 \\ 0.048 & 0.017 & 0.017 & 0.025 & 0.041 & 0.210 & 0.045 \\ 0.041 & 0.091 & 0.093 & 0.079 & 0.080 & 0.210 & 0.038 \\ 0.055 & 0.073 & 0.022 & 0.058 & 0.029 & 0.122 & 0.009 \end{pmatrix}$$

这样可求出待投资环保项目的单个准则评价值到其均值的平均距离及标准距离：

$d_{11}=0.043$，$d_{21}=0.068$，$d_{31}=0.058$，$d_{41}=0.042$，$d_{51}=0.041$，$d_{61}=0.166$，$d_{71}=0.027$

$d_{12}=0.044$，$d_{22}=0.075$，$d_{32}=0.069$，$d_{42}=0.051$，$d_{52}=0.048$，$d_{62}=0.172$，$d_{72}=0.031$

确定的准则权重向量为

$$\boldsymbol{\omega}=(0.093,0.153,0.136,0.099,0.095,0.362,0.062)$$

步骤 5 群体决策矩阵所确定的正理想解为

$$\boldsymbol{R}^{+}=\left((0.195,0.276,0.443),<0.815,0.100>,[s_5,s_{6.328}],(0.257,0.330,0.431),[0.232,0.504],s_{6.322},0.294\right)$$

计算各待选投资项目与正理想解关于每个准则指标的关联系数，所求得的关联系数矩阵$\Delta=(\delta_{ij})_{4\times 7}$为

$$\Delta=\begin{pmatrix} 0.739 & 1 & 0.524 & 0.732 & 0.693 & 0.705 & 0.781 \\ 1 & 0.367 & 0.656 & 0.671 & 0.638 & 0.333 & 1 \\ 0.871 & 0.539 & 1 & 1 & 1 & 1 & 0.719 \\ 0.673 & 0.585 & 0.750 & 0.607 & 0.660 & 0.388 & 0.857 \end{pmatrix}$$

由每个待选投资项目在每个准则指标下的关联系数及各准则指标权重，得到各待选投资项目与正理想解的关联度，分别为$\delta_1=0.735$，$\delta_2=0.548$，$\delta_3=0.900$，$\delta_4=0.571$。

因此，4个待选节能环保投资项目可作为风险投资项目的优先序为$c_3>c_1>c_4>c_2$，即应当优先选择c_3，即深圳安联环保有限公司的研发项目作为联想投资有限公司的投资目标。除深圳安联环保有限公司外，若联想投资有限公司决定继续对节能环保企业的研发项目进行注资，可按照决策结果的优先顺序依次选择其他三个待投资的节能环保项目。

5.4 本章小结

供应商选择评价指标体系涵盖了多种不同类型的主客观指标，是一类混合评价信息下的多准则群决策问题，决策方法的核心在于集结个体主观决策信息为群体偏

好下的决策信息，并对各主客观准则赋权。本章针对该问题给出两类群决策方法。

第 5.1 节将精确数、区间数、语言变量及不确定语言变量四种不同类型的评价信息统一转化为直觉模糊数，将所有的主、客观评价统一到直觉模糊评价，虽然一致化的混合评价信息会在一定程度上造成评价信息的损失，但基于直觉模糊数在表达模糊信息方面的优势，对不同类型信息的统一处理是可以接受的。针对传统得分函数的定义对直觉模糊数排序不够精细的问题，提出一种新的记分函数，能够从单个准则评价的整体对直觉模糊数进行排序，分辨效果较好。由新的记分函数及各决策者与决策群体的评价偏差确定决策者权重，同时采用直觉模糊熵确定各准则权重，根据直觉模糊交叉熵距离得到各方案与理想方案的灰色关联度，从各方案与理想方案的接近程度得到各方案的优先序，与已有文献的对比说明所给方法的有效性与合理性。

第 5.2 节所给群决策方法中，各决策者关于每个方案在单个准则下获得的总支持度，反映该决策者所给评价信息受决策群体的支持程度，体现出该决策者在决策群体中的话语权，即决策者在单个准则下的权重大小，可基于单个决策者关于每个准则评价的总支持度求得各准则的群体主观评价值，从而获取群体主观评价矩阵。针对不同数据类型的混合评价信息，计算各方案在单个准则下的评价值与其均值之间的平均距离及标准距离，两种距离是对某准则在不同方案下评价值的离散程度或差异程度的一种度量，而差异越大的准则对方案排序所起的作用也就越大，基于此原则确定各准则权重，避免了对不同类型准则评价信息的一致化处理。根据包含主、客观评价信息的群决策矩阵，采用灰色关联法得到方案排序结果。在制造业企业供应商选择算例中，通过与 VIKOR 法及 TOPSIS 法的比较分析，供应商优先序的差异体现出三种排序方法的决策机制的倾向性不同，各决策群体可根据具体决策对象及自身需求，采用适宜的决策方法得到备选供应商的优先序。

第 5.3 节将混合多种评价信息的多准则群决策方法应用到节能环保企业研发项目的风险投资选择决策问题中，结合风险投资项目决策问题的特点，针对待投资的四个节能环保项目，风险投资评估公司以构建的评估指标体系为依据，聘请三位风险评估师针对四个待投资项目给出其在各指标下的评估值。由于各指标背景不同，所采用的评估数据类型存在差异，由混合评价信息多准则群决策方法对三位评估师给出的决策信息进行集结，最终得到四个待投资节能环保项目选择投资的优先次序，为风险投资机构选择投资项目提供理论依据。

第 6 章　犹豫模糊语言多准则决策在项目群优选及管理者伦理决策中的应用

项目群管理是将一组具有交互耦合关联的项目统一协调，以获取超越各个项目单独管理时所能产生的效益的控制过程。与单项目管理相比，对项目群的管理需要综合运用多种类别的知识、经验及资源，实现对群体项目的总体规划、控制与协调。项目群自身的结构复杂多变，为实现既定的效益及控制要求，体现出任务层级化、目标分散化的决策特点；而参与多项目整体决策的既有各个决策参与者，又有从各项目中取得既得利益的相关者或决策支持者等非决策者，反映出多层级主体参与的结构特征。要实现对项目群的高质量管理，既要兼顾项目群体中单个项目各自的利益诉求，也要考虑项目彼此之间的交互耦合关联所造成的群体利益导向，以便达到项目群管理的利益最大化。

首先，本章提出伦理气氛下道德强度、个体道德认知发展水平对项目群管理者伦理决策的影响研究，以道德强度、个体道德认知发展水平为研究变量，对多层级决策主体伦理决策的影响进行详细探究，以明确伦理决策的生发机制，使大中型工程项目群管理者能够明确非伦理行为对伦理决策造成的影响，建立有效防范项目群多层级决策主体非伦理行为的治理体系。其次，针对大中型工程类企业项目群优选决策问题，将具有交互耦合关联的单个项目组合成的项目群作为企业待选对象，通过构建项目群优选评估指标体系，提出基于改进 TOPSIS 法和扩展 VIKOR 法的工程项目群优选决策方法，并由所有备选项目群优劣排序结果的对比分析，确定大中型工程类企业选择项目群的优先次序，为项目群优选工作的实施提供参考依据；讨论项目群优选抑制项目群管理者非伦理行为的机理，以及对管理者伦理决策行为的影响。最后，给出犹豫模糊语言多准则群决策方法在大中型工程项目群运作中的应用研究展望。

6.1 道德强度与个体道德认知对项目群管理者伦理决策的影响

针对大中型工程项目群运作的复杂多变性，为保证项目群达到既定的综合效益，以道德强度、个体道德认知发展水平为研究变量，分析伦理气氛下道德强度、个体道德认知发展水平对项目群管理者伦理决策的影响，以明确伦理决策的生发机制，探究道德强度、个体道德认知发展水平对多层级决策主体伦理决策的影响，促使项目群管理者做出使项目群效益最大化的决策行为。

6.1.1 项目群管理研究现状及趋势

根据项目群的整体运作过程，各个项目对不同类别资源的需求状况不同，各自运作的过程体系存在差异性。多个项目彼此之间虽存在交互耦合关系，但面临的市场环境及依赖的技术支持条件存在不小的差距。这些都直接导致项目群管理中多层级决策主体所能采集到的原始决策信息的广泛性、信息内容与反映形式上的多变性，当原始信息在不同项目间不断传递时，其在群体层面反映出高度复杂性及冲突性。此外，由于参与决策过程的各个决策者及利益相关者的认知偏好及对所获各种类别决策信息的处理能力不同，整个决策过程在不同的时空阶段表现出模糊性及不确定性，使决策主体无法准确获取所有可能的备选方案。以上两个方面都直接导致多层级的决策主体难以对备选方案进行排序择优，即参与项目群管理的决策群体反映出“有限理性”的决策特征。项目群管理系统既是多阶段条件下多层级决策主体的复杂决策过程，又是基于多决策主体间交互关联的复杂博弈过程。

要实现对项目群复杂系统的全面解析，既要考虑到各个项目在资源状况、技术条件、市场需求、运作成本与收益等方面的限制，也要考虑到关联项目之间在共享信息状态、认知偏好上的合作与博弈，而这些方面却是当前项目群管理研究很少涉及的[4]。因此，有必要将社会伦理因素纳入项目群管理决策系统中，从参与决策过程的各个决策者及利益相关者的整体视角进行伦理决策分析，研究道德强度、个体道德认知发展水平对管理者伦理决策的影响，为优化项目群管理决策提供理论依据。

6.1.2 伦理决策的影响因素研究及发展趋势

“伦理决策”是在20世纪70年代西方社会频发商业欺诈、贿赂等非伦理事件的大背景下产生的，此后企业管理者开始重视组织及个体在面临伦理问题时的行为表现，逐步兼顾决策者的道德责任，将伦理决策纳入决策过程，注重经济效益和社会效益，追求利润和遵守道德的协调统一。与普通决策不同的是，包括决策者在内的伦理决策主体会对备选方案进行伦理判断、伦理评估并涉及情感道德因素。早期研究主要通过个体变量及组织变量探讨伦理决策行为，“道德强度”概念的提出推动了伦理决策领域的研究，随后逐渐形成伦理决策研究的四大流派。学者逐步建立伦理决策关系模型并采用实证研究对伦理决策的过程及其影响因素展开积极的探索，以决策者的复杂心理活动为依托，构建伦理决策过程模型，不同种类的过程模型基于各自视角对伦理决策的不同层面展开阐述及分解。决策个体如何搜寻过滤和解释信息、对伦理意识及伦理意图的极大关注、中国本土化的伦理决策研究等方面成为后续研究的主要趋向。

近年来，伦理决策的影响因素研究重点关注道德强度、个人因素、组织因素及领导者风格对伦理决策的影响，并对各个因素进行细分，指出细分的各个因素对伦理决策产生正向或负向的影响，以及影响水平是否显著。这些影响因素突显出个人价值观与组织价值观的冲突与协调，道德要求与组织利益最大化的平衡博弈，涉及个人与他人或组织在群体关系上的处理。新的研究趋势主要是将权威观点、组织伦理风气作为影响个人伦理决策的变量，重点关注个人道德发展阶段与组织特征的关系。伦理决策的关注对象逐步拓展到企业、营销、消费者、企业员工等方面，“伦理想象”等新的伦理决策工具也被纳入伦理决策研究中，主要探析这些工具对伦理决策的影响效应，这对中国本土化伦理决策的管理实践提供了充分的参考空间。截至目前，西方伦理决策已经建立了较为完善的理论体系及研究方法，趋向于从具体行业背景出发探讨伦理决策行为的影响因素，主要内容包括伦理决策的界定及过程、伦理决策影响因素的实证研究、跨文化比较及伦理决策的理论模型构建等，验证了个体、组织与情景变量对伦理决策行为的影响效果。

反观我国随着改革开放的不断深入，实质表现为道德性组织的各类企业跨越到另一个极端，盲目地以个体或组织的利益最大化为绝对目标，企业的败德行为导致企业破产，也使社会付出惨痛的代价，此类教训屡见不鲜。在此背景下，为应对屡屡出现的企业伦理决策问题，稳步提升企业伦理，中国本土化伦理决策研究逐步展开，已有西方伦理决策研究为我国本土情境伦理决策的实证研究、伦理决策的实践机制及心理机制、寻求更多的解释变量提供了参考依据。

基于以上分析，本章从参与决策的多层级决策主体对项目群管理系统进行伦理决策分析，论证道德强度、个体道德认知发展水平对项目群管理者伦理决策的影响，使项目群管理者能识别其中存在的伦理问题，增强其伦理敏感性，提高伦理决策技能，对于解决管理诚信缺失、保证决策信息真实可靠具有积极意义。

6.1.3　道德强度、个体道德认知发展水平对项目群管理者伦理决策的影响分析

相对于传统类型的项目，项目群管理者在处理大中型项目群管理问题时面临愈加复杂的局面，如多种具有交互关联关系项目之间的资源分配、人员协调、技术水准评估、高效衔接等环节都需要保证协同运作。由于参与项目群运作的管理者的利益冲突及多主体性，有必要分析伦理气氛下道德强度、个体道德认知发展水平对项目群管理者伦理决策的影响状况，为项目群达成既定的总体及部分效益目标发挥辅助性作用。

1.道德强度对项目群管理者伦理决策的影响

这里主要以伦理决策过程的四阶段理论为依据，重点关注道德强度的前三个维度，即结果大小、社会舆论和效应可能性。①多决策主体在项目群管理的过程中，尤其面对大中型项目群时，结果大小强度越大，管理者面临的社会舆论环境越复杂，促使决策个体深入体会决策困境中的伦理因素，在不同层级项目运作中不断地与项目群的既定总效益目标进行对接，促使所做出的决策行为符合伦理价值判断的要求；②项目群的建设周期往往较长，多种类型的伦理气氛及其变化造成企业员工个体道德的变化，企业各层级组织者应当密切关注员工的道德强度，营造和谐、美满的工作氛围，保证员工以一个舒心、顺畅的心理状态投入到长期繁重的工作任务中；③道德强度能够带动优良企业文化的良性循环，在不同项目的员工中间起到引领作用，能够更多地以集体利益、项目核心效应为导向，在单个项目高质量、高效率完成的情况下保障项目群整体效益的最大化。

2. 个体道德认知发展水平对项目群管理者伦理决策的影响

根据个体道德认知发展水平发展阶段理论，在项目群运作过程中，当管理者个人处于道德认知的高阶阶段时，可能也更容易做出符合项目群发展方向的规范行为；反之，则会与项目群的前期规划目标相抵触，造成难以消弭的危害。个体道德认知发展水平会对伦理决策过程中的伦理认知、伦理判断、伦理意图造成直接的影响，同时这三者之间也存在相互作用关系，彼此相互影响。

一般地，个体道德认知发展水平对项目群管理者伦理决策行为有预测作用，与管理者的伦理认知、伦理判断及伦理意向之间构成正相关关系。①项目群各层级管理者的个体道德认识水平参差不齐，会分布于不同的层次阶段，处于习俗水平阶段的管理者应当是最多的，具有高层级道德认知水平的管理者人数较少。为保证整个项目群运作的实际需求，需要不断提升项目群管理者的道德认知及诚信度。②个体道德认知发展水平与伦理认知具备显著的正线性关系。在实际工程项目群中，由于项目的复杂多变性，多个集团企业需要联合作业，项目任务以系统化多层次关系展现，针对各项任务的项目群管理者，其个体道德认知水平状况会对伦理认知进行正向的引导，那些道德认知层级较高的管理者会对低阶段状态的管理者产生引导作用。③与伦理认知类似，个体道德认知与伦理判断、伦理意向也存在较为显著的线性关系，但明显弱于与伦理认知的相关关系，不过同样能达到对管理者的伦理判断进行引导的正向效应。

综合考虑道德强度、个体道德认知发展水平对项目群管理者伦理决策行为的影响，可知以下结论：在考虑道德强度的 3 种主要维度下，项目群管理者的伦理决策行为均表现出较为明显的正向影响，对项目群综合效益的优化起到规范及制约作用，其中三种不同类型的伦理气氛状态在正向影响中发挥适当的协调效果。基于道德认知发展水平对伦理认知、伦理判断及伦理意向的预测，可知项目群管理者具备的信用程度越高，其对项目群运作周期中可能出现的伦理问题的认知也会有越清晰的判断，无论是个体决策者还是项目群多层级决策主体都会逐步产生符合项目群整体利益或者促使项目群达到集体利益最大化的伦理决策行为。此外，那些层级比较高的决策参与者，在集体主义文化熏陶下，会对道德认知阶段低的企业员工产生显著影响，在系统化的项目群管理作用下，个体会积极向道德认知高阶准则靠拢，逐步减少隔阂，保障项目群达到集体利润最大化。

6.2 工程项目群优选决策及对项目群管理者伦理决策行为的影响

随着我国经济在高质量发展道路上迈出重要步伐，整个国民经济的“含金量”“软实力”逐步提升，发展质量及底色更加彰显，高质量发展战略对企业战略规划的制定提出了更高的要求。大中型工程类企业为顺利获取与长期战略目标一致的成果和收益，将一系列具有交互耦合关联的项目组合集成为项目群进行统一协调、指导和监督；同时，创建一个较为灵活的临时性组织，兼顾单个项目的效益和多项目交互耦合关联所造成的利益冲突博弈，特别对于涉及面广、复杂度高、进度紧、数量多、投入大且参与人员众多的项目群，需要做好项目群的计划管控，充分保障资源的调配和优化组合，应对各项目之间管理的结构性风险，实现大中型工程项目群总体效益目标，有利于各个项目之间资源与信息共享，技术、流程、经验等的复用。

要保证大中型工程项目群综合管理的有效实施，达到项目群管理的预期综合效益，其关键环节是项目群的合理选择调配。由于近年来项目群的计划管控与协同实践要求持续提高，逐步凸显出项目群的合理选择对于大中型工程项目群管理的重要性。项目群的优化组合搭配既能促进项目群的集群优势和战略优势的发挥，也能促使企业在所处城市高质量发展目标的定位要求下，支持工程类企业加快转型升级，持续获取更大、更广的行业竞争优势。因此，大中型工程类企业对项目群的选择优化问题越来越重视，该问题的高效解决能够保障大中型工程类企业实现预期经济、社会效益，促使其实现产业转型升级及战略变革诉求。

在项目群优化选择问题中，除了最为注重的项目群综合效益以外，还应当将社会伦理因素纳入项目群优选。这主要是因为大中型工程项目群的运作管理在某些实施阶段会涉及伦理判断、伦理评估、管理者的情感因素，要避免企业主体陷入追求经济利益最大化的绝对极端，杜绝企业败德行为的发生，为项目群管理的全生命周期提供全程化的行为指导。基于伦理气氛分析项目群优选对于管理者伦理决策行为产生影响，实现项目群预期综合效益及项目群系统的高效运转，这对于大型工程类企业核心产业的转型升级、增强核心竞争力及实现可持续发展至关重要。

6.2.1 工程项目群优选研究评述

2020年是全面建成小康社会和“十三五”规划的收官之年，也是国家部委“十四五”规划编制之年，在更加复杂且不确定性和挑战持续增多的外部环境下，加上新型冠状病毒疫情对国家整体经济的影响，大中型工程类企业经受严峻考验，面临着市场和运营的诸多不确定性。随着疫情逐渐好转，工程建设领域或将迎来新一轮爆发，企业既迎来产业转型升级、产融结合、数字化、智能化的历史性机遇，也面临项目群管理运作的冲突博弈、产业结构调整的阵痛，项目群优化选择、风险管控成为大中型工程类企业高度关注的核心议题。

在工程项目群优化选择研究领域，关于企业发展阶段的探讨，王放伟[242]指出大型建筑企业在不同的发展阶段所拥有的内部资源数量、种类和自身管理水平必须与其发展阶段相匹配才能实现良性发展，而且企业需要在不同的发展阶段制定适宜的战略定位和战略需求，同时引发对大型工程企业成长阶段划分标准[243-244]的探讨。大中型工程类企业经过长达数十年的运作，在管理层面已经具备较为成熟的管理系统，能对工作任务或风险结构进行多层级分解，同时具备较为丰富的风险管理经验和处理突发风险事件的管理能力。当企业运作的项目群面临内部发展问题或剧烈市场动荡时，其能够发挥较为完备的良性调节作用，避免出现企业成长阶段划分中的初始期和衰退期的不良影响。本节所研究的大中型工程项目群均指较为成熟的大中型工程类企业，其成长阶段主要划分为高速成长期、稳定发展期和探索再成长期3个阶段[245]。关于大中型工程类企业项目群的构成问题，文献[246]指出项目群是企业依据其战略意图和战略规划所承建的一批具有较强耦合关联的子项目，通过协调综合管理，发挥单个项目逐一管理无法达到的集群效益，实现大中型工程项目群集群运作的综合效益最大化。根据项目群中不同项目之间在资源配置、管理模式、制度形式、知识类型等关键因素上的相似性程度，黄恬[247]将大型建筑类企业运作的项目群划分为同质项目和异质项目。其中，同质项目群的积极运作有助于企业积累原始资源，其项目集群运作能力也得到逐步提高，而异质项目群的子项目涉及面较广，成熟期的企业积极运作此类项目能够将产业链和业务范围拓展到既有经验不足的新领域，为企业的产业转型升级提供不竭动力。关于企业发展战略对项目群选择规划的影响，石碧娟[248]系统分析了大型建筑企业战略对项目群选择影响的作用框架，指出大型建筑企业在高速成长期、稳定发展期、探索再成长期这三个不同阶段应当制定不同的战略规划，承建与战略规划相匹配的项目群；在所构建的 4 个任务层级循环作用下，推动项目群优化选择的准确实施，为高效实现项目群管理的综合效益，达成企业既定战略规划提供基础保障。

已有研究针对大型工程类企业的不同成长阶段，以高度匹配需求构建项目群选择决策模型，运用混合评价方法实现项目群的优化选择，并通过案例分析对具体工程领域的企业提出项目群选择策略，为后续项目群的集体运作奠定了基础。但对于大中型工程项目群而言，其综合管理依托于企业整体的效率和效益，亟须在项目群优选中既考虑经济效益也考虑社会伦理因素，追求包含经济效益在内的利益相关者整体利益的最大化。因此，本章在伦理气氛下将社会伦理因素纳入大中型工程项目群优选决策过程，基于构建的项目群优选评价指标体系，采用改进的 TOPSIS 法和扩展 VIKOR 法对备选项目群进行排序择优。通过两类优选决策方法的对比分析，确定工程类企业选择项目群的优先等级次序，进而通过优选结果论证对项目群管理者伦理决策行为的影响，为大中型企业项目群优选工作的实施提供参考依据，同时在项目选择层面为工程类企业的产业转型升级提供思路。

6.2.2 大中型工程项目群优选决策方法

1. 工程项目群优选问题描述

大中型工程类企业（如与水利工程、土木建筑工程、海洋工程、城市改建工程、“菜篮子工程”等相关的企业）选择集群运作的项目群，往往是在企业战略规划的指引下，将具有交互耦合关联且多类型资源约束牵制的多个子项目构成项目群，同时将不同子项目组合构成的项目群作为“备选方案”。进行大中型工程项目群优选采用多准则决策理论与方法，假设多种项目群组成的备选方案集为$C=\{c_i | i=1,2,\cdots,m\}$；所构建的项目群优选评估指标体系中的各项指标可作为多准则决策中的准则，构成的准则集定义为$U=\{u_j | j=1,2,\cdots,n\}$；邀请咨询顾问、建设单位、施工单位、项目公司、供应商等项目群的实际参与者及研究人员组成专家组，参与项目群优选决策全过程。大中型工程项目群优选问题的实质是专家组通过构建的项目群优选评估指标体系，针对不同组合构成的项目群，采用多准则决策最终实现对备选项目群的优劣排序。

2. 工程项目群优选评估指标体系构建

大中型工程类企业如何确保项目群中各个子项目的合理组合搭配，需要考虑项目群对企业当前发展阶段所制定企业战略的支持程度，即工程类企业的发展战略规划直接决定交互耦合关联的项目需要采用项目群的方式进行集群式管理运作。首先，合理化的项目群优选能使企业的各项资源以及资源的原始积累、开发等始终维持在一个较高的水平上。其次，在优选项目群运作的全生命周期，相关联企业的组织管理能力将得到明显提升，在长期实施项目群管理后，及时依据企业发展阶段修正或调整企业战略规划，以适应企业发展需求。此外，项目群中各子项目之间在资源分配、技术条件、市场需求、运作成本及收益等方面存在相互牵制和约束关系，需要在伦理气氛下从参与决策全过程的专家组及利益相关者的整体视角，确定项目群优选指标体系，从而确保所选定的项目群在组织层面、单个项目层面实现整体利益协同，达到经济效益和社会效益的综合价值最大化。最后，构建的项目群优选评估指标体系需要兼顾项目群的风险因素，使项目群的优选排序能尽可能地降低整体风险水平，相应的风险应对举措有利于项目群获取更高的综合效益。

基于上述分析，选取项目群对企业既定战略支持度、子项目间的关联性、项目群体风险水平、项目群综合效益这 4 个一级指标作为项目群优选评估指标，一级指标集记为$\{A_1, A_2, A_3, A_4\}$。其中，A_1包含战略目标匹配度（A_{11}）、企业资源（A_{12}）、组织管理能力（A_{13}）、核心竞争力（A_{14}）这 4 个二级指标，A_2包含子项目间的效益目标相关性（A_{21}）、资源规划和分配相关性（A_{22}）、企业组织管理体制和运作机制相关性（A_{23}）这 3 个二级指标，A_3包含资源分配风险（A_{31}）、组织管理风险（A_{32}）、技术知识风险（A_{33}）、财务风险（A_{34}）、品牌风险（A_{35}）这 5 个二级指标，A_4包含投资利润率（A_{41}）、内部收益率（A_{42}）、经济净现值（A_{43}）、经济内部收益率（A_{44}）这 4 个二级指标。需要说明的是，针对不同类型的大中型工程类企业项目群，可对 4 个一级指标下共计 16 个二级指标进行具体解释，每个二级指标的含义和涵盖范围也可灵活调整。

3. 工程项目群优选决策步骤

步骤 1　根据大中型工程项目群评估指标体系，通过层次分析法（AHP 法）确定各二级指标的权重。

首先，建立指标评价的量化等级表，由利益相关的各领域专家组成的评估小组对两层级评估指标的每一层进行两两比较，从而根据量化表原始等级构造同一层级指标的比较判断矩阵。4 个一级评估指标两两比较得到判断矩阵$\boldsymbol{B}$；在 4 个一级指标之下，分别得到各自的判断矩阵$\boldsymbol{R}^k=(r_{ij}^k)_{n_k\times n_k}$,（$k=1,2,3,4$），其中$k$表示相应的一级评估指标，$n_k$表示一级指标所包含的二级指标数量，$r_{ij}^k$表示各二级指标两两之间相互比较的等级量化结果，即

$$\boldsymbol{B}=\begin{pmatrix} b_{11} & b_{12} & b_{13} & b_{14} \\ b_{21} & b_{22} & b_{23} & b_{24} \\ b_{31} & b_{32} & b_{33} & b_{34} \\ b_{41} & b_{42} & b_{43} & b_{44} \end{pmatrix}$$

$$\boldsymbol{R}^k=(r_{ij}^k)_{n_k\times n_k}=\begin{pmatrix} r_{11}^k & r_{12}^k & \cdots & r_{1n_k}^k \\ r_{21}^k & r_{22}^k & \cdots & r_{2n_k}^k \\ \vdots & \vdots & \vdots & \vdots \\ r_{n_k1}^k & r_{n_k2}^k & \cdots & r_{n_kn_k}^k \end{pmatrix},(k=1,2,3,4) \quad (6\text{–}1)$$

其次，由判断矩阵$\boldsymbol{B},\boldsymbol{R}^k$计算各矩阵最大的特征值$\lambda_{\max}$及其特征向量$\boldsymbol{W}^k=(\omega_1,\omega_2,\cdots,\omega_{n_i})$，特征向量中各分量分别反映同一层级下各指标的相对重要程度，接着检验判断矩阵的一致性程度，计算一致性指标值$C.I.$：

$$C.I.=\frac{\lambda_{\max}-n}{n-1} \quad (6\text{–}2)$$

最后，根据 AHP 法，通过平均随意一致性指标$R.I.$，计算随机一致性比率$C.R.$。当$C.R.<0.1$时，相应的判断矩阵通过一致性检验，所求得的权重向量即为各指标之间相对重要程度的度量；当$C.R.>0.1$时，需要专家组对判断矩阵中部分等级判断结果进行修正，直至通过一致性检验。将通过一致性检验的权重向量$\boldsymbol{W}^k$进行归一化处理，即

$$\boldsymbol{\omega}_k^{'}=\frac{\boldsymbol{\omega}_k}{\sum_{i=1}^{n_k}\boldsymbol{\omega}_k} \quad (6\text{–}3)$$

步骤 2 确定针对每个二级评估指标的隶属度评价等级。一般地，评价等级数常取 3 到 7 之间的常数，由项目群优选评价的决策者得到各备选项目群关于各二级指标的模糊评价结果，从而在各指标下得到所有备选项目群的评价矩阵T_m，其中m为对应的二级指标。

采用 FCE 与 DEA 相结合的评价方法，针对所有的备选项目群$\{c_1,c_2,\cdots,c_m\}$，基于项目群选择优化与当前工程类企业发展战略高度一致的原则，选取各备选

项目群针对某个二级评估指标的输入、输出变量，以效率评价指数≤1为约束条件，构建线性规划模型，确定各备选项目群对每个二级评估指标的隶属度，从而获取各备选项目群在所有二级指标下的隶属度矩阵，记为

$$\boldsymbol{D}_{ij}=(d_{ij})_{m\times n}=\begin{pmatrix} d_{11} & d_{12} & \cdots & d_{1n} \\ d_{21} & d_{22} & \cdots & d_{2n} \\ \vdots & \vdots & \vdots & \vdots \\ d_{n1} & d_{n2} & \cdots & d_{nn} \end{pmatrix} \tag{6-4}$$

步骤3 备选项目群在单个指标下的隶属度反映出该项目群在该指标下的优劣程度，再结合各二级项目群优选评估指标的权重，采用改进TOPSIS法获取所有备选项目群的优劣排序。首先，由隶属度矩阵确定正、负理想项目群隶属度向量，即

$$\boldsymbol{D}^{+}=(d_1^{+},d_2^{+},\cdots,d_n^{+})=\left(\max_{1\leqslant i\leqslant m} d_{i1},\max_{1\leqslant i\leqslant m} d_{i2},\cdots,\max_{1\leqslant i\leqslant m} d_{in}\right) \tag{6-5}$$

$$\boldsymbol{D}^{-}=(d_1^{-},d_2^{-},\cdots,d_n^{-})=\left(\min_{1\leqslant i\leqslant m} d_{i1},\min_{1\leqslant i\leqslant m} d_{i2},\cdots,\min_{1\leqslant i\leqslant m} d_{in}\right) \tag{6-6}$$

根据归一化后各二级指标权重，计算各备选项目群与正、负理想隶属度向量的加权距离，即

$$K_i^{+}=\sqrt{\sum_{j=1}^{n}\left[\omega_j'(d_{ij}-d_j^{+})\right]^2} \tag{6-7}$$

$$K_i^{-}=\sqrt{\sum_{j=1}^{n}\left[\omega_j'(d_{ij}-d_j^{-})\right]^2} \tag{6-8}$$

由于传统TOPSIS法中，与正理想隶属度向量加权距离最大的备选项目群，未必与负理想隶属度向量的加权距离达到最小。这里改进TOPSIS法，从备选项目群整体考虑，计算各备选项目群与正、负理想隶属度向量的相对加权距离，从而得到

$$RK_i=\frac{K_i^{+}}{\min\limits_{i} K_i^{+}}-\frac{K_i^{-}}{\max\limits_{i} K_i^{-}} \tag{6-9}$$

显然$\dfrac{K_i^{+}}{\min\limits_{i} K_i^{+}}\geqslant 1$，该值越小，项目群$c_i$越优；$\dfrac{K_i^{-}}{\max\limits_{i} K_i^{-}}\leqslant 1$，该值越大，项目群$c_i$越优。故$RK_i\geqslant 0$，且$RK_i$越小，对应的项目群$c_i$越优，可依据$RK_i$对各备选项目群进行排序。特别地，若某项目群与正理想隶属度向量的

加权距离达到最小，同时与负理想隶属度向量的加权距离达到最大，即 $K_i^+ = \min_{1\leq i\leq m} K_i^+$，$K_i^- = \max_{1\leq i\leq m} K_i^-$，此时$RK_i = 0$，该项目群即为最优项目群，也就得到了所有备选项目群的优劣次序。

步骤 4 若充分考察所构建的项目群优选评估指标体系中所有一级指标及其相应的二级指标的差异性，由扩展 VIKOR 法根据所得各备案项目群的隶属度矩阵，可计算其效用值、个体遗憾值及综合评价值，从而获取最优项目群或折中备选项目群集合。

首先，计算隶属度矩阵$\boldsymbol{D}_{ij} = (d_{ij})_{m\times n}$的导出矩阵$\boldsymbol{D}_{ij}^* = (d_{ij}^*)_{m\times n}$，其中

$$d_{ij}^* = \frac{\max_{1\leq i\leq m}\left\{d_{ij}\right\} - d_{ij}}{\max_{1\leq i\leq m}\left\{d_{ij}\right\} - \min_{1\leq i\leq m}\left\{d_{ij}\right\}}, (i = 1,2,\cdots,m; j = 1,2,\cdots,n) \tag{6-10}$$

其次，求各备选项目群的效用值 $p_i(i = 1,2,\cdots,m)$ 及个体遗憾值 $h_i(i = 1,2,\cdots,m)$，即

$$p_i = \sum_{j=1}^{n} \omega_j' d_{ij}^*,\ h_i = \max_{1\leq j\leq n}\left(\omega_j' d_{ij}^*\right), (i = 1,2,\cdots,m) \tag{6-11}$$

最后，计算各备选项目群的效用值和个体遗憾值的正理想解与负理想解，即

$$p^+ = \min_{1\leq i\leq m} p_i \tag{6-12}$$

$$p^- = \max_{1\leq i\leq m} p_i \tag{6-13}$$

$$h^+ = \min_{1\leq i\leq m} h_i \tag{6-14}$$

$$h^- = \max_{1\leq i\leq m} h_i \tag{6-15}$$

综合以上各备选项目群的效用值和个体遗憾值及正、负理想解，可得各备选项目群整体评价值：

$$\upsilon_i = \varepsilon\frac{p_i - p^+}{p^- - p^+} + (1-\varepsilon)\frac{h_i - h^+}{h^- - h^+} \tag{6-16}$$

其中ε为折衷系数，且$\varepsilon \in [0,1]$。若$\varepsilon > 0.5$，则倾向于使用最大化效用值进行项目群优选决策；若$\varepsilon < 0.5$，则倾向于使用最小化个体遗憾值进行决策；若$\varepsilon = 0.5$，则通过协商达成一致的决策机制确定最优项目群。随着ε值的变化，决策者的主观偏好也在变化，所得到的排序结果会有一定的差异，更符合现实情境下的决策过程。

为获取备选项目群的优劣次序，分别根据p_i,h_i,υ_i对备选项目群排序，值越小对应的项目群就越优，从而得到关于所有备选项目群的 3 个排序结果。在整体评价值υ_i中，若最小值为υ_p，即对应项目群为c_p，若同时满足以下两个条件，则项目群c_p为最优化选择：（a）在对p_i,h_i的排序中，方案c_p至少在其中一种排序中最优；（b）满足$\upsilon_q-\upsilon_p\geqslant\frac{1}{m-1}$，其中$\upsilon_q$为整体评价值$\upsilon_i$排序中仅次于$\upsilon_p$的取值，对应项目群为$c_q$。当条件（a）不满足而条件（b）满足时，则折衷最优项目群为$\{c_p,c_q\}$；当条件（a）满足而条件（b）不满足时，解不等式$\upsilon_s-\upsilon_p<\frac{1}{m-1}$，确定一个满足不等式且最大的$\upsilon_s$，则折衷最优项目群为整体评价值介于$\upsilon_p$与$\upsilon_s$之间的所有项目群。

步骤 5 综合考虑步骤 3 和步骤 4 所得备选项目群优选排序结果，审视伦理气氛下项目群优选决策的“有限理性”决策特征，以项目群优选保障项目群管理最终目标的协调一致性为导向，确定最终的项目群优化选择排序结果，大中型工程类企业可依据优选结果确定实际选择实施的项目群。

6.2.3 实例分析

河南自贸试验区自挂牌以来，坚持以制度创新为核心，积极融入“一带一路”倡议，加快打造内陆开放高地。截至目前已全部下放国务院规定的 455 项省级社会管理权限，在商事登记、跨境电商、多式联运体系建设等方面形成 250 多个改革创新实践案例，吸引了 6.25 万多家企业入驻，其中世界 500 强企业 88 家，占全省的 68%。其中，洛阳片区累计入驻市场主体 2.5 万户，注册资本达到 1 014.73 亿元，累计进驻亿元以上企业 136 家，累计进驻世界 500 强 25 家、国内 500 强 19 家、行业 10 强 26 家。当前，河南自贸试验区洛阳片区已成为洛阳加快推进中原城市群副中心城市建设的重要平台，是新时代洛阳改革开放的新高地和新引擎。假设洛阳片区内某行业领先企业以高端制造业和现代服务业为主要业务范围，该企业参与承建了大量具有交互耦合关联的大中型工程项目，分别是商业街区升级改造工程项目 10 多项（c_1）、市内高架桥或隧道桥梁工程项目 8 项（c_2）、城市休闲景观设计规划项目 10 多项（c_3）、东西南隅历史文化街区保护修缮项目多项（c_4）、建筑垃圾消纳场工程建设项目多项（c_5）。由于受到新型冠状病毒疫情影响、政府政策规划限制、企业自身拥有资源及其组织管理能力的制约，该企业从 2020 年至 2022 年只能同时参与承建其中的 3 个项目群，因此该企业需要权衡利弊，综合考虑项目群的成本支出及预期综合效益，对 5 个待选项目群进行综合评估。以下采用本章提出的大中型工程项目群优选决策方法，以协助该企业确定实际参与承建的 3 个项目群。

步骤 1　根据构建的大中型工程项目群优选评估指标体系，针对企业既定战略支持度等 4 个一级指标以及各一级指标之下战略目标匹配度等 16 个二级指标，由来自咨询顾问、建设单位、施工单位、项目公司、政府机构和各类供应商等不同类型单位的专家组成项目群优选评估小组，采用 1–9 标度法对一级指标、二级指标的重要性程度进行两两比较，得到相应的判断矩阵。其中，针对 4 个一级指标得到如下判断矩阵：

$$\boldsymbol{B}=\begin{pmatrix} 1 & 0.333 & 3.900 & 2.000 \\ 3.000 & 1 & 7.450 & 5.200 \\ 0.258 & 0.135 & 1 & 0.333 \\ 0.500 & 0.194 & 3.000 & 1 \end{pmatrix}$$

计算得到判断矩阵 $\boldsymbol{B}$ 最大的特征值为 4.066，权重向量为 $\boldsymbol{W}^0=(0,226,0.585,0.058,0.131)$，一致性检验 $C.R.=0.024<0.1$，通过一致性检验。同理，可计算各一级指标所包含二级指标的权重向量，分别为

$\boldsymbol{W}^1=(0,574,0.130,0.241,0.055)$，$\boldsymbol{W}^2=(0,141,0.066,0.793)$

$\boldsymbol{W}^3=(0,073,0.504,0.272,0,038,0.113)$，$\boldsymbol{W}^4=(0,229,0.582,0.132,0.057)$

综合考虑两级评估指标权重向量，经归一化处理后，得到所有评估指标的权重值及其排序，如表 6–1 所示。

表 6–1　大中型工程项目群优选评估指标体系权重值及其排序

评估指标	权　重	排　序	评估指标	权　重	排　序
A_{11}	0.130	2	A_{32}	0.029	9
A_{12}	0.029	8	A_{33}	0.016	11
A_{13}	0.054	5	A_{34}	0.003	16
A_{14}	0.012	12	A_{35}	0.007	14
A_{21}	0.082	3	A_{41}	0.030	7
A_{22}	0.039	6	A_{42}	0.076	4

续 表

评估指标	权　重	排　序	评估指标	权　重	排　序
A_{23}	0.464	1	A_{43}	0.017	10
A_{31}	0.004	15	A_{44}	0.008	13

步骤 2　依据项目群优选评估小组集体讨论，商定对评估指标采取 5 级隶属度评价等级标度$V=${很高，高，一般，低，很低}。决策者针对被评估的 5 种项目群按照 5 级等级标度V进行模糊评价。以指标战略目标匹配度（A_{11}）为例，得到 5 种项目群关于A_{11}的隶属度评价结果组成的隶属度矩阵：

$$T_1=\begin{pmatrix} 0.1 & 0.2 & 0.3 & 0.2 & 0.2 \\ 0.5 & 0.1 & 0.2 & 0.2 & 0 \\ 0.3 & 0.3 & 0.2 & 0.1 & 0.1 \\ 0.3 & 0.1 & 0.2 & 0.2 & 0.2 \\ 0.3 & 0.4 & 0.2 & 0.1 & 0 \end{pmatrix}$$

为保障所选项目群与大中型工程类企业的企业战略一致性，基于 FCE 与 DEA 构造线性规划模型，选取“很低、低、一般”作为系统输入，以评价等级“高、很高”作为系统输出，针对各备选项目群$\{c_1,c_2,\cdots,c_5\}$关于评估指标A_{11}构建相应的线性规划模型，得到各备选项目群在评估指标A_{11}上的隶属度，构成的隶属度向量为$(0.32,1,0.74,0.64,0.57)$。同理，可计算各备选项目群在其他 15 个二级评估指标上的隶属度向量，得到 5 种项目群关于 16 个优选评估指标的隶属度（表 6–2）。

表 6–2　大中型工程项目群优选评估指标隶属度

评估指标		A_{11}	A_{12}	A_{13}	A_{14}	A_{21}	A_{22}	A_{23}	A_{31}
待选项目群	c_1	0.32	0.78	0.69	0.55	0.61	0.56	0.83	0.78
	c_2	1	0.52	0.42	0.73	1	0.42	0.56	0.65
	c_3	0.74	0.36	1	0.34	0.72	1	0.37	0.57
	c_4	0.64	0.89	0.63	0.92	0.96	0.65	1	0.78
	c_5	0.57	1	0.77	0.84	0.82	0.51	0.74	1

续 表

评估指标		A_{32}	A_{33}	A_{34}	A_{35}	A_{41}	A_{42}	A_{43}	A_{44}
待选项目群	c_1	0.70	0.43	0.77	0.85	0.34	0.85	0.61	0.23
	c_2	0.67	0.29	0.87	1	0.46	0.22	0.45	0.82
	c_3	0.82	0.83	1	0.83	0.87	0.47	1	0.34
	c_4	1	0.76	0.92	0.58	0.23	1	0.24	1
	c_5	0.65	1	0.56	0.94	1	0.21	1	0.57

步骤3 根据各备选项目群关于所有评估指标的隶属度，由式（6–5）得到正、负理想项目群隶属度向量：

$$\boldsymbol{D}^{+}=(1,1,1,0.92,1,1,1,1,1,1,1,1,1,1,1,1)$$

$$\boldsymbol{D}^{-}=(0.32,0.36,0.42,0.34,0.61,0.42,0.37,0.57,0.65,0.29,0.56,0.58,0.23,0.21,0.24,0.23)$$

由式（6–8）计算各备选项目群与正、负理想隶属度向量的距离，得到

$$K_1^{+}=0.128，K_2^{+}=0.218，K_3^{+}=0.299，K_4^{+}=0.059，K_5^{+}=0.149$$

$$K_1^{-}=0.220，K_2^{-}=0.129，K_3^{-}=0.075，K_4^{-}=0.304，K_5^{-}=0.180$$

接着由式（6–9）分别得到各备选项目群与正、负理想隶属度向量的相对加权距离：

$$RK_1=1.446，RK_2=3.271，RK_3=4.821，RK_4=0，RK_5=1.933$$

依据RK_i得到各备选项目群的优劣次序，即$c_4>c_1>c_5>c_2>c_3$，可知c_4为最优的待选项目群。

步骤4 由式（6–10）计算隶属度矩阵$\boldsymbol{D}_{ij}$的导出矩阵，得到

$$\boldsymbol{D}_{5\times16}=\begin{pmatrix} 1 & 0.343 & 0.534 & 0.638 & 1 & 0.759 & 0.270 & 0.512 & 0.857 & 0.803 & 0.523 & 0.357 & 0.857 & 0.190 & 0.513 & 1 \\ 0 & 0.750 & 1 & 0.328 & 0 & 1 & 0.698 & 0.814 & 0.943 & 1 & 0.295 & 0 & 0.701 & 0.987 & 0.724 & 0.234 \\ 0.382 & 1 & 0 & 1 & 0.717 & 0 & 1 & 1 & 0.514 & 0.239 & 0 & 0.405 & 0.169 & 0.671 & 0 & 0.857 \\ 0.529 & 0.172 & 0.638 & 0 & 0.103 & 0.603 & 0 & 0.512 & 0 & 0.338 & 0.182 & 1 & 1 & 0 & 1 & 0 \\ 0.632 & 0 & 0.397 & 0.138 & 0.462 & 0.845 & 0.413 & 0 & 1 & 0 & 1 & 0.143 & 0 & 1 & 0 & 0.558 \end{pmatrix}$$

进而由式（6-11）求得各备选项目群的效用值$p_i(i=1,2,\cdots,m)$及个体遗憾值$h_i(i=1,2,\cdots,m)$：

$p_1=0.514$，$p_2=0.600$，$p_3=0.702$，$p_4=0.202$，$p_5=0.481$;

$h_1=0.125$，$h_2=0.218$，$h_3=0.464$，$h_4=0.069$，$h_5=0.192$。

由（6-15）得到各备选项目群的效用值和个体遗憾值的正理想解与负理想解，分别为$p^+=0.202$，$p^-=0.702$; $h^+=0.069$，$h^-=0.464$。

根据式（6-16），令$\varepsilon=0.5$得到各备选项目群的整体评价值，分别为$\upsilon_1=0.383$，$\upsilon_2=0.587$，$\upsilon_3=1$,$\upsilon_4=0$，$\upsilon_5=0.435$。

根据效用值对各备选项目群排序，得到排序结果为$c_4>c_5>c_1>c_2>c_3$；根据个体遗憾值和整体评价值所得排序结果都为$c_4>c_1>c_5>c_2>c_3$。υ_4在整体评价值中最小，对应备选项目群c_4，且c_4在效用值和个体遗憾值的排序中均为最优；$\upsilon_1-\upsilon_4=0.383\geqslant\frac{1}{4}$，其中$\upsilon_1$是整体评价值排序中次优项目群的对应值；即同时满足条件（a）、（b），可确定c_4为最优的待选项目群。

步骤 5 综合考虑项目群优选隶属度评价的改进 TOPSIS 法和 VIKOR 法，步骤 3 所得各备选项目群的排序结果和步骤 4 中个体遗憾值、整体评价值所得排序结果完全相同，都是$c_4>c_1>c_5>c_2>c_3$；与这三类排序结果相比，依据效用值的排序结果只在c_1，c_5的优劣次序上有差异，且c_1，c_5与项目群c_4共同排在前三个位次。由于该企业受实际多种情境制约，其在 3 年内最多能同时参与 3 个项目群，因此除最优项目群c_4外可继续参与承建项目群c_1，c_5。

该企业参与承建的项目群均是河南自贸试验区洛阳片区内的大中型工程类项目，单个项目间具有交互耦合特征，参与整个决策过程的多个决策主体在各项目的多个进程中表现出模糊性和不确定性，导致决策主体“有限理性”的决策特征。为保障该企业承建项目群的优选决策能够在后续建设期高效开展，需要在伦理气氛下考虑项目群优选后各项目建设、经营及移交期对管理者伦理决策行为的影响，有效防范大中型工程项目群管理者的非伦理行为。其影响主要体现在三个方面：①以项目群优选决策为发端，在项目群管理追求集群项目综合效益最大化的目标导向下，能够避免管理者将单个项目的利益凌驾于项目群的整体利益之上，规避企业管理者的非伦理行为，培养企业各利益相关方遵循并追求高标准的社会价值意识；②项目群本身具备较强的交互耦合性，很难保证项目群中单个项目均在非伦理行为决策下获益，使企业管理者非伦理行为难以长期维持，能够规范项目群管理者的伦理决策行为并使其服务于项目群的整体综合效益；③优选的项目群将打破过往企业非伦理行为的组织支持，合理优化企业运作项目群的管理结构，加强企业行为的伦理规范建设，为管理者高效规范化的伦理决策行为提供组织保障。

6.3 犹豫模糊语言多准则决策在大中型工程项目群运作中的应用展望

随着我国对基础设施建设项目投资力度的不断加大，一大批投资规模大、跨度时间长、社会影响广泛的“集群式”项目涌现，如“南水北调工程”“西气东输工程”“西成高铁工程”等。这些大中型工程项目可分为多个具有交互耦合关联的子项目，子项目之间在资源状况、技术条件、市场需求、运作成本与收益等方面存在争夺与冲突；此外，子项目在共享信息状态、认知偏好上的合作与博弈等方面对管理者的决策行为造成影响。随着项目管理决策由集中化向分散化发展，项目群系统在分散化决策模式下反映出多任务、多目标及多层级决策主体的特征，其复杂不确定性导致多主体的冲突博弈，使多层级主体冲突博弈及其对管理者伦理决策行为的影响成为关注的焦点。

6.3.1 群决策方法在大中型工程项目群管理中的应用研究展望

1. 项目群多层级冲突的分类辨识及网络生成

（1）有限理性下项目群多层级冲突的产生及分类辨识。多层级决策主体彼此之间存在交互关联特征，并受到多种类型主客观因素的影响，拟从对信息的认知偏好角度对信息进行系统描述，探寻项目群多层级冲突的产生机理；将决策主体统一用节点表示，拟采用模糊不确定性信息对节点进行定量化描述，明确那些引发项目群多层级冲突的关键典型信息，基于多项目之间的交互关联性对项目群多层级冲突的关键信息进行分类辨识。

（2）项目群多层级冲突的复杂网络生成。项目群中各项目之间具有交互耦合关联，抽取那些反映多层级冲突且突出网络层级结构的关键节点及对节点度量的指标集，并进一步探寻各个节点之间的结构化特征；构建网络结构生成规则模型，通过一致性程度最大化、可靠性优先级程度等具体指标构建复杂网络生成模型，由模型的最优解确定项目群多层级冲突的整个网络结构关系。

2. 基于决策者认知依赖的项目群多层级冲突网络博弈

（1）考虑决策主体柔性思维的项目群多层级冲突网络博弈。通过多层级决策主体所获各种类型信息的可靠性程度、复杂系统的一致协调性及对环境动态变化的及时调整等维度，考察项目群整体预期收益水平与多层级决策主体决策策略的联动关系；根据项目群多层级冲突的复杂网络生成规则，建立考虑柔性思维特征的冲突博弈模型。

（2）决策主体兼顾项目间公平性的项目群多层级冲突网络博弈。根据项目群系统网络结构中节点间的差异性及冲突性程度将节点划分成两类，一类差异度较小且彼此冲突程度也小，另一类差异程度较大且冲突程度也大；对节点所包含的信息进行相似性度量，确定多层级决策主体的公平参考点；将各决策主体与其对应的公平参考点进行比较分析，得到决策主体兼顾项目间公平性的公平关切区间范围，从而实现对节点的等级划分，最终确定公平。

3. 伦理气氛下道德强度、个体道德认知发展水平对项目群伦理决策的影响

（1）伦理气氛下影响项目群伦理决策的机理分析。研究不同类型伦理气氛下道德强度、个体道德认知发展水平对项目群管理者伦理决策行为的作用机制，进而影响多层级决策主体的行为选择及其结果；提出道德强度对伦理行为意向正向影响作用中，不同类别伦理气氛所起调节作用的假设，从而得到道德强度、伦理决策行为及伦理气氛之间的关系模型；探究不同类型伦理气氛对项目群多层级决策主体伦理决策行为影响的运作机理。

（2）道德强度、个体道德认知发展水平影响多层级决策主体伦理决策的实证研究。对前述所做假设进行检验，以项目群多层级主体为研究对象，根据所要搜集的数据设计情景案例式调查问卷，实证研究伦理气氛调节下两者对多层级决策主体伦理决策的影响。

（3）防范多层级决策参与主体非伦理行为及优化伦理决策的对策与建议。分析多层级决策主体的道德强度、个体道德认知发展水平现状，阐明优化道德强度控制及提升个体道德认知发展水平的紧迫性，指出治理多层级决策主体非伦理行为的途径，主要从企业对项目群多层级决策参与者的积极引导、伦理教育、促进个体道德认知发展水平提高、提升伦理知识运用能力等角度，给出具体的操作路径及优化该领域伦理决策的建议，建立有效防范项目群多层级决策主体非伦理行为的治理体系，帮助项目群管理者采取有针对性的措施，切实提高多层级决策参与者的伦理决策水平。

6.3.2 该领域应用研究的研究思路、研究方法、重难点及研究目标

1. 研究思路

本课题的研究思路着重在有限理性驱动下分析多主体冲突的产生、分类辨识及冲突网络结构生成；在考虑决策主体柔性思维、项目间公平性的情境下，构建项目群多层级冲突的网络博弈模型，刻画项目群多层级冲突在“软约束”条件下的演化博弈过程；分析道德强度、个体道德认知发展水平影响项目群管理者伦理决策的运行机理，探讨不同类型伦理气氛所发挥的调节效应，并对所做多种类型假设进行实证检验。研究工作主要锁定在多层级冲突分类辨识及网络结构、构建冲突博弈模型、影响伦理决策的机理分析及对伦理决策的实证研究这四个模块。

2. 研究方法

（1）群决策理论与方法及博弈理论领域中有关冲突分析的研究方法，尤其是基于柔性思维特征的网络博弈模型、考虑公平关切的网络博弈模型，为项目群多层级冲突问题的解决提供了较为丰富的方法论借鉴。复杂系统领域广泛使用的复杂网络理论及不确定性信息推理技术也为项目群冲突博弈问题提供理论支撑。

（2）伦理决策理论中的 Rest 四阶段伦理决策模型等相关理论模型，以及新科尔伯格理论、道德强度等相关理论为影响伦理决策行为的机理分析提供方法论指导。

（3）在影响多层级决策主体伦理决策的实证研究中，拟采用多种量表（本土化修改后的 Singhapakdi 量表、Victotr 量表或李克特 7 点量表）对调查问卷问题进行测量；拟采用内部一致性检验、相关性分析、回归分析等统计分析方法对有效调查问卷进行实证分析与结果说明，从而得到假设检验结果，其中还涉及 SPSS Statistics、SAS 等统计学软件的合理使用。

3. 重点、难点

研究重点如下：

（1）有限理性视角下项目群多层级冲突的分类辨识及网络生成。

（2）基于决策者认知依赖的项目群多层级冲突的网络博弈过程。

（3）道德强度、个体道德认知发展水平对多层级决策主体伦理决策的影响。

能否顺利给出优化伦理决策的对策与建议，为整个决策过程提供科学参考

及行为指导，影响到课题研究成果的学术价值和实际效用。

研究难点如下：

（1）在有限理性项目群冲突网络结构生成中，如何采用复杂网络技术描述信息传递路径。

（2）在考虑决策者柔性策略及对项目间公平的高度关切下，如何定量刻画多层级冲突的网络博弈规则。

（3）关于不同类型伦理气氛所发挥的调节效应，如何探析道德强度、个体道德认知发展水平与伦理决策行为的关系，从而做出相应的假设并进行实证检验。

4. 主要目标

（1）在有限理性视角下明确项目群多层级冲突网络的结构。

（2）在考虑决策主体柔性思维、项目间公平性的前提下，构建项目群多层级冲突的网络博弈模型，解决多层级决策主体的冲突问题。

（3）明确伦理决策的生发机制，提出防范非伦理行为及优化伦理决策的对策与建议。

6.4 本章小结

项目群管理系统的多层级决策主体冲突问题影响整个系统运行的效率和效益，需要考虑决策主体之间的信息沟通状况、项目群整体目标的一致性缺失、行为认知偏好差异等制约因素，而已有研究较少涉及这些方面。传统项目管理往往认同“利润最大化”的单一价值观，仅仅考虑经济效益，不涉及伦理层面，这就需要将伦理因素纳入项目群多层级冲突决策分析过程中，重点关注道德强度、个体道德认知发展水平对多层级决策主体伦理决策的影响。

首先，大中型工程项目群的管理决策者依然存在企业伦理困境的问题，总体决策中的伦理决策效益直接影响到运作项目能够达到企业的预期。本章系统阐述了道德强度与个体道德认知发展水平对项目群管理者伦理决策的影响，帮助项目群管理者有针对性地采取措施切实提高多层级决策参与者的伦理决策水平。

其次，基于犹豫模糊语言多准则群决策方法给出在大中型工程项目群运作管理中的应用研究展望，主要涉及在有限理性驱动下探讨项目群多层级冲突的产生及分类辨识，确定项目群多层级冲突的复杂网络结构关系，以明晰项目群管理系统多层级冲突的复杂不确定性。由项目群中各个项目之间的交互耦合关联，构建有限理性项目群多层级冲突的网络生成规则模型；考虑决策主体柔性思维及项目间的公平性，提出项目群冲突的网络博弈模型，辨析多层级主体冲突在“软约束”条件下的演化博弈过程。本章将整个伦理决策行为过程纳入研究框架，分析道德强度、个体道德认知发展水平影响多层级决策主体伦理决策行为的运行机理，探讨不同类型伦理气氛所发挥的调节效应，并对所做多种类型的假设进行实证检验，提出防范多层级决策主体非伦理行为及优化伦理决策的对策与建议。

最后，针对大中型工程类企业项目群优选决策问题，将由交互耦合关联的单个项目组合成的项目群作为企业待选对象，通过构建项目群优选评估指标体系，提出基于改进 TOPSIS 法和扩展 VIKOR 法的工程项目群优选决策方法，并由所有备选项目群优劣排序结果的对比分析，确定大中型工程类企业选择项目群的优先次序，为项目群优选工作的实施提供参考依据。实例分析验证了所给优选决策方法的有效性与可行性，讨论项目群优选对抑制企业管理者非伦理行为的机理，以及对管理者伦理决策行为的影响。工程项目群优选是大中型工程类企业逐步打破“利润最大化”单一价值观的开端，使项目群各利益相关主体及决策者在项目群建设、运营、移交等阶段追求整体综合利益的最大化，保证项目群管理系统维持高效运转以促进项目群管理最终目标的协调一致性。本章以河南自贸试验区洛阳片区某企业参与承建的备选项目群为优选对象，通过构建项目群优选评估指标体系，提出基于改进 TOPSIS 法和扩展 VIKOR 法的项目群优选决策方法，所得项目群优选优劣次序为相关企业实际选择参与承建项目群提供理论指导，最后分析项目群优选对管理者伦理决策行为的影响，有效防范企业管理者的非伦理行为，提升管理者的综合管理水平。

第 7 章　概率语言术语集多准则决策方法研究进展

为了更加高效、精准地反映定性决策信息的犹豫模糊性，表征不确定语言评价下的概率信息，研究基于概率不确定语言术语集（PULTS）的决策理论与方法并应用于城市群生态环境治理效率评价；深入挖掘 PULTS 的结构特征，提出运算法则、对比规则及信息集成算子，并分析其测度理论框架。考虑到不确定性决策情境下 PULTS 对犹豫模糊偏好关系的表达优势，由 PULPR 满足加性一致性或积性一致性的条件，基于案例推理、级别优于排序及多种类型测度方法提出 PULPR 的一致性检验及群体共识达成方法。针对实际多准则群决策问题，决策者对各方案在不同准则下的评价值存在交互作用，同时考虑决策者的有限理性及对待风险的态度，将 TODIM 法、ORESTE 法等与 PULTS 结合提出一系列多准则群决策方法；研究准则权重未知或不完全多粒度 PULTS 的大规模群决策方法，为不确定性环境下的群决策提供理论依据及技术支持。

7.1　概率语言术语集群决策方法领域的研究背景与意义

现实决策问题的复杂性、决策者对评估对象认知的有限理性以及思维的模糊性与不确定性造成多准则决策问题的不确定性常态[249]，如何较为充分、精准且全面地表达或模拟决策者的定性决策信息成为决策过程中基础且关键的环节，直接影响多准则决策理论与方法的应用能否达到预期的经济效益与社会效益。

针对实际定性决策问题中信息表达的模糊不确定性，近年来，基于犹豫模糊语言术语集[250]（hesitant fuzzy linguistic term set，HFLTS）的决策理论与方法受到广泛关注。HFLTS 综合采用多个语言术语表达决策信息，语言变量的取值为语言术语集中一个有序且连贯的子集，较为贴近决策者的思维认知过程[251]。HFLTS 及其拓展形式已被广泛应用于投资项目风险评估、模式识别、医疗诊断等领域[252-255]，产生了良好的应用效果。

虽然 HFLTS 表达的定性决策信息较为符合决策者思维的不确定性特征，偏好信息所体现出的灵活性、可解释性和可信度均达到了较高的水准[256-257]，但基于 HFLTS 的决策模型往往假定决策者提供的多个语言评价值具有相同的重要程度[258]，而现实决策情境中决策者在犹豫的同时会偏向 HFLTS 中的某些语言术语，不同语言术语的重要性很可能是不等的。因此，为了尽可能地避免原始语言信息的损失，Pang[259] 等提出概率语言术语集（probabilitstic linguistic term set, PLTS）的概念，既能体现决策者对方案或准则的犹豫模糊语言评价或比较偏好，又能反映各语言术语的概率信息。随后，Lin[260] 等拓展 PLTS 提出概率不确定语言术语集（probabilistic uncertain linguistic term set, PULTS）的概念，将语言术语替换为不确定语言变量并保留犹豫模糊性及概率信息。相对于 PLTS，PULTS 对偏好信息的表征更加全面、灵活、可解释性更强。

决策问题的复杂性、不确定性及信息不完整性的与日俱增，以及决策者思维的模糊性及对相关领域专业知识的缺乏，都对实际多准则决策过程带来新的挑战。在此背景下，采用 PULTS 既能更高效、精准地反映定性决策信息的模糊不确定性，又能获取不确定语言评价下的概率信息，表征出特定对象所有可能评估值的不同重要程度，保留了更为详细的决策信息。因此，研究基于 PULTS 的决策理论与方法具有重要的理论意义，对解决模糊不确定情境下的决策问题具有重要的应用价值。

综上所述，PULTS 对犹豫模糊定性信息的表达具备显著优势，研究基于 PULTS 的决策理论与方法能够为模糊不确定环境下的群决策提供理论依据与技术支持，同时为“区域协调发展战略”“乡村振兴战略”“创新驱动发展战略”等国家重大战略决策的制定及协调区域融合发展发挥辅助性作用。以 PULTS 的信息融合方法及测度理论框架为基础，探讨基于概率不确定语言偏好关系的一致性 - 共识达成方法，考虑决策要素关联性或独立性假设解决基于 PULTS 的多准则决策问题，为不确定犹豫模糊语言信息的精细化决策方法的应用奠定基础。

7.2 基于 PLTS 的决策理论与方法研究现状及发展动态分析

PULTS 是对 PLTS 的拓展，近几年针对 PLTS 的决策理论、方法及应用研究较为充分，而关于 PULTS 的研究尚未充分展开，下面将从 PLTS 的信息融合理论、测度理论、偏好关系理论、决策方法等方面阐述其研究现状及发展动态。

7.2.1 PLTS 的信息融合理论

首先是 PLTS 的运算法则和比较规则研究。Pang[259] 等在提出 PLTS 及有序 PLTS 概念的基础上提出规范化方法，并构造得分函数及偏差度以对多个 PLTS 进行比较，给出规范化的有序 PLTS 的运算规则和性质。但利用 Pang[259] 等提供的比较规则得到的是一种绝对优先关系排序，未能充分反映 PLTS 的犹豫模糊性且计算复杂度较高。因此，Bai[261] 等采用图解法构造 PLTS 比较的可能度公式，反映出一组 PLTS 比较结果中相邻次序之间的相对优势程度。另外，Pang[259] 等将定义的运算法则所得的结果退化为 HFLTS，丢失了概率信息且容易超出语言术语集的边界。随后 Gou[262] 等利用等价转换函数定义新的运算法则，使多个 PLTS 的集结运算结果保留了较为完整的概率信息，提升了运算结果的合理性。Zhang[263] 等所定义的新运算虽在运算结果中保留了概率信息，但 Farhadinia[264] 等举出反例说明 Zhang[263] 等所定义的数乘与加法运算存在矛盾难以协调，并针对调整后的 PLTS 提出新的运算法则，所定义的加法、乘法运算中的语言术语与其概率信息的融合更为充分。

由于已有运算法则将语言术语的下标与其对应概率直接相乘，难以论证其合理性，文献 [265] 将成对规范化的 PLTS 调整为概率相等且成对比较的 PLTE，规避了概率信息进而造成集结运算结果的偏差。但该运算法则无法处理定义在非平衡语言术语集上的 PLTS，而且当多个 PLTS 定义在不同语言术语集上时，已有运算法则会得出不合理的运算结果且计算复杂度较高。随后，Wu[266] 等基于不同语言术语集的语义结构特征提出三种不同类型的语言标度函数，该函数可根据需要对语言术语进行转换，所定义运算法则比已有定义更合理、实用性较强。Liu[267] 等为进一步契合实际定性决策需求，基于 Archimedean T 模、T- 余模及多种类型语言标度函数定义运算法则，考虑到了任意多个 PLTS 之间可能存在的交互作用，运算更灵活、复杂度较低。同时，Yue[268] 等为解决准则间具有交互作用的 PLTS 多准则决策问题，克服现有运算规则的缺陷以简化计算，重新定义了一系列 PLTS 运算法则并深入探索其性质，提出概率语言 E-VIKOR 方法。

其次是 PLTS 的信息集成算子研究。Pang[259] 等提出了 PLTS 的加权算术平均（PLWAA）算子、加权几何平均（PLWGA）算子等，但集结运算结果退化为 HFLTS，不反映概率信息。因此，Zhang[269] 等定义了新的 PLWA 算子、PLWG 算子，在保留概率信息的同时并不要求 PLTS 中具有相同数量的 PLTE。考虑到决策要素的关联性，Muirhead Mean（MM）算子在获取任意数量定性决策信息之间交互关系方面具有显著优势，Liu[265] 等将 MM 算子拓展到 PLTS 环境，提出一系列概率语言 Archimedean MM 集成算子，并指出几种类型算子在不同参数向量下的具体表现形态；Liang[270] 等提出了概率语言几何 Bonferroni 平均（PLGBM）算子、加权概率语言。此外，Kobina[271] 等提出加权概率语言 Power 算术平均（WPLPA）算子、加权概率语言 Power 几何平均（WPLPGA）算子等；Yu[272] 等将 PLTS 拓展到不确定概率预言术语集（UPLTS），提出不确定概率语言、几何 Bonferroni 平均（UPLGBM）算子和加权不确定概率语言几何 Bonferroni 平均（WUPLGBM）算子。在最新的研究成果中，Mi[273] 系统地总结了 PLTS 的归一化技术及运算，将现有的 PL 聚合算子分为 12 个类别，概述这些 PL 聚合算子的应用领域并提出后续细化的研究方向。

以上多种不同类型的 PLTS 信息集成算子相互独立或存在交互关联的多个目标（方案或准则）的集成达到了较好的融合效果，但当前的研究较为零散，缺乏系统性，应当结合 PLTS 及其拓展形式的特点，系统地研究 PLTS 的信息融合理论，以解决多准则群决策问题。

7.2.2 PLTS 的测度理论

关于 PLTS 的距离测度、相似性测度主要有两类。一类是基于传统的距离测度，Pang[259] 等依据两个规范化 PLTS 的偏差程度定义距离测度；为避免语言术语与概率信息直接参与运算，Zhang[274] 等针对等价调整后的规范化 PLTS，定义了一种新的距离测度并由此得到大规模群决策中各分组对某方案评估的一致度及共识度；Zhang[263]等进一步提出规范化概率语言偏好关系（NPLPR）的距离测度，并定义NPLPR的一致性指数；Luo[275]等提出概率语言偏好关系（PLPR）的余弦相似度cosinesimilarity测度及其性质，并根据PLPR和与其具有一致性的PLPR之间的余弦相似度计算其一致性－共识系数；随后Wu[276]等指出文献[263]、[274]所定义距离测度存在违反直觉的情形，依据两个有序PLTS中对应元素概率信息的关系提出一种更合理的距离测度；接着，Lin[277]等提出PLTS的Hamming距离、Euclidean距离、Hausdorff距离及混合距离，并研究离散、连续两种情形下PLTS序列的加权距离测度；Wang[278]等基于不同的PLTS与最大化PLTS的比较给出PLTS的相对距离及扩展Hausdorff距离，该测度不要求多个PLTS具有相同的元素数量且满足距离测度定义的三角不等式，适用范围广，降低了计算复杂度。另一类是基于加权距离算子的测度。Pan[279]等提出PLTS的加权距离测度并定义不同方案之间比较的优势、劣势指数，并根据基于代数距离的距离测度定义提出了多种类型的加权距离测度。

关于PLTS的关联测度，Wu[266]等针对已有距离测度无法处理非平衡语言术语集或相邻语言术语间语义偏差不等的情形，从几何距离角度提出PLTS的关联测度；Zhang[280]等给出同时包含PLTS和精确数的信息序列间的关联测度、相关系数及加权相关系数，提出了一种新的对保险公司客户进行分类的聚类算法，并开发了相应的营销策略；Peng[281]等采用概率分布刻画PLTS并提出了累计分布函数，由一致性、不一致性指数提出4种新的PLTS二元关系；Luo[282]等通过定义PLTS的均值、方差、协方差，得到一种新的概率语言Pearson相关系数及其加权形式，以便有效地反映PLTSs之间的正、负相关关系，提出了解决MADM问题的基于Pearson相关系数的TOPSIS排序方法。

在其他测度方面，Liu[283]等提出了PLTS的模糊熵、犹豫熵、总熵这三种熵测度及多种表达式，分别用来度量PLTS的模糊性、犹豫性及整体不确定性；赵萌[284]等考虑各准则下PLTS的个体效应及相互作用，提出了概率语言熵和交叉熵的概念；Tang[285]等定义了PLTS的包含测度及其度量公式，在提出PLTS的距离、相似度和熵测度的归一化、公理化定义的基础上构建PLTS信息测度的统一框架，并得到4种不同测度之间的转换关系，提出了基于包含测度的正交聚类算法；Lin[286]等定义了一种熵测度，用来度量PLTS的不确定性，提出了基于多重相关系数的准则权重确定方法和基于熵理论的专家权重确定方法，进而提出了一种处理边缘节点选择问题的概率语言ELECTRE II算法。

基于传统距离测度定义的 PLTS 距离及相似性测度研究较多，但缺乏从加权距离算子的角度探讨 PLTS 的距离测度的研究，此类测度对信息挖掘更为充分，更加契合现实多准则决策需求，实用性、灵活性也更强；在关联测度方面，应当多从信息熵的视角提出新的关联测度，同时考虑将大数据技术与传统统计分析方法相结合，探索出适于处理数据序列的关联测度。

7.2.3　PLTS 的偏好关系理论

决策者通过 PLPR 表达对一组方案或准则的比较偏好，反映对两个目标比较的多个语言术语评价偏好及相对重要性。Zhang[263] 等首先引入 PLPR 的概念并根据偏好关系有向图探讨 PLPR 的加性一致性，通过一致性指数检验其是否可接受，提出了提高 PLPR 一致性的优化算法。另外，Zhang[269] 等研究群决策中 PLPR 的共识达成过程，提出了一种基于一致性与共识标准的共识提升方法，但该方法忽略了对 PLPR 进行规范化处理，可能造成决策结果的偏差。随后 Wu[266] 等基于关联测度计算各决策者的共识度，提出了一种检验、提升群体共识的修正迭代算法，以此消除多准则群决策中存在的极端评价。

已有 PLPR 的加性一致性运算结果可能会超出语言术语集的界限，需进一步通过信息转换处理，这不可避免地会造成偏好信息的扭曲或损失。基于此，Gao[287] 等提出了 PLPR 积性一致性的概念及 PLPR 可接受积性一致性达成算法；Nie[288] 等定义了积性概率语言偏好关系（MPLPRs）及其归一化，提出了一种基于 MPLPRs 的群体决策支持模型，并与基于前景理论的一致性恢复策略相结合，用于构建考虑决策者不同风险态度的 GDM 支持模型；Xie[289] 等通过拓展传统 AHP 法提出了 PL-AHP 法，针对概率语言比较矩阵（PLCM），利用期望几何一致性指数和 PL-AHP 法构造迭代算法以检验、提升 PLCM 的一致性，提出基于 PL-AHP 的多准则群决策方法；Gao[290] 等提出了 PLTS 的拓展形式 Incomplete PLTS（InPLTS），并提出了一种基于紧急故障树分析（EFTA）的完整算法以估计 InPLPR 的缺失项，并将其扩展为不完全概率语言偏好关系（InPLPR），再根据 InPLPR 的期望一致性、可接受期望一致性和一致性改进方法，提出了一种基于一致性的突发事件应急决策方法。

现有研究缺少对 PLPR 及其拓展形式的优先权生成算法、群体共识测度与共识达成算法的研究，对这些算法在群决策领域的应用也不够充分；同时 PLPR 的权重导出算法及交互式共识达成方法也亟待系统研究。

7.2.4 基于PLTS的多准则决策方法

通过对传统决策方法进行拓展，Pang[259]等针对准则权重完全未知或部分已知两种情形，基于离差最大化法确定准则权重，分别通过扩展TOPSIS法和信息集结算子对方案排序择优；Bai[261]等根据各备选方案的相对优势度对方案排序；Liang[270]等将灰色关联分析拓展到PLTS环境进而提出了基于WPLGBM算子的多准则群决策方法；Wu[275]等通过质量机能配置及扩展ORESTE法，得到概率语言整体偏好得分函数和三种类型的偏好强度，提出基于PL-ORESTE法的多准则群决策方法，并将其用于解决创新性产品优化设计选择问题；Gu[291]等将前景理论扩展到PLTS决策信息情境下，由正、负理想点和PLTSs的计算规则计算损益值，根据价值函数和概率权重函数确定加权前景值。

Pan[279]等在建立癌症治疗方案评价指标体系的基础上，提出PL-ELECTRE II方法并将其应用于肺癌患者最佳治疗方案选择问题上；Liao[292]等给出了PL-ELECTRE III算法，利用修正的Okatani Keyco护患关系信任量表，实现了该算法对护患关系信任问题的求解；Zhai[293]等引入概率语言向量术语集的概念，提出了基于多粒度非平衡语言的多准则群决策算法；Liu[294]等基于扩展TODIM法由参照点获取各方案的相对优势度并得到整体前景值；Bai[295]等提出区间概率语言术语集的概念，建立了基于运算法则和信息比较的多准则决策方法；Zhang[296]等提出了基于PLTS的多准则交互式决策方法并将其应用于水资源安全评价中，构建各方案与正理想解的偏差度最小化的目标规划模型以确定各准则权重，提出度量、比较PLTS的新方法；Song[297]等依据决策者的风险态度并拓展TOPSIS法提出一种基于不完全多粒度PLTS的大规模群决策模型；Zhang[298]等提出了一个投影模型，用来计算备选方案在正理想解和负理想解上的投影，通过交叉开发决策算例验证了基于PLTS投影方法的有效性；Wu[299]等提出了一种基于新可能度的最优－最劣PLTS多准则决策方法，并将其应用于绿色企业的优选实例中。

针对准则权重未知的情形，Zhang[274]等通过各分组对所有方案评估的整体一致度和共识度构造均衡优化模型以确定各分组权重，根据两两方案之间相互比较的整体优势度、相对优势度得到方案优劣次序；赵萌[284]等利用概率语言熵及交叉熵计算准则权重；Liao[300]等通过计算各方案的PLTS评价向量与正理想解的一致性系数和不一致性系数，构建线性规划模型以确定各准则权重，同时提出了一种基于多维偏好分析模型的多准则群决策方法；Cheng[301] 等考虑到风险投资者交互作用下评估信息表达的不确定性，提出了基于 PLTS 的风险投资项目评估群决策方法，较为详细地刻画了风险投资项目之间、风险投资项目与决策者间的交互作用；文献 [302] 将统计方差法拓展到 PLTS 领域并用于准则权重的计算，基于扩展的加权算术和积评估方法对备选方案排序；Li[303] 等提出基于 D-S 证据理论的 PLTSs 新运算法则及其性质，参照 D-S 证据理论下的概率语言加权平均算子（DS-PLWA）提出确定准则权重的证据偏差最大化法。

基于 PLPR 一致性 - 共识达成的决策方法，Wu[266] 等提出了一种基于共识度检验、提升的群决策方法，检验、提升个体决策信息的共识度，集结综合获得优势得分及加权最大化损失优势得分，实现对方案的排序择优；Luo[275] 等基于几何相似性测度提出一种检验、提高 PLPR 一致性的方法，构建基于相似度最大化的优化模型，用来计算优先权重向量，并用于评价人工湿地的可持续性。

关于 PLTS 信息转化的决策方法，Peng[304] 等提出基于旅游者在线评论的酒店选择决策支持模型，根据云模型的云滴生成算法将 PLTS 转化为概率语言综合云，在信息融合中采用 PLICWHM 算子衡量评价准则间的交互关系，对权重信息未知的实际决策问题具有较强的处理能力，灵活性较强；Ma[305] 等基于证据理论和语言粒度优化从可靠性视角研究基于 PLTS 的多准则群决策问题，构建最大化群体相似度的多目标优化模型以计算各方案的效用值；Mo[306] 提出一种基于 D 数和 PLTS 的解决应急决策问题的 D-PLTS 决策方法，将专家评估信息整理成 PLTS 再转化为 D 数形式，并利用 D 数理论的积分性质对信息进行融合；Song[307] 等将 PLTS 及其相关理论引入短文本情感分析问题，把每个词组用 PLTS 表示以完全覆盖其多种词意，使情感极性可表达，利用支持向量机（SVM）得到一种新的情绪分析和极性分类框架。

已有基于 PLTS 的决策方法主要从确定准则权重、拓展传统多准则决策模型、群决策信息融合、将 PLTS 转为其他模糊形式等视角展开 [308]；未来需要寻求更加简洁合理的信息融合及转化手段，充分挖掘 PLTS 中包含的犹豫模糊语言信息，提出新的权重确定方法，以及与群体共识达成方法相结合的交互式决策方法；对于实际案例中同时包含 PLTS 与数值信息的混合型复杂决策问题，也应重点关注。

7.3 概率不确定语言术语集研究展望

PLTS 通过多个语言变量及其概率信息反映定性评价信息的犹豫模糊性及其分布特征，已有基于 PLTS 的决策理论与方法为后续研究提供了理论参考，但仍存在以下问题：①不确定语言评价值与其概率信息为不同层面的定义，如何保证 PLTS 的信息融合、测度定义的合理高效且避免或减少决策信息的损失或扭曲；（2）对定义在非平衡语言术语集上的 PLTS 的运算法则、信息集成算子及一致性 - 共识达成提出了新的要求；（3）为应对实际决策情境需求，需要重点关注同时包含 PLTS 和数值信息的混合型大规模群决策问题，这方面的研究还较为缺乏。

在此背景下，应当以 PULTS 的信息融合方法及测度理论框架为基础，探讨基于概率不确定语言偏好关系的一致性 - 共识达成方法，考虑决策要素关联性或独立性假设，解决基于 PULTS 的多准则群决策问题。具体研究目标包括定义 PULTS 的运算法则及比较规则，提出考虑决策要素关联性或独立的信息集成算子，基于不同视角提出 PULTS 的多种类型测度方法；研究 PULPR 的一致性 - 共识达成方法；将 TODIM 法、LINMAP 法等排序方法与 PULTS 结合，提出一系列多准则群决策方法；提出基于 PULTS 的大规模群决策方法及聚类分析。下面提出后续研究的主要侧重点及研究思路。

7.3.1 研究内容展望

未来，关于概率不确定语言术语集多准则群决策方法的研究应着重以 PULTS 的信息融合方法和测度理论框架为基础，研究 PULPR 的一致性 - 共识达成过程以及一系列基于 PULTS 的群决策方法、大规模群决策方法及其应用。

1.PULTS 的信息融合方法、测度理论框架研究

（1）PULTS 的运算法则及比较规则。PULTS 由多个概率不确定语言元素（PULTE）组成，不确定语言变量与其对应的概率信息的含义不同，在定义运算时难以论证不确定语言变量上、下限标度与概率直接相乘的合理性，而且运算结果可能会超出语言术语集的边界，同时需要考虑定义在非平衡语言术语集上 PULTS 的运算问题。因此，为保证 PULTS 运算的合理高效，避免运算结果

违背直觉或超出语言术语集的边界，同时考虑到处理非平衡语言术语集的运算需求，几种有针对性的运算法则及比较法则被定义出来：①基于不同语言术语集的语义结构特征，三种不同类型的等价语言标度函数对语言术语进行转换；针对概率调整后 PULTE 成对比较的 PULTS 定义运算法则、期望值及方差；②基于 OWHFS 与 PULTS 的可逆转换，在运算法则定义中以规范化概率权重体现概率信息并提供比较规则；③根据 PULTS 的分布特征提出运算规则并提出 PULTS 比较的可能度公式；④基于 Archimedean T 模和 T- 余模、语言标度函数定义运算法则及其特殊形式。

（2）基于决策要素关联性或独立的 PULTS 信息集成算子。受 HFLTS、PLTS 信息集结算子研究的启发，结合 PULTS 自身的结构特征，基于决策要素独立性假设，研究概率不确定语言加权平均（PULWA）算子、概率不确定语言加权几何平均（PULWGA）算子、概率不确定语言有序加权平均（PULOWA）算子或概率不确定语言有序加权几何平均（PULOWGA）算子等。根据被集结 PULTS 的关联性，提出一系列考虑 PULTS 交互作用的信息集成算子：①提出概率不确定语言几何 Bonferroni Mean（PULGBM）算子、加权概率不确定语言几何 Bonferroni Mean（WPULGBM）算子并推导各算子的具体表达式；② Power 平均算子和几何算子能使被集结信息之间相互支持或补偿强化，结合 PULTS 的支持度，提出概率不确定语言 Power 平均（PULPA）算子、概率不确定语言 Power 几何平均（PULPGA）算子；考虑被集结信息的权重，提出加权概率不确定语言 Power 平均（WPULPA）算子、加权概率不确定语言 Power 几何平均（WPULPGA）算子；③提出概率不确定语言 Archimedean Muirhead Mean（PULAMM）算子及其加权算子、概率不确定语言 Archimedean dual Muirhead Mean（PULADMM）算子及其加权算子，包含这几类算子的退化形式。

（3）PULTS 的距离测度、相似性测度及关联测度。从代数距离及几何距离的角度定义 PULTS 的距离测度与相似性测度：在 PULTS 距离测度公理化定义的基础上，定义 PULTS 的 Hamming 距离、Euclidean 距离及广义 Hausdorff 距离及相似度，同时提出这几种距离测度的混合形式、广义形式与退化形式；由 PULTS 与最大化 PULTS 的距离定义距离测度及广义的 Hausdorff 距离。基于加权距离算子，研究离散、连续两种情形下 PULTS 序列的加权距离、有序加权距离。提出 PULTS 的模糊熵、犹豫熵、交叉熵及总熵测度的概念、具体表达式。根据反映不同语义分布特征的语言标度函数提出 PULTS 的关联测度；基于 PULTS 的熵值及交叉熵提出 PULTS 的关联测度。

2. 基于概率不确定语言的一致性－共识达成过程及决策方法研究

假设决策者 $e_g(g=1,2,\cdots,l)$ 基于语言术语集 $S=\{s_t|t=-\tau,\cdots,-1,0,1,\cdots,\tau\}$ 对成对方案 $a_i(1,2,\cdots,m)$ 采用 PULTS 表达比较偏好，得到 PULPR 矩阵 $R^g=\{L_{ij}^g(p)\}_{m\times m}$，决策者权重为 $\omega_g(g=1,2,\cdots,l)$，且 $\sum_{g=1}^{l}\omega_g=1$。以下给出几种决策方法的研究步骤。

（1）基于 PULPR 一致性检验、提升及共识达成的群决策方法。

Step1：提出 PULPR 及其规范化（NPULPR）的概念，给出 NPULPR 满足加性一致性的条件。NPULPR 的一致性检验、提升有两种思路：①利用 NPULPR 与其加性一致性 NPULPR 的偏差来度量 NPULPR 的一致性指数 $C.I.$；②根据 NPULPR 与其一致性 NPULPR 的余弦相似度计算其一致性－共识系数。根据决策规模确定的显著性水平 α 及标准差 σ 计算一致性指数的临界值 $\overline{C.I.}$（或参照给定的一致性阈值），检查 NPULPR 是否可接受，并设计修正迭代算法对一致性不可接受的 NPULPR 进行调整，经多次迭代保证达到一致性标准。

Step2：群体共识达成过程也有两种思路。①基于 PULTS 的相似性测度得到两两决策者之间关于所有方案比较偏好的相似度 $S^{r,u}(r,u=1,2,\cdots,l)$，取最小的相似度作为群体共识度 Δ，并与给定的共识度阈值 $\bar{\Delta}$ 进行比较，若 $\Delta\geqslant\bar{\Delta}$，表明决策群组已达成共识；若 $\Delta<\bar{\Delta}$，则需要提升群体共识水平。根据共识度 Δ 识别可能需要调整的两个决策者 e_{r^*},e_{u^*}，根据被识别决策者与其他所有决策者关于成对方案之间比较偏好的距离及相似度设计修正迭代算法，调整该决策者提供的 PULPR；调整后重新检验群体共识度，保证达到共识标准；②根据各决策者（或决策分组）给出的概率不确定语言 Socio- 矩阵获取各决策者的信任度，进而求得决策者权重，提出检验、提升综合 PULPR 一致性的修正迭代算法。

Step3：确定方案排序的两种思路：①针对达成共识的所有 NPULPRs，利用 PULWA 算子或 PULWGA 算子得到群体 PULPR，根据 PULOWA 算子或 PULOWGA 算子获取各方案的综合偏好值，由比较规则得到各方案排序结果；②构造综合 PULPR 的余弦相似度最大化的线性规划模型确定优先权重向量，从而得到方案优劣次序。

（2）基于案例推理及 PULPR 积性一致性达成的决策方法。

Step1：考虑到加性一致性运算结果可能超出语言术语集的边界，提出 PULPR 积性一致性的概念，并给出判定 NPULPR 矩阵满足积性一致性的条件；计算同类型历史事件与当前突发事件的单准则相似度及整体相似度$sim(a^*,a_i)$，根据$sim(a^*,a_i)$与指定相似度阈值Δ的关系，判定是否将历史事件纳入案例信息库。

Step2：基于案例推理技术，依据参考案例统计数量得到情景发生概率p_j^*，融合客观概率信息p_j^*与 PULPR 中的主观概率信息，结合历史案例得到概率修正后的 PULPR 矩阵；通过方案成对比较的正偏差及负偏差构建多目标规划模型，得到 PULPR 的积性一致性指数$C.I.$，提出 PULPR 可接受积性一致性达成方法。

Step3：针对 PULPR 计算修正值d^*，根据d^*与成对比较方案间的正偏差和负偏差的比较关系及给定的修正参数，计算 PULPR 的修正值并获得一致性改进的 PULPR，计算其积性一致性指数并检验是否可接受，如不可接受则再次迭代调整，最终保证达到一致性标准；针对可接受积性一致性的 PULPR，生成优先权重向量，从而确定方案优劣次序。

（3）基于关联测度的共识达成过程及级别优于排序的多准则群决策方法。

Step1：决策者e_g对方案a_i关于准则$b_j(j=1,2,\cdots,n)$采用 PULTE 表达评价意见得到决策矩阵$R^g=\left\{L_{ij}^g(p)\right\}_{m\times n}$，经集结得到群决策矩阵$R=\left\{L_{ij}(p)\right\}_{m\times n}$，设定关联性阈值$\theta$及共识度阈值$\delta$，根据 PULTS 的广义距离测度及关联测度计算$R^g$与$R$关于每个准则的共识度$\theta_j^g$和整体共识度$\delta^g$；令最小的整体共识度$\delta^{g^*}$为群体共识度，若$\delta^{g^*}<\theta$，构造修正迭代算法调整对应的个体决策矩阵，并再次对个体共识度进行检验，经多次迭代保证达到共识标准。

Step2：集成达成共识的R^g得到群决策矩阵R，假设方案a_i，a_s关于准则c_j的评价值分别为$L_{ij}(p),L_{sj}(p)$，按概率调整规则处理后分别得到$L_{ij}^*(p),L_{sj}^*(p)$，计算每个准则下a_i相对于a_s的优势度，从而获取方案a_i关于每个准则的获得优势得分及损失优势得分。

Step3：根据各准则权重得到各方案的综合获得优势得分$A_1(a_i)$并降序排列，同时得到基于“群效用值”的方案次序集；定义加权最大化损失优势得分$A_2(a_i)$并升序排列，由各方案最大化“个体遗憾值”得到次序集；为保证集结所得最终排序结果的稳健性，考虑各方案的两种优势得分及其次序，将每个方案的次序转换为对应规范化优势得分的权重，得到融合结果，从而确定最优方案。

3. 基于 PULTS 的多准则群决策方法研究

针对实际多准则群决策问题，假设决策者e_g基于语言术语集S（或不同粒度的多个语言术语集）对方案a_i关于准则$b_j(j=1,2,\cdots,n)$采用 PULTS（或 PULTE、不确定语言变量）表达评价意见，得到决策矩阵$R^g=\left\{L_{ij}^g(p)\right\}_{m\times n}$，决策者权重为$\omega_g$，各准则权重为$v_j(j=1,2,\cdots,n)$，且$\sum_{j=1}^{n}v_j=1$。下面给出几种决策方法的研究步骤。

（1）基于 PUL-LINMAP 的多准则群决策方法。

Step1：各决策者在提供 PULTS 矩阵的同时，通过一组有序对表达对备选方案的两两比较判断，即$\Omega^k=\left\{<(A_i,A_s),T^k(i,s)>\middle| A_i\overset{T^k(i,s)}{>}A_s\right\},i,s=1,2,\cdots,m$；计算各方案的规范化概率不确定语言评价向量与规范化概率不确定语言正理想解（PULPIS）的加权偏差平方D_i^k。

Step2：根据成对比较方案的加权偏差平方构造每个决策者下两两方案间的一致性系数和不一致性系数，从而得到所有决策者关于方案之间成对比较的综合一致性系数和综合不一致性系数。基于“综合不一致性系数应当趋近于 0，且综合不一致性系数应当不比综合一致性系数大”的原则，构建线性规划模型并利用软件包求解得到各准则权重，从而获取各决策者下每个方案与 PULPIS 的加权偏差平方，得到单个决策者关于所有方案的排序结果。

Step3：利用 Borda 函数求得群体关于所有方案的优劣次序。通过算例分析说明 PUL-LINMAP 方法的有效性及可行性，同时与基于 PULWA 算子的决策方法或 PLTS 决策环境中 PL-PROMETHEE 方法进行对比分析，论证 PUL-LINMAP 方法的特点及适用领域。

（2）基于扩展 VIKOR 法、TODIM 法的概率不确定语言多准则群决策方法。

Step1：将各决策者提供的不确定语言评价融合得到以 PULTS 表示的群决策矩阵$R=(L_{ij}(p))_{m\times n}$，并规范化处理得到$\bar{R}=(\bar{L}_{ij}(p))_{m\times n}$。确定各准则权重有两种思路：①计算各准则值的得分函数值，并将$\bar{R}$转化为以得分函数值表示的转换矩阵$\bar{R}^*$，基于熵权法确定各准则权重；②根据扩展 Hausdorff 距离采用离差最大化法确定各准则权重。

Step2：方案排序有两种思路。①将 TODIM 法拓展到 PULTS 环境，依据参照准则u_r获取准则u_j的相对权重ω_{jr}；计算每个准则下方案a_i相对于a_s的优势度，从而获取关于所有准则方案a_i相对于a_s的优势度；计算各方案的综合优势度$\delta(a_i), i=1,2,\cdots,n$，综合优势度降序排列确定最优方案。②根据所确定的正、负理想解基于扩展 VIKOR 法分别计算各方案的群效用值、个体遗憾值及折衷评价值，并依此对各方案排序，同时依据折衷原则确定最优方案或折衷方案集合。

Step3：经算例分析验证决策方法的有效性及可行性，通过仿真模拟分析 TODIM 法中参数θ的变化对排序结果的影响，并与已有群决策方法进行对比，探讨排序结果的异同及造成差异的原因。

（3）基于概率不确定语言 ORESTE 法的多准则群决策方法。

Step1：将 PULTE 表达准则评价的个体矩阵R^g依照决策者权重及信息融合方法进行集成，得到以 PULTS 表达准则值的群体意见$L_{ij}(p)$，并构成群决策矩阵R；根据准则类型分别确定关于每个准则的最大化、最小化准则值$L_{j+}(p), L_{j-}(p)$，并分别找出最大、最小的准则权重值ω^+, ω^-。

Step2：根据 PULTS 的距离测度对各准则值规范化处理得到$\bar{L}_{ij}(p)$，同时计算$d(L_{j+}(p), L_{ij}(p)), d(L_{j+}(p), L_{j-}(p)), d(\omega^+, \omega_j), d(\omega^+, \omega^-)$，从而得到方案$a_i$关于准则$b_j$的偏好得分函数值；针对所有准则得到方案$a_i$的综合偏好得分并降序排列得到方案的弱排序结果。

Step3：通过方案a_i, a_s关于准则c_j的综合偏好得分值D_{ij}, D_{sj}，计算关于准则c_j方案a_i与a_s比较的偏好强度，进而得到方案a_i, a_s比较的平均偏好强度及相对偏好强度；确定偏好强度阈值，根据两两方案间的三种偏好强度构建各方案之间成对比较的 PIR 关系结构，最终依据弱排序结果及 PIR 关系结构得到各方案的强排序结果。

4. 基于 PULTS 的大规模群决策方法研究

（1）基于 PULTS 及决策分组权重未知的大规模群决策方法。

Step1：针对决策分组权重完全未知或不完全已知的大规模群决策问题，假设每个分组内各决策参与者的权重均等，在群决策过程中只考虑不同分组的权重，以 PULTS 表示各分组对备选方案的评估值，从而得到群组决策矩阵$R=(L_{ij}(p))_{m\times n}$，其中备选方案集为$A=\{a_i | i=1,2,\cdots,m\}$，参与决策的群组集为

$B=\{b_j \mid j=1,2,\cdots,n\}$，各分组权重向量为$(\lambda_1,\lambda_2,\cdots,\lambda_n)$。

Step2：对R规范化处理，计算分组b_j对方案a_i评价值的一致度C_{ij}，进一步得到分组b_j对所有方案的平均一致度C_j并对其规范化得到C_j^*，由各分组权重可得所有分组的整体一致度C^*。计算分组b_t与b_s之间关于方案a_i评价的共识度M_{ts}^i，从而得到分组b_t与其他所有分组关于方案a_i评价的共识度M_t^i，以及分组b_t与其他所有分组关于所有方案评价的综合共识度M_t并对其规范化处理，同样由分组决策权重可得所有分组的整体共识度M。

Step3：构建综合考虑整体一致度及共识度的权衡线性规划模型，其中包含不完全的分组权重信息，求解模型得到各分组权重；采用 PULWA 算子集结各分组对方案a_i的评价值得到其综合评价值$L_i(p)$，计算两两方案之间相互比较的整体优势度，最终根据各方案的相对优势度得到排序结果并确定最优方案。

（2）多领域利益相关者参与的不完全多粒度 PULTS 大规模群决策方法。

Step1：多领域利益相关者构成的大规模决策群组通过问卷调查或访谈的方式，基于给定的不同粒度语言术语集对每个备选方案给出各准则的不完全多粒度的不确定语言评价值，经统计得到各决策分组针对每个方案以不同粒度 PULTS 表达的准则信息。

Step2：将不同粒度表达的 PULTS 转化为同一粒度，根据决策者对待风险的态度将 PULTS 矩阵进行规范化处理；随后根据实际决策需求，将以语言术语表达的等概率或非等概率决策者权重与 PULWA 算子融合得到群决策矩阵；

Step3：针对准则权重完全未知或不完全已知的情形，采用离差最大化法确定各准则权重，基于扩展 TOPSIS 法对各方案排序；分析决策者的不同风险态度对决策结果的影响，同时与已有大规模群决策方法进行对比。

（3）基于 PULTS 大规模群决策方法的城市群生态环境治理效率评价。

Step1：依托大数据技术从生态环境部、国家统计局等国家部委公开的数据信息中采集并筛选出近三年有关城市群区域生态环境治理状况的定量化数据。主要针对京津冀城市群、长三角城市群、粤港澳大湾区等 9 个已获批的国家级城市群展开评估，构建城市群生态环境治理效率评价指标体系，指标体系中的定性指标拟邀请生态环境治理专业领域的专家采用不确定语言评价给出。

Step2：将参与定性指标评价的专家按领域分组，将各分组提供的不确定语言信息融合得到以 PULTS 表达的评估信息；同时依据指标体系将大数据驱动下的定量化数据与 PULTS 信息合并，并分别进行规范化预处理。

Step3：针对各城市群的混合评估信息，计算各城市群数据序列的相关系数，经聚类分析得到关于环境治理效率的城市群分类，参照采集的定量化数据探索各聚类的特征。

Step4：在聚类分析的基础上，拟采用基于 PULTS 的混合型大规模群决策方法获取各城市群生态环境治理效率状况的排序结果，并结合聚类分析结果提出新时期提升各城市群生态环境治理效率的应对策略。

5. 基于 PULTS 的多准则群决策方法的应用研究展望

为应对现实决策问题的复杂不确定性以及参与决策过程的多领域利益相关者思维的犹豫模糊性，满足实际决策需求，近年来，基于 PLTS 的多准则群决策方法已经应用到"一带一路"沿线国家投资风险评价、针对病患的个性化医院推荐选择和医疗体系评价、使用户满意度最大化的熊猫共享汽车创新设计方案选择问题、基于旅游者在线评论的 Trip Advisor 网站酒店选择决策、石化企业突发火灾事故的应急决策、雄安新区等三个新区的发展前景评估、人工湿地的可持续性发展评价问题、脑转移性非小细胞肺癌的治疗方案优选等方面，已有应用研究充分发挥了概率语言术语集对偏好信息灵活性、可解释性和可信度较高的表达优势，应用研究领域广泛，突显出良好的应用效果及研究价值。

相对于概率语言术语集，采用 PULTS 既能更为高效、精准地反映定性决策信息的模糊不确定性，又能获取不确定语言评价下的概率信息，表征出特定对象所有可能评估值的不同重要程度，保留了更为详细的决策信息。考虑到 PULTS 对偏好信息的表达优势，以下给出基于 PULTS 多准则群决策方法的应用研究展望。

（1）风险投资项目评估及项目选择问题。现有风险投资的多准则群决策方法往往忽略风险投资者相互作用下信息表达的不确定性，因此有必要采用 PULTS 对各准则间的权重分布以及风险资本之间的权重分布进行清晰地描述，既考虑到风险投资者之间的交互作用关系，也考虑到风险投资者与风险项目承包人之间的交互作用，能够提供更为完整的投资项目评估信息。在该研究领域，PULTS 展现出了较为明显的优势。

（2）水安全评价及水污染防治问题。将基于 PULTS 的多准则群决策方法应用到该领域，能够使用多种不确定语言及其概率信息表达水安全评价指标，PULTS 通过反映各决策者对水安全状况的主观判断和精细化偏好程度体现各决策者对实际水安全问题的有限理性行为特征，这恰恰能够体现出 PULTS 决策方法在该应用领域的研究优势；同时为水污染防治问题提供针对不同地域的精准化治理策略。

（3）基于产品在线评论的消费者购买决策问题。虽然基于 PLTS 的多准则群决策方法已经应用到该领域并产生了一些研究成果，但拓展到 PULTS 后，对产品在线评论信息的挖掘更为深入细致，兼顾消费者的不完全理性和评价准则间存在的交互作用，进一步优化了产品购买决策评估的准则指标体系。在网络意见环境下，潜在消费者可以通过产品性能评价来评估产品的品质优劣，最终做出理性的购买决策。

（4）城市群生态环境治理效率评价问题。在京津冀城市群、长三角城市群、粤港澳大湾区等城市群推动国家重大区域战略融合发展的背景下，为响应新时代生态文明建设的总体要求，拟对已批复的 9 个国家级城市群的生态环境治理效率进行评价。可采用如下研究思路：依托大数据技术构建城市群生态环境治理效率评价指标体系，对各城市群生态环境治理效率状况进行聚类分析，并利用基于 PULTS 的大规模群决策方法获取各城市群排序结果，最后提出新时期提升各城市群生态环境治理效率的应对策略。

（5）基于 PULTS 或 PULPR 聚合算子的迭代算法应用问题。基于 PULPR 加性一致性和积性一致性，以及两个 PULTS 或 PULPR 之间的距离测度和相似性测度，可针对具体应用研究问题，设计迭代算法，开展决策对象聚类分析或对不同决策者的观点判断进行修正等，以提高群体意见的一致性水平，进而满足设定的阈值。

基于 PULTS 的多准则群决策理论与方法能够为模糊不确定环境下的群决策提供理论依据与技术支持，除以上提供的应用研究领域外，此类多准则群决策技术能够适时运用到“区域经济协调发展战略”“乡村振兴战略”“创新驱动发展战略”等国家重大战略决策的制定及协调区域融合发展中，并发挥辅助性作用。

7.3.2 预期研究目标展望

对基于 PULTS 的决策理论与方法进行研究，并将其用于解决城市群生态环境治理效率评价问题，以期为模糊不确定环境下的群决策提供理论依据与技术支持。

拟解决的关键科学问题主要涉及三点内容，具体如下所示：

1.PULTS 信息的合理高效融合及测度理论框架构建

PULTS 蕴含多个不确定语言变量及其概率信息，犹豫模糊性更强，可深入挖掘其结构特征，并从两种类型信息表征的意义差别入手，保证信息融合过程不受决策者主观态度的影响，融合结果不超出语言术语集的界限且能够有效处理建立在非平衡语言术语集上的 PULTS，尽量减少或避免信息的损失或扭曲；所构造的多种类型测度方法在满足测度理论公理化定义且合理可行的基础上如何降低计算复杂度，亦是构建测度理论框架的关键。

2.PULPR 的一致性检验、提升及共识达成的迭代算法设计

PULPR 表征决策者对多个准则或备选方案的两两比较偏好关系，基于 PULPR 满足加性一致性或积性一致性的条件，关键是如何以构造的多种类型测度方法为手段，合理设计修正迭代算法检验、提升 PULPRs 的一致性及群体相容性，并保证最终达成群体共识。

3. 考虑决策要素关联性及决策者有限理性的方案排序问题

考虑到多领域利益相关的决策者在实际多准则群决策过程中的有限理性行为，以及决策者关于各备选方案在不同准则下的 PULTS 评价存在交互作用，并考虑到决策者对待风险的态度，提出一系列多准则群决策方法，关键在于如何将 TODIM 法、LINMAP 法等排序方法与 PULTS 相结合，同时兼顾 PULTS 的信息融合方法及测度理论，进而通过案例分析验证决策方法的有效性及可行性，利用灵敏度分析、对比分析论证方法的优势。

7.4　本章小结

本章着重分析概率语言术语集多准则群决策方法的研究现状，探讨了概率语言术语集研究进展，展望了概率不确定语言术语集的研究前景，这一犹豫模糊语言表达形式对犹豫模糊情景信息的描述更为全面、精细，为概率不确定语言术语集多准则群决策方法的后续研究给出研究方向、思路及内容建议，为该类多准则决策理论与方法的研究提供参考咨询。

以探讨 PULTS 的信息融合方法及测度理论框架为基础，重点研究 PULPR 的一致性检验、提升及共识达成过程，将扩展 VIKOR 法、LINMAP 法、TODIM 法等排序方法与 PULTS 结合提出一系列多准则群决策方法，同时研究

基于 PULTS 的大规模群决策模型，用于解决中国城市群生态环境治理效率评价问题。创新性主要表现在以下三点。

（1）深入挖掘 PULTS 蕴含的多个不确定语言变量及其概率信息，基于两种类型信息表征的意义差别，以信息融合结果不超出语言术语集的界限、有效处理建立在非平衡语言术语集上的 PULTS 为原则，同时保证融合过程不受决策者主观态度的影响并兼顾计算复杂度，提出 PULTS 的信息融合方法及测度理论框架，使计算过程合理高效，尽量减少或避免信息的损失或扭曲。

（2）考虑到复杂不确定性决策情境下 PULPR 对犹豫模糊偏好关系的表达优势，由 PULPR 满足加性一致性或积性一致性的条件，基于案例推理、级别优于排序及多种类型的测度方法提出 PULPR 的一致性检验、提升及群体共识达成方法，并辅助解决概率不确定语言群决策问题。

（3）决策者对各备选方案在不同准则下的 PULTS 评价存在交互作用，同时考虑决策者的有限理性以及对待风险的态度，以 PULTS 的信息融合及多种类型的测度方法为基础，将 TODIM 法、LINMAP 法等与 PULTS 相结合，提出一系列多准则群决策方法；考虑实际决策需求，研究准则权重未知或不完全、多粒度 PULTS 的大规模群决策方法并应用于城市群生态环境治理效率评价。由案例、比较分析及灵敏度分析论证决策方法的有效性、可行性、相对优势及适用领域。

第 8 章　结论与展望

8.1　主要研究工作、结论及创新点

不确定语言、犹豫模糊多准则群决策方法在经济、管理、工程规划等诸多领域有着广泛的应用。笔者在已有研究的基础上，继续对不确定语言及犹豫模糊多准则群决策问题展开系统深入的研究，主要研究工作有以下几个方面。

（1）针对准则权重完全未知的多粒度不确定语言多准则群决策问题，为避免基本语言评价集对不同粒度的不确定语言进行一致化处理所造成的信息损失，由不同决策矩阵之间的关于单个准则评价值的优势度实现对不同粒度信息的比较。采用投影法构建的目标规划模型可确定单个决策者的准则权重向量，由任意两个方案之间相互比较的综合准则优势度并基于每个方案的总优先次数对方案进行排序，提出基于投影及优势度的群决策方法。

（2）针对准则值为区间灰色不确定语言变量的多准则群决策问题，在定义区间灰色不确定语言变量及其运算规则的基础上，给出三种几何加权集结算子，由 IGULWGA 算子获取群决策矩阵。在准则权重已知或未知两种不同的情形下，基于 IGULWGA 算子或 IGULHWGA 算子集结各准则评价信息得到各方案的综合评价值，基于区间灰色不确定语言变量大小比较的方法得到方案排序结果。

（3）对于区间直觉模糊多准则群决策问题，由区间直觉模糊相关系数度量各决策者在每个方案下的区间直觉模糊评价值与其评价均值的相关系数，获取在单个准则下体现出的各决策者权重。构建各方案与正理想方案加权相关系数总和最大化（或与负理想方案加权相关系数总和最小化）的目标规划模型以确定各准则权重。依据改进 TOPSIS 法计算各方案与正、负理想方案的相关系数，提出一种基于相关系数及改进 TOPSIS 法的多准则群决策方法。

（4）针对区间直觉梯形模糊数的多准则群决策问题，根据各决策矩阵与负

极端决策矩阵及平均决策矩阵的距离大小确定决策者权重，以正理想方案为参考，计算各方案与参考序列关于每个准则的灰关联系数，并计算各方案到正理想方案的灰色关联投影值，提出一种基于灰色关联投影的群决策方法。将所给群决策方法应用到市政图书馆空调系统选择决策问题中，算例分析的过程体现该群决策方法的有效性与可行性。

（5）针对隶属度或非隶属度为零的直觉不确定语言数，已定义的直觉不确定语言基本运算存在不合理性，导致信息集结结果出现较大偏差。考虑直觉不确定语言数的隶属度与非隶属度之间可能存在的交叉影响，定义新的加法、数乘、乘法及幂乘运算，在此基础上给出直觉不确定语言加权交叉算术算子及集合算子。根据算子本身的特点给出考虑交叉影响的直觉不确定语言多准则群决策方法，并通过算例分析体现所给决策方法的有效性与可行性。

（6）为对混合多种类型评价信息的制造企业供应商进行选择决策，提出两类群决策方法。一种方法考虑到直觉模糊数对模糊评估信息表达的优势，将五类不同类型的评估信息转化为直觉模糊数，基于新的得分函数及单个决策者与决策群体的评价偏差确定决策者权重，并采用直觉模糊熵确定各准则权重，根据直觉模糊交叉熵度量直觉模糊数之间的距离，采用灰色关联法对备选供应商排序择优。另一种方法不需要对不同类型的评估信息进行一致化处理，通过距离测度计算两两决策者之间关于同一备选供应商在各种不同类型主观评价信息下的相互支持度，得到各决策者在单个准则值下的总支持度，从而得到每个供应商各准则的群体评价值，进而提出一种基于距离测度及支持度的群决策方法。

（7）将犹豫模糊语言多准则群决策方法拓展到大中型工程项目群管理决策中，针对项目群系统多层级主体冲突的网络博弈及伦理决策行为问题展开研究，旨在系统分析大中型工程项目群运作的冲突博弈，保证决策信息真实可靠，增强大中型工程类企业的核心竞争力，实现相关企业的可持续发展。主要内容涉及在有限理性视角下明确项目群多层级冲突网络的结构；在考虑决策主体柔性思维、项目间公平性的前提下，构建项目群多层级冲突的网络博弈模型，解决多层级决策主体的冲突问题；明确伦理决策的生发机制，提出防范非伦理行为及优化伦理决策的对策与建议。

（8）概率不确定语言术语集对犹豫模糊定性信息的表达具备显著优势，研究基于 PULTS 的决策理论与方法能够为模糊不确定环境下的群决策提供理论依据与技术支持，同时为“区域协调发展战略”“乡村振兴战略”“创新驱动发展战略”等国家重大战略决策的制定及协调区域融合发展发挥辅助性作用。研究以 PULTS 的信息融合方法及测度理论框架为基础，探讨基于概率不确定语言偏好关系的一致性 - 共识达成方法，考虑决策要素关联性或独立性假设解决基于 PULTS 的多准则群决策问题；同时考虑现实决策需求，研究基于 PULTS 的大规模群决策方法并应用于中国城市群生态环境治理效率评价。

创新点主要包括以下四个方面。

（1）将 VIKOR 法扩展到多粒度不确定语言多准则群决策问题中，由各方案的群效用值、个体遗憾值及折衷评价值并基于折衷原则得到最优方案或折衷方案集合。通过不确定语言变量之间比较的优势度获取单个决策者下方案之间相互比较的综合优势度，从而求得方案之间比较的群体综合优势度。针对区间灰色不确定语言变量，提出三种几何加权算子集结偏好信息，由灰色模糊变量的信息熵确定各准则权重，由综合评价值的代表数值对方案排序择优。

（2）采用直觉模糊相似性测度度量不同决策者给出的单个准则评价信息，从而获取决策个体与决策群体的相似性程度，其中个体决策者关于单个准则的相似性程度体现决策者权重的大小。采用直觉模糊熵及交叉熵确定各准则权重，计算各方案到正理想解的灰色关联度或灰色关联投影值，得到各方案的优先序，由改进的 TOPSIS 法，根据各方案与正、负理想方案的相对加权相关系数实现对方案的排序。为避免隶属度或非隶属度为零的直觉不确定语言数对集结运算结果造成较大偏差，考虑隶属度与非隶属度之间可能存在的交叉影响，给出考虑交叉影响的直觉不确定语言多准则群决策方法。

（3）针对混合多种评价信息多准则群决策问题，基于直觉模糊数对模糊信息表达的灵活性与实用性，将五种评价信息统一转化为直觉模糊数，采用新定义的得分函数度量个体决策者与决策群体关于所有方案的评价偏差。分别定义不同数据类型评价信息各自的距离测度，得到决策个体受决策群体的总支持度，从而获取各方案在单个准则下的群体评价值，由每个准则值与其均值的平均距离及标准距离确定准则权重，最终根据给出的两种混合评价信息群决策方法对制造类企业备选供应商进行选择决策。

（4）针对大中型工程项目群运作的复杂多变性，以道德强度、个体道德认知发展水平为研究变量，分析伦理气氛下道德强度、个体道德认知发展水平对项目群管理者伦理决策的影响，以明确伦理决策的生发机制，探究道德强度、个体道德认知发展水平对多层级决策主体伦理决策的影响，促使项目群管理者做出符合项目群效益最大化的决策行为。同时，针对工程类企业项目群优选决策问题，将具有交互耦合关联的单个项目组合成的项目群作为企业待选对象，通过构建项目群优选评估指标体系，提出基于改进 TOPSIS 法和扩展 VIKOR 法的工程项目群优选决策方法，并由所有备选项目群优劣排序结果的对比分析，确定大中型工程类企业选择项目群的优先次序，为项目群优选工作的实施提供参考依据。

8.2 本书的研究局限及后续研究建议

本书对具有不确定语言变量、区间灰色不确定语言变量、直觉模糊数、区间直觉模糊数、区间直觉梯形模糊数及其混合以上多项的多准则群决策问题展开研究，取得了一些有价值的成果，但仍有一些问题需要进一步研究。

（1）如何确定决策者权重及准则权重是模糊多准则群决策研究的核心问题，本书给出的确定权重的方法均为客观赋权法，对于主观赋权法或主客观综合赋权法没有涉及，今后可继续研究更高效的确定权重的方法，用是主客观综合赋权法处理模糊多准则群决策问题值得进一步探索。

（2）在本书提出的多准则群决策问题中，准则之间均是相互独立的，但实际决策对象却出现了准则之间相互关联的情形，此类准则关联的群决策问题值得进一步完善。

（3）对于直觉模糊数、区间直觉模糊数或区间直觉梯形模糊数的排序方法，本书只使用了一般的记分函数，而对于较为特殊的模糊数，一般的排序方法难以区分，甚至得到与实际相悖的排序结果，因此需要继续研究精细的记分函数以对模糊数进行排序。

（4）针对混合多种类型评价信息的多准则群决策问题，准则的数据类型具有多样性，不同类型的准则值如何进行偏好集结是此类问题的关键。如何在尽量少损失评价信息的条件下对多类型信息统一比较，从而实现对不同方案的排序择优，是混合评价信息研究的一大难点。此类问题的有效解决有助于提高决策模型的实用性，今后可继续对此问题展开研究。

（5）针对概率不确定语言术语集多准则群决策理论与方法的研究还需要继

续拓展，本书所提供的研究思路及研究内容构建有待于进一步跟进。面对当前综合决策过程中数据信息适时更新及精细化处理的需求，群决策方法模型要考虑到数据信息的循环往复，并经过多次验证以论证群决策模型的有效性和可行性。

8.3　本章小结

本章系统总结全书的主要研究内容、结论及创新之处，主要研究成果包括准则权重完全未知的多粒度不确定语言群决策方法、区间灰色不确定语言多准则群决策方法、多类型直觉模糊评价信息的群决策方法、考虑交叉影响的直觉不确定语言多准则群决策方法、混合多种类型评价信息的多准则群决策方法，以及犹豫模糊语言多准则群决策方法在大中型工程项目群伦理决策中的应用研究，探讨了概率语言术语集多准则群决策方法的研究进展，提出关于概率不确定语言术语集多准则群决策后续的研究思路、研究内容，同时指出本书研究成果的不足之处以及今后研究需要解决的问题，并对后续研究提出相应的建议。

参考文献

[1] JIANG Y P, FAN Z P, MA J. A method for group decision making with multi-granularity linguistic assessment information[J]. Information sciences, 2004, 178(4): 1098–1109.

[2] CHICLANA F, HERRERA F, HERRERA–VIEDMA E. Integrating three representation models in fuzzy multipurpose decision making based on fuzzy preference relations[J]. Fuzzy sets and systems, 1998, 97(1): 33–48.

[3] RUSPINI E H. Fuzzy multiple attribute decision making: A review and new preference elicitation techniques[J]. Fuzzy sets and systems, 1996, 78(2): 155–181.

[4] DELGADO M, HERRERA F, HERRERA–VIEDMA E, et al. Combining numerical and linguistic information in group decision making[J]. Information sciences, 1998, 107(1): 177–194.

[5] HERRERA F, HERRERA E, MARTINEZ L. A fusion approach for managing multi-granularity linguistic term sets in decision making[J]. Fuzzy sets and systems, 2000, 114(1): 43–58.

[6] HERRERA F, MARTINEZ L. An approach for combing linguistic and numerical information based on the 2–tuple fuzzy linguistic representation model in decision making[J]. International journal of uncertainty, fuzziness and Knowledge–based systems, 2000, 8(5): 539–562.

[7] HERRERA F, MARTINEZ L, SANCHEZ P J. Managing non homogeneous information in group decision making[J]. European journal of operational research, 2005, 166(1): 115–132.

[8] HERRERA F, MARTINEZ L. The 2–tuple linguistic computational model. Advantages of its linguistic description, accuracy and consistency[J]. International journal of uncertainty, fuzziness and knowledge–based systems, 2001, 9(supp01): 33–48.

[9] 胡乐江，潘德惠，高峻峻．一种多指标语言决策方法 [J]. 东北大学学报（自然科学版）, 2004, 25(6): 594–597.

[10] 李帅，郭亚军，易平涛．基于模糊群决策的虚拟企业合作伙伴选择 [J]. 东北大学学报（自然科学版）, 2004, 25(3): 295–298.

[11] 陈晓红，阳熹．一种基于三角模糊数的多属性群决策方法 [J]. 系统工程与电子技术，2008, 30(2): 278–282.

[12] 吕翔昊，李登峰．基于模糊信息的群体多维偏好分析决策模型 [J]. 系统工程与电子技术，2004, 26(5): 605–607, 675.

[13] 吴叶科，宋如顺，陈波．梯形模糊数的信息安全风险群决策评估方法 [J]. 南京师范大学学报，2011, 11(3): 51–55.

[14] BORDOGNA G, FEDRIZZI M, PASI G. A linguistic modeling of consensus in group decision making based on OWA operators[J]. IEEE transactions on systems, man and cybernetics, 1997, 27(1): 126–132.

[15] HERRERA F, HERRERA–VIEDMA E. Aggregation operators for linguistic weighted information[J]. IEEE transactions on systems, man and cybernetics, 1997, 27(5): 646–656.

[16] 张洪美，徐泽水．信息集成算子加权向量的对称性研究 [J]. 系统工程理论与实践，2006, 26(3): 75–82.

[17] 徐泽水．基于模糊语言评估及语言 OWA 算子的所属性群决策法 [J]. 系统工程，2002, 20(9): 79–82.

[18] 徐泽水．基于 IOWA 算子的模糊语言偏好矩阵排序方法 [J]. 系统工程与电子技术，2003, 25(4): 440–442.

[19] 徐泽水．基于模糊语言评估和 GIOWA 算子的多属性群决策方法 [J]. 系统科学与数学，2004, 24(2): 218–224.

[20] XU Z S. A method based on linguistic aggregation operators for group decision making with linguistic preference relations[J]. Information science, 2004, 166(1): 19–30.

[21] 徐泽水．纯语言多属性群决策方法研究 [J]. 控制与决策，2004, 19(7): 778–781,786.

[22] 徐泽水．基于语言标度中术语指标的多属性群决策法 [J]. 系统工程学报，2005, 20(1): 84–88.

[23] 王欣荣，樊治平．群决策中基于语言信息处理的一种理想点法 [J]. 中国管理科学，2002, 10(6): 84–87.

[24] 王欣荣，樊治平．一种基于语言评价信息的多指标群决策方法 [J]. 系统工程学报，2003, 18(2): 173–176.

[25] HERRERA F, MARTINEZ L. A 2-tuple fuzzy linguistic represent model for computing with words[J]. IEEE transactions on fuzzy systems, 2000, 8(6): 746-752.
[26] 王欣荣，樊治平．基于二元语义信息处理的一种语言群决策方法 [J]. 管理科学学报，2003, 6(5): 1-5.
[27] 李洪燕，樊治平．一种基于二元语义的多指标群决策方法 [J]. 东北大学学报（自然科学版）, 2003, 24(5): 495-498.
[28] 魏峰，刘淳安，刘三阳．基于不确定信息处理的语言群决策法 [J]. 运筹与管理，2006, 15(3): 31-35.
[29] 廖貅武，李垣，董广茂．一种处理语言评价信息的多属性群决策方法 [J]. 系统工程理论与实践，2006, 26(9): 90-98.
[30] 巩在武，刘思峰．二元语义判断矩阵的性质及其在航线优选中的应用 [J]. 南京航空航天大学学报，2007, 39(4): 550-554.
[31] 巩在武，刘思峰．不同偏好形式判断矩阵的二元语义群决策方法 [J]. 系统工程学报，2007, 22(2): 185-189.
[32] 卫贵武，黄登仕，魏宇．基于ET-WG和ET-OWG算子的二元语义群决策法[J]. 系统工程学报，2009, 24(6): 744-748.
[33] 卫贵武，林锐．基于二元语义多属性群决策的灰色关联分析法 [J]. 系统工程与电子技术，2008, 30(9): 1686-1689.
[34] 鲍广宇，付丰科，赵志敏．一种基于二元语义信息处理的群体决策方法 [J]. 解放军理工大学学报（自然科学版）, 2009, 10(5): 435-439.
[35] 张震，郭崇慧．一种基于二元语义信息处理的多属性群决策方法 [J]. 控制与决策，2011, 26(12): 1881-1885.
[36] 徐泽水．语言多属性决策的目标规划模型 [J]. 管理科学学报，2006, 9(2): 9-17.
[37] 卫贵武．权重信息不完全的二元语义多属性群决策方法 [J]. 系统工程与电子技术，2008, 30(2): 273-277.
[38] 司艳杰，魏法杰．一种纯语言多属性群决策方法 [J]. 中国管理科学，2009, 17(5): 92-96.
[39] 丁勇，梁昌勇，朱俊红，等．群决策中基于二元语义的主客观权重集成方法 [J]. 中国管理科学，2010, 18(5): 165-170.
[40] 陈俊良，刘新建，陈超．基于语言决策矩阵的专家客观权重确定方法 [J]. 系统工程与电子技术，2011, 32(6): 1310-1316.
[41] 许永平，王文广，杨峰，等．考虑属性关联的 TOPSIS 语言群决策 [J]. 湖南大学学报（自然科学版）, 2010, 37(1): 49-53.

[42] 王洪利，冯玉强．基于云模型具有语言评价信息的多属性群决策研究 [J]. 控制与决策，2005, 20(6): 679–681,685.

[43] 吴爱燕，于重重，曾广平，等．基于自然语言的模糊多属性云决策方法研究 [J]. 计算机科学，2010, 37(11): 199–202.

[44] XU Z S. On multi-period multi-attribute decision making[J]. Knowledge-based systems, 2008, 21(2): 164–171.

[45] XU Z S. Multiple-period multi-attribute group decision making under linguistic assessments[J]. International journal of general systems, 2009, 38(11): 823–850.

[46] 苏志欣，王理，夏国平．区间数动态多属性决策的 VIKOR 扩展方法 [J]. 控制与决策，2010, 25(6): 836–840.

[47] 张发明，郭亚军，易平涛．基于密度算子的多阶段群体评价信息集结方法及其应用 [J]. 控制与决策，2010, 25(7): 993–997.

[48] 朱建军，刘思峰，李洪伟．群决策中多阶段多元判断偏好的集结方法研究 [J]. 控制与决策，2008, 23(7): 730–734.

[49] 王翯华，朱建军，方志耕．基于灰色关联度的多阶段语言评价消息集结方法 [J]. 控制与决策，2013, 28(1): 109–114.

[50] 相辉．语言型时序多属性群决策方法及在服务创新中的应用 [J]. 运筹与管理，2009, 18(4): 44–49, 59.

[51] 刘勇，FORREST J, 刘思峰．基于区间二元语义的动态灰色关联群决策方法及应用 [J]. 系统工程与电子技术，2013, 35(9): 1915–1922.

[52] XU Z S. Uncertain linguistic aggregation operators based approach to multiple attribute group decision making under uncertain linguistic environment[J]. Information science, 2004, 168(1): 171–184.

[53] XU Z S. Induced uncertain linguistic OWA operators applied to group decision making[J]. Information fusion, 2006, 7(2): 231–238.

[54] XU Z S. An approach based on the uncertain LOWG and induced uncertain LOWG operators to group decision making with uncertain multiplicative linguistic preference relations[J]. Decision support systems, 2006, 41(2): 488 499.

[55] Xu Z S. A note on linguistic hybrid arithmetic averaging operator in multiple attribute group decision making with linguistic information[J]. Group decision and negotiation, 2006, 15(6): 593– 604.

[56] XU Z S. EOWA and EOWG operators for aggregating linguistic labels based on linguistic preference relations[J]. International journal of uncertainty, fuzziness and

knowledge-based systems, 2004, 12(6): 791-810.
[57] Xu Z S. Deviation measures of linguistic preference relations in group decision making[J]. Omega, 2005, 33(3): 249-254.
[58] XU Z S. An overview of methods for determining OWA weights[J]. International journal of intelligent systems, 2005, 20(8): 843-865.
[59] XU Z S. Dependent OWA operators[C]// Lecture Notes in Artificial. Berlin: Springer, 2006: 172-178.
[60] XU Z S. Dependent uncertain ordered weighted aggregation operators[J]. Information fusion, 2006, 9(2): 310-316.
[61] 卫贵武, 黄登仕, 魏宇. 对方案有偏好的不确定语言多属性决策方法 [J]. 管理学报, 2007, 4(5): 575-579.
[62] 卫贵武. 不确定语言多属性决策的组合方法 [J]. 模糊系统与数学, 2008, 22(8): 106-111.
[63] WEI G W. Uncertain linguistic hybrid geometric mean operator and its application to group decision making under uncertain linguistic environment[J]. International journal of uncertainty, fuzziness and knowledge-based Systems, 2009, 17(2): 251-267.
[64] 卫贵武. 基于依赖型算子的不确定语言多属性决策法 [J]. 系统工程与电子技术, 2010, 32(4): 764-769.
[65] 张学军, 卫贵武. 选聘优秀管理人员的不确定语言决策模型 [J]. 科技管理研究, 2009, 29(3): 201- 203.
[66] 何涌, 翁建兴. 基于风险评判的信用担保产品不确定语言群决策 [J]. 系统工程, 2013, 31(8): 25- 29.
[67] 薛意定, 王雄. 虚拟物流中心伙伴选择的不确定语言群体决策 [J]. 湖南大学学报(自然科学版), 2008, 35(3): 88-92.
[68] 索玮岚. 基于扩展 VIKOR 的不确定语言多属性群决策方法 [J]. 控制与决策, 2013, 28(9): 1431-1435+1440.
[69] 王坚强, 刘淘. 基于综合云的不确定语言多准则群决策方法 [J]. 控制与决策, 2012, 27(8): 1185-1190.
[70] 陈孝新. 一种基于证据理论的混合型灰色多属性群决策方法 [J]. 控制与决策, 2011, 26(6): 831- 836.
[71] HERRERA-VIEDMA E, MARTINEZ L, MATA F, et al. A consensus support system model for group decision- making problems with multi-granular linguistic

preference relations[J]. IEEE transactions on fuzzy systems, 2005, 13(5): 644–658.
[72] 陈岩 , 樊治平 . 语言判断矩阵的一致性及相关问题研究 [J]. 系统工程理论与实践 , 2004, 24(4): 136–141.
[73] 陈岩 , 樊治平 , 陈侠 . 一种基于不同粒度语言判断矩阵的群决策方法 [J]. 东北大学学报 (自然科学版), 2007, 28(7): 1057–1060.
[74] 姜艳萍 , 樊治平 . 基于不同粒度语言判断矩阵的群决策方法 [J]. 系统工程学报 , 2006, 21(3): 249–253.
[75] 姜艳萍 , 樊治平 . 一种具有不同粒度语言判断矩阵的群决策方法 [J]. 中国管理科学 , 2006, 14(6): 104–108.
[76] JIANG Y P, FAN Z P, MA J. A method for group decision making with multi-granularity linguistic assessment information[J]. Information sciences, 2008, 178(4): 1098–1109.
[77] HUYNH V N, NGUYEN C H, NAKAMORI Y. MEDM in general multi-granular hierarchical linguistic contexts based on the 2-tuples linguistic model[C]// IEEE Internal Conference on Granular Computing. Beijing: The IEEE computational intelligence society, 2005: 482–487.
[78] CHANG S L, WANG R C, Wang S Y. Applying a direct multi-granularity linguistic and strategy-oriented aggregation approach on the assessment of supply performance[J]. European journal of operational research, 2007, 177(2): 1013–1025.
[79] BEN-ARIEH D, CHEN Z F. On the fusion of multi-granularity linguistic label sets in group decision making[J]. Computers and industrial engineering, 2006, 51(3): 526–541.
[80] 戚筱雯 , 张鑫 , 梁昌勇 . 一种多粒度语言决策方法及其在 ERP 选型中的应用 [J]. 合肥工业大学学报 (自然科学版), 2009, 32(5): 693–696.
[81] HERRERA-VIEDMA E, CORDON O, LUQUE M, et al. A model of fuzzy linguistic IRS based on multi- granular linguistic information[J]. International journal of approximate reasoning, 2003, 34(2): 221– 239.
[82] 张园林 , 匡兴华 . 一种基于多粒度语言偏好矩阵的多属性群决策方法 [J]. 控制与决策 , 2008, 23(11): 1296–1300.
[83] 姜艳萍 , 穆丽 . 基于不同粒度语言判断矩阵的群体一致性分析方法 [J]. 运筹与管理 , 2009, 18(5): 53–58.
[84] 姜艳萍 , 梁海明 . 不同粒度语言信息的群体一致性判别和改进方法 [J]. 东北大学学报 (自然科学版), 2010, 31(11): 1652–1656.

[85] CHEN Z F, BEN-ARIEH D. On the fusion of multi-granularity linguistic label sets in group decision making[J]. Computers & Industrial Engineering, 2006, 51(3): 526-541.
[86] 姜艳萍，樊治平．一种具有不同粒度语言判断矩阵的群决策方法 [J]. 中国管理科学，2006, 14(6): 104-108.
[87] 唐燕武，陈华友，王晓．多粒度语言判断矩阵的一致性研究 [J]. 运筹与管理，2009, 18(4): 50-53.
[88] 许叶军，达庆利．基于不同粒度语言判断矩阵的多属性群决策方法 [J]. 管理工程学报，2009, 23(2): 69-73.
[89] 马艳，戚筱雯，刘正余．基于不同粒度语言评价且属性权重未知的群决策方法 [J]. 合肥工业大学学报 (自然科学版), 2010, 32(7): 972-975.
[90] 梁昌勇，戚筱雯，张鑫．一种基于不同粒度且属性权重未知的群决策方法 [J]. 运筹与管理，2010, 19(2): 43-48.
[91] 王晓，陈华友，刘兮．基于离差的区间二元语义多属性群决策方法 [J]. 管理学报，2011, 8(2): 301-305.
[92] 郭凯红，李文立．权重信息未知情况下的多属性群决策方法及其拓展 [J]. 中国管理科学，2011, 19(5): 94-103.
[93] 刘兮，王晓，陈华友．一种多粒度区间语言信息的多属性群决策方法 [J]. 合肥工业大学学报 (自然科学版), 2011, 34(1): 155-160.
[94] 王晓，陈华友，周礼刚．基于相对熵的多粒度语言信息的多属性群决策方法 [J]. 运筹与管理，2010, 19(5): 95-100.
[95] 张震，郭崇慧．基于相对熵的多粒度不确定语言型群决策方法 [J]. 大连理工大学学报，2012, 52 (6): 921-927.
[96] 唐燕武，陈华友．基于相对熵的多粒度语言判断矩阵的群决策方法 [J]. 模糊系统与数学，2013, 27(3): 144-148.
[97] 刘洋，樊治平．一种具有多粒度不确定语言信息的群决策方法 [J]. 东北大学学报 (自然科学版), 2009, 30(4): 601-604.
[98] MA J, FAN Z P, JIANG Y P, et al. A method for repairing the inconsistency of fuzzy preference relations[J]. Fuzzy sets and systems, 2006, 157(1): 20-33.
[99] CHEN X, FAN Z P. Study on assessment level of experts based on difference preference information[J]. Systems engineering-theory practice, 2007, 27(2): 27-35.
[100] 乐琦，樊治平．具有多粒度不确定语言评价信息的多属性群决策方法 [J]. 控制与决策，2010, 25(7): 1059-1062, 1068.

[101] KRYSZKIEWICZ M. Rules in incomplete information systems[J]. Information sciences, 1999, 113(3-4): 271-292.

[102] GRECO S, MATARAZZO B, SLOWINSKI R. Rough set theory for multi-criteria decision analysis[J]. European journal of operational research, 2001, 129(1): 1-47.

[103] FORTES I, MORA-LOPEZ L, MORALES R, et, al. Inductive learning models with missing values[J]. Mathematical and computer modeling, 2006, 44(9-10): 790-806.

[104] HONG T P, TSENG L H, WANG S L. Learning rules from incomplete training examples by rough sets [J]. Expert systems with applications, 2002, 2(4): 285-293.

[105] 张尧，樊治平．一种基于残缺语言判断矩阵的群决策方法 [J]. 运筹与管理，2007, 16(3): 31-35.

[106] YAGER R R. OWA aggregation over a continuous interval argument with application to decision making [J]. IEEE transactions on systems, man and cybernetics, part B, 2004, 34(5): 1952-1963.

[107] WEI G W, HUAN D S, WEI Y. ULHGA operator and its application to group decision making under uncertain linguistic environment[J]. Fuzzy systems and mathematics, 2007, 21(2): 72-78.

[108] 王坚强，陈晓红．信息不完全确定的多准则语言区间群决策方法 [J]. 系统工程学报，2010, 25(2): 190-195.

[109] 丁叶，朱建军，朱宁宁．残缺语言判断矩阵的可能值推断及决策方法 [J]. 运出与管理，2010, 19(3): 75-80.

[110] FAN Z P, ZHANG Y. A goal programming approach to group decision making with three formats of incomplete preference relations[J]. Soft computing, 2010, 14(10): 1083-1090.

[111] 王坚强，孙超．基于语言判断矩阵的信息不完全的群决策方法 [J]. 系统工程与电子技术，2006, 28(9): 1348-1352.

[112] 王坚强．一种信息不完全确定的多准则语言群决策方法 [J]. 控制与决策，2007, 22(4): 394-398.

[113] 王坚强．一种多准则纯语言群决策方法 [J]. 控制与决策，2007, 22(5): 545-548, 553.

[114] 龚本刚，华中生，檀大水．一种语言评价信息不完全的多属性群决策方法 [J]. 中国管理科学，2007, 15(1): 88-93.

[115] 梁昌勇，张恩桥，戚筱雯，等．一种评价信息不完全的混合型多属性群决策

方法 [J]. 中国管理科学，2009, 15(4): 126–132.
[116] 梁海明，姜艳萍．基于残缺语言区间信息的多属性群决策 [J]. 东北大学学报（自然科学版）, 2011, 32(10): 1507–1511.
[117] 姜艳萍，梁海明．一种基于粗集的残缺语言区间信息的多属性群决策方法 [J]. 系统管理学报，2011, 20(4): 485–489.
[118] 姜艳萍，梁海明．一种基于语言区间变量信息的群决策方法 [J]. 运筹与管理，2012, 21(5): 91–95.
[119] 张尧，樊治平．基于风险态度因子的不确定语言多指标决策方法 [J]. 东北大学学报（自然科学版）, 2011, 32(6): 883–886.
[120] ATANASSOV K T. Intuitionistic fuzzy sets[J]. Fuzzy sets and systems, 1986, 20(l): 87–96.
[121] XU Z S, YAGER R R. Some geometric aggregation operators based on intuitionistic fuzzy sets[J]. International journal of general systems, 2006, 35(4): 417–433.
[122] ATANASSOV K T. Operators over interval-valued intuitionistic fuzzy sets[J]. Fuzzy sets and systems, 1994, 64(2): 159–174.
[123] 徐泽水．区间直觉模糊信息的集成方法及其在决策中的应用 [J]. 控制与决策，2007, 22(2): 125– 129.
[124] 徐泽水．直觉模糊偏好信息下的多属性决策途径 [J]. 系统工程理论与实践，2007, 27(11): 62–71.
[125] 徐泽水，陈剑．一种基于区间直觉判断矩阵的群决策方法 [J]. 系统工程理论与实践，2007, 27(4): 126–133.
[126] 刘锋，袁学海．模糊数直觉模糊集 [J]. 模糊系统与数学，2007, 21(l): 88–91.
[127] ZHANG X, LIU P D. Method for aggregating triangular fuzzy intuitionistic fuzzy information and its application to decision making[J]. Technological and economic development of economy, 2010, 16(2): 280–290.
[128] WANG X F. Fuzzy number intuitionistic fuzzy arithmetic aggregation operators[J]. International journal of fuzzy systems, 2008, 10(2): 104–111.
[129] 王坚强，李婧婧．多粒度直觉二元语义的多准则群决策方法 [J]. 科技信息，2009(3): 8–9.
[130] 王坚强，李寒波．基于直觉语言集结算子的多准则决策方法 [J]. 控制与决策，2010, 25(10): 1571–1574.
[131] 刘培德，张新．直觉不确定语言集成算子及在群决策中的应用 [J]. 系统工程理论与实践，2012, 32(12): 2704–2711.

[132] ZHAO H, XU Z S, NI M F, et al. Hybrid fuzzy multiple attribute decision making[J]. Information, 2009, 12(5): 1033–1044.

[133] XU Z S. Multi-person multi-attribute decision making models under intuitionistic fuzzy environment [J]. Fuzzy optimization and decision making, 2007, 6(3): 221–236.

[134] XU Z S. Intuitionistic preference relations and their application in group decision making[J]. Information sciences, 2007, 177(11): 2363–2379.

[135] LIN L , YUAN X H, XIA Z Q. Multicriteria fuzzy decision-making methods based on intuitionistic fuzzy sets[J]. Journal of computer and system sciences, 2007, 73(1): 84–88.

[136] LI D F. Multiattribute decision making models and method using intuitionistic fuzzy sets[J]. Journal computer and system sciences, 2005, 70(1): 73–55.

[137] 戚筱雯，梁昌勇，黄永青，等 . 基于混合型评价矩阵的多属性群决策方法 [J]. 系统工程理论与实践，2013, 33(2): 473–481.

[138] 梁昌勇，戚筱雯，丁勇，等 . 一种基于 TOPSIS 的混合型多属性群决策方法 [J]. 中国管理科学，2012, 20(4): 109–117.

[139] XU Z S. An approach based on uncertain LOWA and induced uncertain LOWG operators to group decision making with uncertain multiplicative linguistic preference relations[J]. Decision support systems, 2006, 41(2): 488–499.

[140] WEI G W. Uncertain linguistic hybrid geometric mean operator and its application to group decision making under uncertain linguistic environment[J]. International journal of uncertainty, fuzziness and knowledge-based systems, 2009, 17(2):251–267.

[141] FAN Z P, LIU Y. A method for group decision making based on multi-granularity uncertain linguistic information[J]. Expert systems with applications, 2010, 37(5): 4000–4008.

[142] OPRICOVIC S. Multicriteria optimization of civil engineering systems[D]. Belgrade: Faculty of civil engineering, 1998.

[143] OPRICOVIC S, TZENG G. Compromise solutions by MCDM methods: A comparative analysis of VIKOR and TOPSIS[J]. European journal of operational research, 2004, 156(2): 445–455.

[144] SAYADI M K, HEYDARI M, SHAHANAGHI K. Extension of VIKOR method for decision making problem with interval numbers[J]. Applied mathematical

modeling, 2009, 33(5): 2257–2262.
[145] SANAYEI A, MOUSAVI S F, YAZDANKHAH A. Group decision making process for supplier selection with VIKOR under fuzzy environment[J]. Expert system with applications, 2010, 37(1): 24–30.
[146] LIU P D, WANG M H. An extended VIKOR method for multiple attribute group decision making based on generalized interval-valued trapezoidal fuzzy numbers[J]. Scientific research and essays, 2011,6 (4): 766–776.
[147] 卫贵武 . 基于二元语义多属性群决策的投影法 [J]. 运筹与管理 , 2009, 18(5): 59–63.
[148] 刘兮 , 陈华友 , 周礼刚 . 多粒度区间语言信息的 C-OWH 算子及其应用 [J]. 运筹与管理 , 2012, 21(2): 14–22.
[149] MA J, FAN Z P, JIANG Y P. A method for repairing the inconsistency of fuzzy preference relations[J]. Fuzzy sets and systems, 2006, 157(1): 20–33.
[150] LIN S L, LEE P C, CHANG T P. Practical expert diagnosis model based on the grey relational analysis technique[J]. Expert systems with applications, 2009, 36(2): 1523–1528.
[151] HAMZAÇEBI C, PEKKAYA M. Determining of stock investments with grey relational analysis[J]. Expert systems with applications, 2011, 38(8): 9186–9195.
[152] 卜广志 , 张宇文 . 基于灰色模糊关系的灰色模糊综合评判 [J]. 系统工程理论与实践 , 2002, 22(4): 141–144.
[153] 靳娜 , 娄寿春 . 一种灰色模糊多属性决策模型 [J]. 火力与指挥控制 , 2004, 29(4): 26–28.
[154] 罗党 , 刘思峰 . 一类灰色模糊决策问题的熵权分析方法 [J]. 中国工程科学 , 2004, 6(10): 48–51.
[155] 朱绍强 , 孟科 , 张恒喜 . 区间数灰色模糊综合评判及其应用 [J]. 电光与控制 , 2006, 13(3): 36–37.
[156] 王坚强 , 王君 . 一种区间灰色模糊多准则决策方法 [J]. 系统工程与电子技术 , 2008, 30(12): 2409- 2411.
[157] 刘培德 , 张新 . 一种基于区间灰色语言变量几何加权集成算子的多属性群决策方法 [J]. 控制与决策 , 2011, 26(5): 743–747.
[158] WEI G W. Grey relational analysis method for 2-tuple linguistic multiple attribute group decision making with incomplete weight information[J]. Expert systems with applications, 2011, 38(5): 4824–4828.

[159] 曹国，沈利香．一种基于三参数区间灰色语言变量的多属性群决策方法 [J]. 运筹与管理，2014, 23(1): 66–73.

[160] 胡丽芳，关欣，何友．一种新的灰色多属性决策方法 [J]. 控制与决策，2012, 27(6): 895–898.

[161] 王会东，刘培德，李成栋，等．一种基于区间灰色梯形模糊数的多属性群决策方法 [J]. 内蒙古大学学报 (自然科学版), 2014, 45(1): 51–58.

[162] ZHANG Q S，JIANG S Y. A note on information entropy measures for vague sets and its applications[J]. Information sciences, 2008, 178(21): 4184–4191.

[163] BORAN F E, GENÇ S, KURT M, et al. A multi–criteria intuitionistic fuzzy group decision making for supplier selection with TOPSIS method[J]. Expert systems with applications, 2009, 36(8): 11363–11368.

[164] ZADEH L A. Fuzzy sets[J]. Information and control, 1965, 8(3): 338–353.

[165] CHEN S M, TAN J M. Handling multi–criteria fuzzy decision making problems based on vague set theory[J]. Fuzzy sets and systems, 1994, 67(2): 163–172.

[166] BUSTINCE H, BURILLO P. Vague sets are intuitionistic fuzzy sets[J]. Fuzzy sets and systems, 1996, 79(3): 403–405.

[167] ATANASSOV K T. New operations defined over the intuitionistic fuzzy sets[J]. Fuzzy sets and systems, 1994, 61(2): 137–142.

[168] XU Z S, YAGER R R. Some geometric aggregation operators based on intuitionistic fuzzy sets[J]. European journal of general systems, 2006, 35(4): 417–433.

[169] XU Z S. Intuitionistic fuzzy aggregation operators[J]. IEEE transactions on fuzzy systems, 2007, 15(6): 1179–1187.

[170] ZHAO H, XU Z S, NI M F, et al. Generalized aggregation operators for intuitionistic fuzzy sets[J]. International journal of intelligent systems, 2010, 25(1): 1–30.

[171] 陈华友，何迎东，周礼刚，等．广义直觉模糊加权交叉影响平均算子及其在多属性决策中的应用 [J]. 控制与决策，2014, 29(7): 1250–1256.

[172] HE Y D, CHEN H Y, ZHOU L G, et al. Intuitionistic fuzzy geometric interaction averaging operators and their application to multi–criteria decision making[J]. Information sciences, 2014, 259(2): 142–159.

[173] LI D F. Multi–attribute decision making models and methods using intuitionistic fuzzy sets[J]. Journal of computer and system sciences, 2005, 70(1): 73–85.

[174] WEI G W. Grey relational analysis method for intuitionistic fuzzy multiple attribute decision making[J]. Expert system with applications, 2011, 38(9): 11671–11677.

[175] WU J Z, ZHANG Q. Multi-criteria decision making methods based on intuitionistic fuzzy weighted entropy[J]. Expert system with applications, 2011,38(1): 916–922.
[176] 李鹏，朱建军．基于新直觉模糊相似度的大规模群决策方法 [J]. 运筹与管理，2014, 23(2): 167–174.
[177] XU Z S. Some similarity measures of intuitionistic fuzzy sets and their applications to multiple attribute decision making[J]. Fuzzy optimization decision making, 2007, 6(2): 109–121.
[178] 张洪美，徐泽水，陈琦．直觉模糊集的聚类方法研究 [J]. 控制与决策，2007, 22(8): 882–888.
[179] WANG Z, XU Z S, LIU S S, et al. A netting clustering analysis method under intuitionistic fuzzy environment[J]. Applied soft computing, 2011, 11(8): 5558–5564.
[180] 徐泽水．直觉模糊信息集成理论及应用 [M]. 北京：科学出版社，2008.
[181] ATANASSOV K T, GARGOV G. Interval valued intuitionistic fuzzy sets[J]. Fuzzy sets and systems, 1989, 31(3): 343–349.
[182] XU Z S, CHEN J. On geometric aggregation over interval-valued intuitionistic fuzzy information[C]// Fourth international conference on fuzzy systems and konwledge discovery. Haikou: IEEE computer society, 2007: 466–471.
[183] 梁昌勇，戚筱雯，张俊岭，等．基于诱导型区间直觉模糊混合算子的群决策方法 [J]. 系统工程学报，2012, 27(6): 759–771.
[184] 戚筱雯，梁昌勇，张恩桥．基于熵最大化的区间直觉模糊多属性群决策方法 [J]. 系统工程理论与实践，2011, 31(10): 1940–1948.
[185] 张英俊，马培军，苏小红．属性权重不确定条件条件下的区间直觉模糊多属性决策 [J]. 自动化学报，2012, 38(2): 220–228.
[186] 刘勇，JEFFREY FORREST, 刘思峰．基于区间直觉模糊的胴动态广义直觉模糊加权交叉影响平均算子及其在多属性决策中的应用 [J]. 控制与决策，2014, 29(7): 1250–1256.
[187] JUN Y. Multicriteria fuzzy decision-making mtehod based on a novel accuracy function under interval-valued intuitionistic fuzzy environment[J]. Expert systems with applications, 2009, 36(3): 6899–6902.
[188] WANG J, LI J. Multi-criteria fuzzy decision-making method based on cross entropy and score functions [J]. Expert systems with application, 2011, 38(1): 1032–1038.

[189] 王坚强，李婧婧．基于记分函数的直觉随机多准则决策方法 [J]. 控制与决策，2010, 25(9): 1297–1306.

[190] LAKSHMANA G N V, MURALIKRISHNAN S, SIVARAMAN. Multi–criteria decision–making method based on interval–valued intuitionistic fuzzy sets[J]. Expert systems with application, 2011, 38(3): 1464–1467.

[191] 高建伟，刘慧晖，谷云东．基于前景理论的区间直觉模糊多准则决策方法 [J]. 系统工程理论与实践，2014, 34(12): 3175–3181.

[192] 陈志旺，陈林，杨七，等．用区间直觉模糊集方法对属性权重未知的群求解其多属性决策 [J]. 控制理论与应用，2014, 31(8): 1025–1033.

[193] GRZEGORZEWSKI P. Distances between intuitionistic fuzzy sets and/or interval–valued intuitionistic fuzzy sets based on the hausdorff matirc[J]. Fuzzy sets and systems, 2004, 148(2): 319–328.

[194] XU Z S. A method based on distance measure for interval–valued intuitionistic fuzzy sets assessments and incomplete weights[J]. Information sciences, 2009, 179(17): 3026–3040.

[195] ZHANG H M, YU L Y. MADM method based on cross–entropy and extended TOPSIS with interval–valued intuitionistic fuzzy sets[J]. Knowledge–based systems, 2012, 30(1): 115–120.

[196] YE J. Multiple attribute group decision–making methods with completely unknown weights in intuitionistic fuzzy settng and interval–valued intuitionistic fuzzy settng[J]. Group decision and negotiation, 2013, 22(2): 173–188.

[197] 袁宇，关涛，闫相斌，等．基于区间直觉模糊数相关系数的多准则决策模型 [J]. 管理科学学报，2014, 17(4): 11–18.

[198] PARK G D, KWUN Y C, PARK J H, et al. Correlation coefficient of interval–valued intuitionistic fuzzy sets and its applications to multiple attribute group decision making problems[J]. Mathematical and computer modeling, 2009, 50(9/10): 1279–1293.

[199] DYMOVA L, SEVASTJANOC P. An interpretations of intuitionistic fuzzy sets in terms of evidence theory: decision making aspect[J]. Knowledge–based systems, 2010, 23(8): 772–782.

[200] 刘勇，刘思峰，赵焕焕，等．基于区间直觉模糊的动态多属性灰色关联决策方法 [J]. 控制与决策，2013, 28(9): 1303–1308.

[201] SHU M H, CHENG C H, CHANG J R. Using intuitionistic fuzzy sets for fault–tree

analysis on printed circuit board assembly[J]. Microelectronics reliability, 2006, 46(12): 2139–2148.

[202] 王坚强，张忠．基于直觉梯形模糊数的信息不完全确定的多准则决策方法[J]. 控制与决策，2009, 24(2): 226–230.

[203] WANG J Q, ZHANG Z. Aggregation operators on intuitionistic trapezoidal fuzzy number and its application to multi–criteria decision making problems[J].Journal of systems engineering and electronics, 2009, 20(2): 321–326.

[204] WEI G W. Some arithmetic aggregation operators with intuitionistic trapezoidal fuzzy numbers and their application to group decision making[J]. Journal of computer, 2010, 5(3): 345–351.

[205] WAN S P. Power average operators of trapezoidal intuitionistic fuzzy numbers and application to multi–attribute group decision making[J]. Applied mathematical modelling, 2013, 37(6): 4112–4126.

[206] DU Y, LIU P D. Extended fuzzy VIKOR method with intuitionistic trapezoidal fuzzy numbers[J]. Information: an int interdisciplinary J, 2011, 14(8): 2575–2584.

[207] XU Z S, XIA M M. Identifying and eliminating dominated alternatives in multi–attribute decision making with intuitionistic fuzzy information[J]. Applied soft computing, 2012, 12(4): 1451–1456.

[208] 王坚强．模糊多准则决策方法研究综述 [J]. 控制与决策，2008, 23(6): 601–606, 612.

[209] 万树平．基于区间直觉梯形模糊数的多属性决策方法 [J]. 控制与决策，2011, 26(6): 857–860, 866.

[210] 万树平．基于分式规划的区间梯形直觉模糊数多属性决策方法 [J]. 控制与决策，2012, 27(3): 455–458, 463.

[211] XU Z S, YAGER R R. Intuitionistic fuzzy bonferroni means[J]. IEEE transactions on systems, Man, and Cybernetics, 2011, 41(2): 568–578.

[212] XIA M M, XU Z S, ZHU B. Geometric bonferroni means with their application in multi–criteria decision making[J]. Knowledge–based systems, 2013, 40(4): 88–100.

[213] DUTTA B, GUHA D. Trapezoidal intuitionistic fuzzy Bonferroni means and its application in multi–attribute decision making[C]// IEEE international conference on fuzzy systems. Hyderabad: IEEE, 2013:2367.

[214] 汪新凡，杨小娟．基于区间直觉梯形模糊数的群决策方法 [J]. 湖南工业大学

学报，2012, 26(3): 1–8.
[215] 陈振颂，李延来．基于 IITFN 输入的复杂系统关联 MAGDM 方法 [J]. 自动化学报，2014, 40(7): 1442–1471.
[216] LIU P D, WANG Y M. Multiple attribute group decision making methods based on intuitionistic linguistic power generalized aggregation operators[J]. Applied soft computing, 2014, 17(1): 90–104.
[217] 赵树平，梁昌勇，戚筱雯，等．城市突发事件的应急设施选择群决策方法 [J]. 系统管理学报，2014, 23(6): 810–818.
[218] 龚承柱，李兰兰，卫振锋，等．基于前景理论和隶属度的混合型多属性决策方法 [J]. 中国管理科学，2014, 22(10): 122–128.
[219] 赵萌，任峥嵘，李刚．基于模糊熵 – 熵权法的混合多属性决策方法 [J]. 运筹与管理，2013, 22(6): 78–83.
[220] 郭欢，肖新平，JEFFREY FORREST, 等．基于二元语义一致性的混合多属性灰关联决策 [J]. 控制与决策，2014, 29(5): 880–884.
[221] NOWAK M. Aspiration level approach in stochastic MCDM problems[J]. European journal of operational research, 2007, 177(3): 1626–1640.
[222] 张晓，樊治平．基于前景理论的风险型混合多属性决策方法 [J]. 系统工程学报，2012, 27(6): 772–781.
[223] 樊治平，陈发动，张晓．基于累积前景理论的混合型多属性决策方法 [J]. 系统工程学报，2012, 27(3): 295–301.
[224] YE J. Improved method of multi–criteria fuzzy decision making based on vague sets[J]. Computer aided design, 2007, 39(2): 164–169.
[225] SHANG X G, JIANG W S. A note on fuzzy information measures[J]. Pattern recognition letters, 1997, 18(5): 425–432.
[226] ZHANG S, LIU S. A gra–based intuitionistic fuzzy multi–criteria group decision making method for personnel selection[J]. Expert systems with applications, 2011, 38(9): 11401–11405.
[227] BANKER R D, KHOSLA I S. Economics of operations management: a research perspective[J]. Journal of operations and management, 1995, 12(3): 423–425.
[228] SHAHADAT K. Supplier choice criteria of executing agencies in developing countries[J]. International journal of public sector management, 2003, 16(4): 261–285.
[229] DE BOER L, LABRO E, MORLACCHI P. A review of methods supporting supplier

selection[J]. European journal of purchasing & supply management, 2001, 7(2): 75–89.

[230] DICKSON G W. An analysis of vendor selection systems and decisions[J]. Journal of purchasing, 1966, 2(1): 75–89.

[231] WEBER C A, CURRENT J R, BENTON W C. Vendor selection criteria and methods[J]. European journal of operational research, 1991, 50(1): 2–18.

[232] 袁宇，关涛，闫相斌，等 . 基于混合 VIKOR 方法的供应商选择决策模型 [J]. 控制与决策，2014, 29(3): 551–560.

[233] SANAYEI A, FARID MOUSAVI S, YAZDANKHAH A. Group decision making process for supplier selection with vikor under fuzzy environment[J]. Expert systems with applications, 2010, 37(1): 24–30.

[234] SHEMSHADI A, SHIRAZI H, TOREIHI M. A fuzzy VIKOR method for supplier selection based on entropy measure for objective weighting[J]. Expert systems with applications, 2011, 38(10): 12160–12167.

[235] 耿秀丽，叶春明 . 基于直觉模糊 VIKOR 的服务供应商评价方法 [J]. 工业工程与管理，2014, 19(3): 18–25.

[236] LI D F, CHENG C T. New similarity measures of intuitionistic fuzzy sets and application to pattern recognitions[J].Pattern recognition letters, 2002, 23(1): 221–225.

[237] 刘小弟，朱建军，刘思峰 . 方案有不确定偏好的区间数相对熵群决策方法 [J]. 中国管理科学，2014, 22(6): 134–140.

[238] WANG W, XIN X. Distance measure between intuitionistic fuzzy sets[J]. Pattern recognition letters, 2005, 26(13): 2063–2069.

[239] RAQUEL H, XU L L. Venture capital, venture capitalists decision criteria, and implications for china[C]// International conference on the Chinese economy: achieving growth with equity. Beijing, 2001: 4–6.

[240] 宋逢明，陈涛涛 . 高科技投资项目评价指标体系的研究 [J]. 中国软科学，1999, 14(1): 90–94.

[241] 万树平，李登峰 . 具有不同类型信息的风险投资商与投资企业多指标双边匹配决策方法 [J]. 中国管理科学，2014, 22(2): 32–39.

[242] 王放伟 . 建筑企业自组织行为的研究 [J]. 建筑管理现代化，2005(2): 60–62.

[243] ICHAK A. Managing corporate lifecycles[M]. London: Pearson Education Ltd, 1999.

[244] 张欣妍 . 大型建筑企业项目群承建与企业成长阶段耦合互动规律研究 [D]. 长沙 : 中南大学 , 2016.

[245] GUO F, ZHANG X Y, GONG Q. Research on coupling interaction of programme contracting and firm growth stages of large-scale construction company[C]// Proceeding of 2015 international conference on management science and engineering. Chengdu: DES tech publications, 2015: 317–324.

[246] GUO F, HUANG T. Study on system coupling interaction of large-scale construction companies programme contracting and firm growth[J]. Frontiers of engineering management, 2015(2): 137–140.

[247] 黄恬 . 基于大型建筑企业成长理论的里程碑项目研究 [D]. 长沙 : 中南大学 , 2017.

[248] 石碧娟 , 郭峰 , 赵祎颖 , 等 . 大型建筑企业项目群选择与企业战略匹配研究 [J]. 铁道科学与工程学报 , 2019, 16(5): 1351–1360.

[249] LIANG X, JIANG Y P, LIU P D. Stochastic multiple-criteria decision making with 2-tuple aspirations: a method based on disappointment stochastic dominance[J]. International transactions in operational research, 2018, 25(3): 913–940.

[250] WANG H, XU Z S, ZENG X J. Hesitant fuzzy linguistic term sets for linguistic decision making: current developments, issues and challenges[J]. Information fusion, 2018(43): 1–12.

[251] JI P, ZHANG H Y, WANG J Q. A projection-based outranking method with multi-hesitant fuzzy linguistic term sets for hotel location selection[J]. Cognitive computation, 2018(10): 737–751.

[252] WANG H, XU, Z S ZENG X J. Modeling complex linguistic expressions in qualitative decision making: an overview[J]. Knowledge-based systems, 2018(144): 174–187.

[253] GOU X J, LIAO H C, XU Z S, et al. Double hierarchy hesitant fuzzy linguistic term set and MULTIMOORA method: a case of study to evaluate the implementation status of haze controlling measures[J]. Information fusion, 2017 (38): 22–34.

[254] LIAO H C, XU Z S, HERRERA VIEDMA E, et al. Hesitant fuzzy linguistic term set and its application in decision making: a state of the art survey[J]. International journal of fuzzy systems, 2017, 20(12):1–27.

[255] TUYSUZ, F. Simulated hesitant fuzzy linguistic term sets-based approach for modeling uncertainty in AHP method[J]. International Journal of Information

Technology & Decision Making, 2018, 17(3): 801–817.

[256] LIU X, CHEN H Y, ZHOU L G. Hesitant fuzzy linguistic term soft sets and their applications in decision making[J] . International journal of fuzzy systems, 2018, 20(7): 2322–2336.

[257] LIANG R X, WANG J Q, ZHANG H Y. Projection–based PROMETHEE methods based on hesitant fuzzy linguistic term sets[J]. International journal of fuzzy systems, 2018, 20(7): 2161–2174.

[258] WU Y Z, LI C C, CHEN X, et al. Group decision making based on linguistic distributions and hesitant assessments: maximizing the support degree with an accuracy constraint[J]. Information fusion, 2018(41): 151–160.

[259] PANG Q, WANG H, XU Z S. Probabilistic linguistic term sets in multi–attribute group decision making[J]. Information sciences, 2016(369): 128–143.

[260] LIN M W, XU Z S. Multi–attribute group decision–making under probabilistic uncertain linguistic environment[J]. Journal of the operational research society, 2018, 69(2): 157–170.

[261] BAI C Z, ZHANG R, QIAN L X, et al. Comparisons of probabilistic linguistic term sets for multi–criteria decision making[J]. Knowledge–based systems, 2017(119): 284–291.

[262] GOU X J, XU Z S. Novel basic operational laws for linguistic terms, hesitant fuzzy linguistic term sets and probabilistic linguistic term sets[J]. Information sciences, 2016(372): 407–427.

[263] ZHANG Y X, XU Z S, WANG H, et al. Consistency–based risk assessment with probabilistic linguistic preference relation[J]. Applied soft computing, 2016(49): 817–833.

[264] FARHADINIA B, XU Z S. Ordered weighted hesitant fuzzy information fusion–based approach to multiple attribute decision making with probabilistic linguistic term sets[J]. Fundamenta informaticae, 2018, 159(4):361–383.

[265] WU X L, LIAO H C, HAFEZALKOTOB A, et al. Probabilistic linguistic MULTIMOORA: a multi–criteria decision making method based on the probabilistic linguistic xpectation function and the improved borda rule[J]. IEEE transactions on fuzzy systems, 2018(26):3688–3702.

[266] WU X L, LIAO H C. A consensus–based probabilistic linguistic gained and lost dominance score method[J]. European journal of operational research, 2019,

272(3): 1017–1027.

[267] LIU P D, TENG F. Some muirhead mean operators for probabilistic linguistic term sets and their applications to multiple attribute decision-making[J]. Applied soft computing, 2018(68): 396–431.

[268] YUE N, XIE J, CHEN S. Some new basic operations of probabilistic linguistic term sets and their application in multi-criteria decision making[J]. Soft computing, 2020, 24(16):12131–12148.

[269] ZHANG Y X, XU Z S, LIAO H C. A consensus process for group decision making with probabilistic linguistic preference relations[J]. Information sciences, 2017(414): 260–275.

[270] LIANG D C, KOBINA A, QUAN W. Grey relational analysis method for probabilistic linguistic multi-criteria group decision-making based on geometric bonferroni mean[J]. International journal of fuzzy systems, 2017,20(1):1–11.

[271] KOBINA A, LIANG D C, XIN H. Probabilistic linguistic power aggregation operators for multi-criteria group decision making[J]. Symmetry, 2017, 9(12): 320.

[272] YU W, ZHANG H, LI B. Comparison and operators based on uncertain probabilistic linguistic term set[J]. Journal of intelligent & fuzzy systems, 2019, 36(6): 6359–6379.

[273] MI X, LIAO H, WU X, et al. Probabilistic linguistic information fusion: a survey on aggregation operators in terms of principles, definitions, classifications, applications, and challenges[J]. International journal of intelligent systems, 2020,35(3):529–556.

[274] ZHANG X L. A novel probabilistic linguistic approach for large-scale group decision making with incomplete weight Information[J]. International journal of fuzzy systems, 2018, 20(7):2245–2256.

[275] LUO S Z, ZHANG H Y, WANG J Q, et al. Group decision-making approach for evaluating the sustainability of constructed wetlands with probabilistic linguistic preference relations[J]. Journal of the operational research society, 2019(20): 2039–2055..

[276] WU X G, LIAO H C. An approach to quality function deployment based on probabilistic linguistic term sets and ORESTE method for multi-expert multi-criteria decision making[J]. Information fusion, 2018(43): 13–26.

[277] LIN M W, XU Z S. Probabilistic linguistic distance measures and their applications

in multi-criteria group decision making[J]. Studies in fuzziness and soft computing, 2018(3): 411-440.

[278] WANG X K, WANG J Q, ZHANg H Y. Distance-based multi-criteria group decision making approach with probabilistic linguistic term sets[J]. Expert systems, 2018, 36(2):12352.

[279] PAN L, REN P J, XU Z S. Therapeutic schedule evaluation for brain-metastasized non-small cell lung cancer with a probabilistic linguistic ELECTRE II method[J]. International journal of environmental research and public health, 2018, 15(9): 1799.

[280] ZHANG X F, XU Z S, REN P J. A novel hybrid correlation measure for probabilistic linguistic term sets and crisp numbers and its application in customer relationship management[J]. International journal of information technology & decision making, 2018(2):1-22.

[281] PENG H, WANG J, ZHANG H. Multi-criteria outranking method based on probability distribution with probabilistic linguistic information[J]. Computers & industrial engineering, 2020, 141: 106318.

[282] LUO D, ZENG S, CHEN J. A probabilistic linguistic multiple attribute decision making based on a new correlation coefficient method and its application in hospital assessment[J]. Mathematics, 2020, 8(3): 340.

[283] LIU H B, JIANG L, XU Z S. Entropy measures of probabilistic linguistic term sets[J]. International journal of computational intelligence systems, 2018, 11(1): 45-57.

[284] 赵萌，沈鑫圆，何玉，等．基于概率语言熵和交叉熵的多准则决策方法 [J]. 系统工程理论与实践，2018, 38(10): 2679-2689.

[285] TANG M, LONG Y, LIAO H, et al. Inclusion measures of probabilistic linguistic term sets and their application in classifying cities in the economic zone of Chengdu plain[J]. Applied soft computing, 2019(82): 105572.

[286] LIN M, CHEN Z, LIAO H, et al. ELECTRE II method to deal with probabilistic linguistic term sets and its application to edge computing[J]. Nonlinear dynamics, 2019, 96(3): 2125-2143.

[287] GAO J. An emergency decision making method based on the multiplicative consistency of probabilistic linguistic preference relations[J]. International journal of machine learning and cybernetics, 2018, 10(3):1-17.

[288] NIE R, WANG J. Prospect theory-based consistency recovery strategies with multiplicative probabilistic linguistic preference relations in managing group decision making[J]. Arabian journal for science and engineering, 2020,45(3):2113-2130.

[289] XIE W Y, XU Z S, REN Z L, et al. Probabilistic linguistic analytic hierarchy process and its application on the performance assessment of Xiongan new area[J]. International journal of information technology & decision making, 2017, 17(10):1-32.

[290] GAO J, XU Z, LIANG Z, et al. Expected consistency-based emergency decision making with incomplete probabilistic linguistic preference relations[J]. Knowledge-based systems, 2019 (176): 15-28.

[291] GU J, ZHENG Y, TIAN X, et al. A decision-making framework based on prospect theory with probabilistic linguistic term sets[J]. Journal of the operational research Society, 2020(4): 1-10.

[292] LIAO H, JIANG L, LEV B, et al. Novel operations of PLTSs based on the disparity degrees of linguistic terms and their use in designing the probabilistic linguistic ELECTRE III method[J]. Applied soft computing, 2019 (80) : 450-464.

[293] ZHAI Y L, XU Z S, LIAO H C. Probabilistic linguistic vector-term set and its application in group decision making with multi-granular linguistic information[J]. Applied soft computing, 2016 (49) : 801-816.

[294] LIU P D, YOU X L. Probabilistic linguistic TODIM approach for multiple attribute decision-making[J]. Granular computing, 2017, 2(4): 333-342.

[295] BAI C Z, ZHANG R, SHEN S, et al. Interval-valued probabilistic linguistic term sets in multi-criteria group decision making[J]. International journal of intelligent systems, 2018, 33(6): 1301-1321.

[296] ZHANG Y X, XU Z S, LIAO H C. Water security evaluation based on the TODIM method with probabilistic linguistic term sets[J]. Soft computing, 2018(23):6215-6230.

[297] SONG Y M, LI G X. A large-scale group decision-making with incomplete multi-granular probabilistic linguistic term sets and its application in sustainable supplier selection[J]. Journal of the operational research society, 2018, 70(11): 1-15.

[298] ZHANG X, GOU X, XU Z, et al. A projection method for multiple attribute group

decision making with probabilistic linguistic term sets[J]. International journal of machine learning and cybernetics, 2019, 10(9): 2515–2528.

[299] WU Z, ZHANG S, LIU X, et al. Best–worst multi–attribute decision making method based on new possibility degree with probabilistic linguistic information[J]. IEEE access, 2019 (7): 133900–133913.

[300] LIAO H C, JIANG L S, XU Z S, et al. A linear programming method for multiple criteria decision making with probabilistic linguistic information[J]. Information sciences, 2017 (415) : 341–355.

[301] CHENG X, GU J, XU Z S. Venture capital group decision–making with interaction under probabilistic linguistic environment[J]. Knowledge–Based systems, 2018 (140): 82–91.

[302] KRISHANKUMAR R, SARANYA R, NETHRA R P, et al. A decision–making framework under probabilistic linguistic term set for multi–criteria group decision–making problem[J]. Journal of intelligent & fuzzy systems, 2019, 36 (6): 1–13.

[303] LI P, WEI C. An emergency decision–making method based on DS evidence theory for probabilistic linguistic term sets[J]. International journal of disaster risk reduction, 2019 (37): 101178.

[304] PENG H G, ZHANG H Y, WANG J Q. Cloud decision support model for selecting hotels on TripAdvisor.com with probabilistic linguistic information[J]. International journal of hospitality management, 2018 (68): 124–138.

[305] MA Z Z, ZHU J J, CHEN Y. A probabilistic linguistic group decision–making method from a reliability perspective based on evidential reasoning[C]. IEEE transactions on systems, man, and cybernetics: systems, 2018:1–15.

[306] MO H. An emergency decision–making Method for Probabilistic linguistic term sets extended by D number theory[J]. Symmetry, 2020, 12(3): 380.

[307] SONG C, WANG X K, CHENG P, et al. SACPC: a framework based on probabilistic linguistic terms for short text sentiment analysis[J]. Knowledge–based systems, 2020,194(10): 105572.

[308] LIAO H, MI X, XU Z. A survey of decision–making methods with probabilistic linguistic information: bibliometrics, preliminaries, methodologies, applications and future directions[J]. Fuzzy optimization and decision making, 2020, 19(1): 81–134.